Container
Security

컨테이너 보안

| 표지 설명 |

앞표지의 동물은 로리카리아과[科](Loricariidae)에 속한 갑옷메기(armoured catfish)이다. 로리카리드[loricariid]나 서커마우스메기(suckermouth catfish), 플레코[pleco]라고도 부르는데, 플레코는 종명 히포스토무스 플레코스토무스(Hypostomus plecostomus)에서 온 것이다. 코스타리카와 파나마, 남미 토종인 이 민물고기는 개울과 강에서 서식한다. 갑옷메기는 적응력이 아주 강해서, 물살이 느린 곳이나 급류, 운하, 연못, 호수, 강어귀는 물론이고 심지어는 가정용 수족관까지 아주 다양한 환경에서 잘 자란다.

표지 그림은 캐런 몽고메리[Karen Montgomery]가 『Shaw's Zoology』의 흑백 판화에 기초해서 그렸다.

컨테이너 보안

컨테이너화된 응용 프로그램의 보안을 위한 개념, 이론, 대응법과 모범 관행까지

초판 1쇄 발행 2021년 2월 1일

지은이 리즈 라이스 / **옮긴이** 류광 / **펴낸이** 김태헌
펴낸곳 한빛미디어(주) / **주소** 서울시 서대문구 연희로2길 62 한빛미디어(주) IT출판부
전화 02-325-5544 / **팩스** 02-336-7124
등록 1999년 6월 24일 제25100-2017-000058호 / **ISBN** 979-11-6224-392-3 93000

총괄 전정아 / **책임편집** 이상복 / **기획 · 편집** 윤나리 / **교정** 오현숙
디자인 표지 최연희 내지 박정화 / **전산편집** 이경숙
영업 김형진, 김진불, 조유미 / **마케팅** 박상용, 송경석, 조수현, 이행은, 고광일 / **제작** 박성우, 김정우

이 책에 대한 의견이나 오탈자 및 잘못된 내용에 대한 수정 정보는 한빛미디어(주)의 홈페이지나 아래 이메일로 알려주십시오. 잘못된 책은 구입하신 서점에서 교환해드립니다. 책값은 뒤표지에 표시되어 있습니다.

한빛미디어 홈페이지 www.hanbit.co.kr / 이메일 ask@hanbit.co.kr

지금 하지 않으면 할 수 없는 일이 있습니다.
책으로 펴내고 싶은 아이디어나 원고를 메일(**writer@hanbit.co.kr**)로 보내주세요.
한빛미디어(주)는 여러분의 소중한 경험과 지식을 기다리고 있습니다.

Container Security
Security

컨테이너 보안

O'REILLY® 한빛미디어 Hanbit Media, Inc.

지은이 · 옮긴이 소개

지은이 **리즈 라이스** Liz Rice

컨테이너 오픈소스 보안 전문 회사 Aqua Security의 오픈소스 공학 부사장(Vice President of Open Source Engineering)으로서 Trivy, Tracee, kubehunter, kube-bench 같은 프로젝트들을 관리한다. CNCF의 기술 감독 위원회(Technical Oversight Committee)의 의장이며 코펜하겐, 상하이, 시애틀에서 열린 'KubeCon + CloudNativeCon 2018' 행사들의 공동 의장을 역임했다.

네트워크 프로토콜 및 분산 시스템에 대한 소프트웨어 개발 관리와 개발팀 관리, 제품 관리에 풍부한 경험을 가지고 있으며, VOD나 음악, VoID 같은 디지털 기술 분야에 대한 경험도 풍부하다. 코드를 작성하거나 강연을 하지 않을 때는 고향인 런던보다 날씨가 좋은 곳에서 자전거 타기를 즐기며, 비디오게임 〈Zwift〉에서 펼쳐지는 가상의 자전거 경주에도 열중한다.

옮긴이 **류광**

25년 이상의 번역 경력을 가진 전문 번역가로, 『컴퓨터 프로그래밍의 예술』(*The Art of Computer Programming*) 시리즈와 『UNIX 고급 프로그래밍』(*Advanced Programming in UNIX Environment*) 제2판 및 제3판, 『Game Programming Gems』 시리즈를 포함해 80권 이상의 다양한 IT 전문서를 번역했다. 본서와 관련된 번역서로는 『bash를 활용한 사이버 보안 운영』, 『BPF로 리눅스 관측 가능성 향상하기』 등이 있다.

옮긴이의 말

소프트웨어는 점점 복잡해지지만, 소프트웨어를 설치하고 실행하는 과정은 반대로 점점 단순하고 편해지고 있습니다. 소스 코드를 내려받아서 직접 빌드하는 것보다는 `apt install`이 훨씬 편하고 간단하고, `docker run`은 그보다도 간단합니다. 컨테이너를 이용하면 완결적인 소프트웨어 시스템을 명령 한두 개로 사용 가능한 상태로 만들 수 있습니다. 또한 개발자의 입장에서도, 컨테이너는 다종다양한 실행 환경에서 빚어지는 각종 오류와 사용자 지원 문제를 마법처럼 해결해 주는 편리한 수단입니다.

그러나 그런 편리함에 취하다 보면 소프트웨어 활용의 중요한 측면 하나인 '보안'을 간과하기 쉽습니다. 컨테이너의 보안과 관련해서, 그냥 출처가 명확한 이미지만 사용하면 되는 것 아닌가 하고 생각하는 독자도 꽤 있을 거라고 짐작합니다. 하지만 2020년 하반기의 한 조사 결과(*https://blog.alyac.co.kr/3424*)에 따르면, 도커 허브에 있는 컨테이너 이미지 400만 개 중 51%에 치명적인 취약점이 존재하며, 시스템에 실제로 해를 입힐 수 있는(예를 들어 암호화폐 채굴 코드가 포함된) 악성 이미지도 6,400여 개라고 합니다.

컨테이너 보안에 관심이 있던 독자는 물론이고 컨테이너 보안을 그리 심각하게 여기지 않던 독자에게도, 컨테이너 보안의 이론과 실제를 간결하고도 효과적으로 알려주는 이 책이 큰 도움이 될 것입니다. 중요한 주제는 충분히 자세히 이야기하고, 이 책의 목적에서 그리 중요하지 않은 주제는 간단하게만 언급한 후 참고 자료를 제시하는 식으로 잘 짜인 책이라서, 다 읽고 나면 분량 대비 만족감이 상당히 클 것이라 예상합니다. 그런 경험에 오탈자와 오역이 걸림돌이 되지 않길 바랄 뿐입니다. 혹시 오탈자나 오역을 발견하면 제 웹사이트의 이 책을 위한 페이지(*http://occamsrazr.net/book/ContainerSecurity*)에 보고해 주세요.

끝으로, 모든 과정을 매끄럽게 진행해 주신 한빛미디어 이상복 차장님과 윤나리 편집자님, 이경숙 님을 비롯해 작지만 알찬 이 번역서의 탄생에 기여하신 모든 분께 감사드립니다. 그리고 교정 전문가이자 가내 방역 책임자로서 이 번역서를 물심양면으로 지켜낸 아내 오현숙에게 커다란 감사와 사랑을 전합니다. 재미있게 읽으시길!

류광

이 책에 대하여

규모가변성(scalability) 및 회복력(resilence)을 위해 응용 프로그램(application)을 클라우드 네이티브 환경에서 컨테이너와 오케스트레이션을 이용해서 실행하는 기업과 조직이 많다. 만일 여러분이 운영팀이나 개발운영(DevOps) 팀, 또는 개발보안운영(DevSecOps) 팀의 일원으로서 여러분의 조직을 위해 그런 환경을 설정한다면, 배치본(deployment; 응용 프로그램 및 의존요소들을 배포, 설치한 결과물)이 얼마나 안전한지 파악할 필요가 있다. 그리고 전통적인 서버 기반 또는 VM 기반 시스템의 보안에 경험이 있는 보안 전문가라면, 기존 지식을 컨테이너 기반 배치본에 어떻게 적용하면 좋을지 알고 싶을 것이다. 그리고 클라우드 네이티브 환경에서 실행할 응용 프로그램을 작성하는 독자라면 컨테이너화된 응용 프로그램의 보안을 개선하는 방법을 익혀둘 필요가 있다. 이 책은 컨테이너와 클라우드 네이티브 환경이 의존하는 여러 핵심 기반 기술을 설명한다. 이를 통해서 여러분은 배치본에 존재하는 보안 위험들을 평가하고 그 해결책을 고안하는 데 필요한, 그리고 배치본의 보안에 해가 되는 나쁜 관행들을 피하는 데 필요한 지식을 갖추게 될 것이다.

이 책은 컨테이너 기반 시스템을 구성하는 데 흔히 쓰이는 여러 기반 기술과 메커니즘을 소개하고, 그것들이 리눅스 운영체제에서 구체적으로 어떻게 작용하는지 설명한다. 컨테이너가 어떻게 작동하는지, 컨테이너 구성 요소(component)들이 어떻게 서로 또는 외부 세계와 통신하는지 배우게 될 것이며, 컨테이너 보안이 "무엇인지", 더욱 중요하게는 "왜 그렇게 해야 하는지"도 이해하게 될 것이다. 이 책의 집필 목적은 컨테이너를 배치할 때 어떤 일이 발생하는지를 독자가 좀 더 잘 이해하게 만드는 것이다. 이 책을 통해서, 여러분의 배치본에 영향을 미칠 수 있는 잠재적인 보안 위험들을 여러분 스스로 평가하는 데 사용할 수 있는 '정신 모형'들을 구축해 나가길 희망한다.

이 책에서 다루는 컨테이너는 '응용 프로그램 컨테이너'에 해당하는 종류의 컨테이너, 즉 요즘 여러 기업이 쿠버네티스나 도커 같은 시스템에서 자신의 업무용 응용 프로그램을 실행하는 데 사용하는 컨테이너이다. 리눅스 컨테이너 프로젝트(*https://linuxcontainers.org*)의 LXC나 LXD 같은 '시스템 컨테이너'는 이 책의 주된 관심사가 아니다. 응용 프로그램 컨테이너의 세계에서는 컨테이너를 불변(immutable) 객체로 취급하고 응용 프로그램을 실행하는 데 필요한 최소한의 코드만 컨테이너에 포함하는 것이 권장된다. 반면 시스템 컨테이너 환경에서는 컨테이너를 마치 VM처럼 취급해서 하나의 리눅스 배포판 전체를 실행하는 쪽에 초점을 둔다. 시스템 컨테이너에 SSH로 로그인하는 것은 아주 정상적인 일이지만, 응용 프로그램 컨테이너 보안 전문가는 응용 프로그램 컨테이너에 SSH로 로그인하고 싶다는 사용자를 의심의 눈초리로 볼 것이다(그 이유는 이 책의 본문에 나온다). 그렇지만 응용 프로그램 컨테이너이든 시스템 컨테이너이든 컨테이너를 만들고 실행하는 데 쓰이는 기본 메커니즘(제어 그룹, 이름공간, 루트 디렉터리 변경 등)은 동일하므로, 이 책으로 닦은 기본기는 서로 다른 컨테이너 프로젝트들이 취하는 접근 방식의 차이를 살펴볼 때도 그 위력을 발휘할 것이다.

대상 독자

개발자이든, 아니면 보안 전문가나 운영자, 관리자이든 사물의 작동 방식을 자세히 파헤치길 좋아하고 리눅스 터미널을 익숙하게 다루는 사람이라면 이 책이 잘 맞을 것이다.

컨테이너 보안을 위한 단계별 '따라 하기'식 매뉴얼을 원한 독자에게는 이 책이 잘 맞지 않을 수 있다. 모든 조직의 모든 환경의 모든 응용 프로그램에 잘 통하는 하나의 만능 접근 방식이 있다고는 생각하지 않는다. 그보다는, 컨테이너에서 응용 프로그램을 실행할 때 생기는 일들과 여러 가지 보안 메커니즘의 작동 방식을 잘 이해한 상태에서 보안 위험들을 여러분 스스로 판정하고 대처하는 것이 바람직하다.

본문을 읽으면 알게 되겠지만, 컨테이너는 리눅스 커널이 제공하는 여러 기능의 조합으로 만들어진다. 컨테이너 보안에 적용되는 메커니즘들은 리눅스 호스트 자체의 보안에 적용되는 메커니즘들과 많이 겹친다. (이 책에서 '호스트'라는 용어는 실제 물리적 서버뿐만 아니라 VM도 포함한다.) 이 책은 어떤 메커니즘들이 있는지, 그런 메커니즘들이 컨테이너에 어떻게 적용되는지 설명한다. 경험 있는 시스템 관리자라면 메커니즘 자체에 대한 설명은 건너뛰고 컨테이너에 특화된 부분으로 넘어가도 될 것이다.

이 책은 독자가 컨테이너에 어느 정도 익숙하고 도커나 쿠버네티스를 사용해 본 적이 있다고 가정한다. 예를 들어 "레지스트리에서 컨테이너 이미지를 가져온다"라거나 "컨테이너를 실행한다"가 무슨 뜻인지 안다고(비록 내부에서 구체적으로 어떤 일이 벌어지는지는 모른다고 해도) 가정한다. 독자가 컨테이너의 세부적인 작동 방식을 안다고 기대하지는 않는다(적어도 이 책을 다 읽기 전까지는).

책의 구성

제1장은 컨테이너 배치본에 영향을 미치는 위협 모형들과 공격 벡터들을 살펴보고, 컨테이너 보안이 전통적인 소프트웨어 배치본의 보안과 다른 점을 논의한다. 책의 나머지 부분에서는 컨테이너의 작동 방식 및 컨테이너에 특화된 위협과 그 대응 방안을 설명한다.

컨테이너의 보안을 논의하려면 먼저 컨테이너가 어떻게 작동하는지부터 알아야 한다. 먼저 제2장은 시스템 호출과 리눅스 능력(capability) 등 컨테이너와 관련된 핵심적인 리눅스 메커니즘 몇 가지를 설명해서 이후 논의를 위한 토대를 만든다. 제3장과 제4장은 컨테이너를 만드는 데 필요한 리눅스의 여러 메커니즘과 기능을 소개한다. 이 두 장에서 여러분은 컨테이너의 정체가 무엇이고 컨테이너들이 서로 어느 정도나 잘 격리되는지 이해하게 될 것이다. 제5장에서는 컨테이너의 격리와 VM의 격리를 비교한다.

제6장에서는 컨테이너 이미지에 무엇이 들어 있는지 설명하고 컨테이너 이미지를 안전하게 구축하는 모범 관행(best practice) 몇 가지를 논의한다. 제7장은 컨테이너 이미지에서 알려진 소프트웨어 취약점들을 찾아야 할 필요성을 이야기한다.

제8장에서는 제4장에서 본 기본 구현 이상으로 컨테이너의 보안을 강화하는 데 사용할 수 있는 추가적인 리눅스 보안 수단 몇 가지를 소개한다. 제9장에서는 흔히들 저지르는 위험한 설정 실수 때문에 컨테이너의 격리가 침해되는 여러 방식을 살펴본다.

그다음에는 컨테이너들 사이의 통신으로 눈길을 돌려서, 제10장에서는 컨테이너들이 통신하는 방식과 컨테이너들 사이의 연결에 제한을 가해서 보안을 개선하는 방법을 살펴본다. 제11장에서는 컨테이너화된 구성 요소들이 서로를 식별하고 보안 네트워크 연결을 설정하는 데 사용하는 개인 키/공개 키와 인증서의 기초를 설명한다. 사실 이 부분은 컨테이너화된 구성 요소이든 보통의 구성 요소이든 아니든 동일하지만, 키와 인증서는 분산 시스템에서 종종 혼동의 원인이 되기 때문에 이 책에 포함했다. 제12장에서는 인증서와 자격 증명을 비롯한 비밀 값들을 실행 시점에서 컨테이너에 안전하게(또는 그리 안전하지 않게) 전달하는 방법을 살펴본다.

제13장에서는 컨테이너의 기능들을 활용해서 실행 시점에서 공격을 방지하는 여러 보안 도구를 소개한다.

마지막으로 제14장은 OWAP(Open Web Application Security Project)가 발표한 10대 보안 위협을 소개하고 컨테이너에 특화된 대응책을 제시한다. 미리 말해 두자면, 상위 보안 위험 중 몇 가지에 대한 내응책은 응용 프로_L램이 컨테이너로 실행되든 아니든 동일하다.

쿠버네티스 관련 참고 사항

요즘은 쿠버네티스(*https://kubernetes.io*) 오케스트레이터로 컨테이너를 실행하는 경우가 많다. 오케스트레이터는 다수의 컴퓨터로 이루어진 클러스터에서 다양한 워크로드를 실행하는 과정을 자동화해준다. 이 책에는 독자가 그런 개념을 기본적으로 이해하고 있다고 가정하고 저술한 부분이 몇 군데 있다. 전체적으로는 바탕 컨테이너 수준에서, 쿠버네티스의 용어로 말하면 '데이터 평면(data plane)'에서 작용하는 개념들에 초점을 두었다.

쿠버네티스 워크로드들은 컨테이너 안에서 실행되므로, 이 책의 내용은 쿠버네티스의 보안과도 관련이 있다. 그러나 이 책이 쿠버네티스나 클라우드 네이티브 환경의 보안에 관한 모든 것을 상세히 다루지는 않는다. 쿠버네티스의 설정 및 제어 평면(control plane) 구성 요소의 사용과 관련된 여러 보안 사항은 이 책의 범위를 벗어나는 주제들이다. 관심 있는 독자에게는 오라일리의 쿠버네티스 보안 보고서(*Kubernetes Security*, *https://oreil.ly/Of6yK*)를 추천한다(필자와 마이클 하우젠블라스[Michael Hausenblas]가 함께 저술했음).

예제

이 책에는 예제가 많이 나오는데, 직접 실행해 보길 권한다.

이 책의 예제들은 독자가 ps나 grep 같은 기본적인 리눅스 명령줄 도구들에 익숙하다고 가정하며, kubectl이나 docker 같은 도구를 이용해서 컨테이너 응용 프로그램을 실행하고 관리하는 일상적인 활동들에도 익숙하다고 가정한다. 이 책은 후자의 도구들을 사용할 때 어떤 일이 일어나는지를 후자의 도구들을 이용해서 좀 더 자세히 설명한다.

이 책의 예제들을 따라 하려면 실제 컴퓨터든 VM이든 리눅스가 깔린 컴퓨터가 필요하다. 필자는 Mac의 VirtualBox(*https://www.virtualbox.org/*)에서 실행되는 우분투 19.04 VM을 이용해서 예제들을 만들었다. VM들을 생성, 실행, 중지하는 데에는 Vagrant(*https://www.vagrantup.com/*)를 사용했다. 반드시 이들을 사용할 필요는 없고, 여러분이 선호하는 리눅스 배포판과 VM 런타임 또는 공급 업체의 VM을 사용해도 비슷한 결과를 얻을 수 있을 것이다.

컨테이너 실행 방법

쿠버네티스 같은 오케스트레이터를 사용하지 않고 컨테이너를 직접 실행할 때 주로(또는 전적으로) 도커를 사용하는 사람들이 많다. 도커는 대부분의 개발자가 사용하기 쉽다고 여기는 일단의 도구들을 제공함으로써 컨테이너 활용을 대중화했다. 터미널에서는 docker 명령을 이용해서 컨테이너와 컨테이너 이미지를 조작한다.

이 docker 도구는 사실 도커의 주된 구성 요소인 도커 데몬에 API 호출을 요청하는 역할만 하는 하나의 얇은 층일 뿐이다. 실질적인 작업은 모두 도커 데몬이 처리한다. 이 데몬에는

containerd라는 구성 요소가 있는데, 사용자가 컨테이너의 실행을 지시하면 이 구성 요소가 실행된다. containerd 구성 요소는 해당 컨테이너가 제 자리에 있는지 점검하고, runc라는 구성 요소를 호출해서 실질적인 컨테이너의 인스턴스화를 진행한다.

원한다면 containerd를, 심지어는 run를 직접 실행해서 컨테이너를 실행할 수도 있다. 도커는 containerd 프로젝트를 2017년에 CNCF(Cloud Native Computing Foundation; *https://cncf.io*)에 다시 기부했다.

쿠버네티스는 CRI(Container Runtime Interface)라는 인터페이스를 제공한다. 사용자는 이 인터페이스를 이용해서 원하는 컨테이너 런타임을 선택할 수 있다. 요즘 가장 흔히 쓰이는 선택지는 앞에서 언급한 containerd(*https://containerd.io*)와 레드햇이 만들어서 CNCF에 기부한 CRI-O(*https://cri-o.io*)이다.

명령줄 인터페이스 docker는 컨테이너와 이미지 관리를 위한 여러 수단 중 하나일 뿐이다. 이 책에서 다루는 종류의 응용 프로그램 컨테이너를 실행하는 데 쓸 수 있는 수단은 그 외에도 많다. 예를 들어 레드햇의 podman 도구가 있는데, 원래 이것은 루트 권한을 가진 데몬 구성 요소에 대한 의존성을 제거하기 위해 개발된 것이다.

이 책의 예제들은 여러 컨테이너 구현들이 공통의 특징들을 많이 공유한다는 점을 보여주기 위해 다양한 컨테이너 도구들을 사용한다.

원서 웹사이트

이 책을 위한 웹사이트 *https://containersecurity.tech*에 필자가 관리하는 도서 정보와 책에 대한 의견을 제출할 수 있는 깃허브^{GitHub} 저장소로의 링크가 있다.

감사의 말

이 책의 저술 과정에서 필자를 돕고 지지한 여러 사람에게 감사의 말을 전한다.

- 저술과 출판 전 과정에서 모든 것이 제대로 돌아가게 만든 오라일리의 담당 편집자 버지니아 윌슨Virginia Wilson

- 사려 깊은 논평과 적용 가능한 피드백을 제공한 기술 감수자 아킬 벨Akhil Behl, 알렉스 폴릿Alex Pollitt, 앤드루 마틴Andrew Martin, 에릭 St. 마틴Erik St. Martin, 필 에스테스Phil Estes, 라니 오스닛Rani Osnat, 로버트 P. J. 데이Robert P. J. Day

- 여러 해에 걸쳐 컨테이너 보안에 관해 많은 것을 가르쳐 준 Aqua Security의 동료들

- 남편이자 최고의 비평가, 코치, 절친인 필 펄Phil Pearl

리즈 라이스

CONTENTS

CONTENTS

CONTENTS

CONTENTS

CONTENTS

제14장 컨테이너와 OWASP 10대 위험   229

제 1 장

컨테이너 보안 위협

지난 몇 년 사이에 컨테이너 사용이 폭발적으로 증가했다. 컨테이너에 관한 개념들은 도커^{Docker}가 나오기 수년 전부터 있었지만, 개발자 공동체에서 컨테이너가 인기를 끌기 시작한 것은 2013년에 사용하기 쉬운 명령줄(command-line) 도구들을 갖춘 도커가 나오고부터라는 점에 대부분의 관찰자들이 동의한다.

컨테이너의 장점은 많다. 도커의 초기 광고 문구에서처럼, 컨테이너는 응용 프로그램을 "한 번만 구축(빌드)하고 어디서든 실행"할 수 있게 만들어 준다. 이런 일이 가능한 것은 컨테이너가 응용 프로그램과 응용 프로그램이 의존하는 모든 것을 하나로 묶어서, 그것을 실행하는 컴퓨터로부터 격리하기 때문이다. 컨테이너화된 응용 프로그램은 실행에 필요한 모든 것을 갖추고 있다. 그런 응용 프로그램을 하나의 컨테이너 이미지로 만들어서 배포하면 내 노트북이든 독자 여러분의 노트북이든 아니면 데이터 센터의 서버이든 동일하게 실행된다.

이러한 격리(isolation)가 주는 추가적인 장점은 서로 다른 여러 컨테이너를 상호 간섭 없이 동시에 실행할 수 있다는 것이다. 컨테이너가 등장하기 전에는 두 응용 프로그램이 같은 패키지의 서로 다른 버전을 요구하다 보니 의존성이 꼬여서 악몽 같은 일이 벌어지곤 했다. 이 문제에 대한 가장 간단한 해법은 그냥 그 응용 프로그램들을 각자 다른 컴퓨터에서 실행하는 것이었다. 컨테이너에서는 의존요소(dependency)[1]들이 서로 격리되므로 여러 개의 앱을 한

---

[1] 소프트웨어의 실행에 필요한 패키지나 라이브러리, 모듈 등을 뜻하는 dependency를 그냥 '의존성'으로 옮기기도 하지만, 일상적인 의미와 동떨어진 면이 있으므로 이 책에서는 '의존요소'라는 용어를 사용하고, dependency가 일상적인 의미대로 "다른 어떤 대상에 의존하는 성질 또는 관계"를 뜻할 때에는 '의존성'을 사용한다—옮긴이(이하 모든 각주는 역자 주이며, '옮긴이' 표시는 생략합니다).

서버에서 실행하기가 간단하다. 사람들은 컨테이너화(containerization)의 이러한 장점을 이용해서 의존성 걱정 없이 한 호스트에서 여러 개의 응용 프로그램을 실행할 수 있음을 일찍부터 깨달았다.

그다음의 논리적 단계는 컨테이너화된 응용 프로그램을 일단의 서버들에 분산시키는 것이었다. 쿠버네티스Kubernetes 같은 컨테이너 오케스트레이터orchestrator(편성·조정 시스템)는 그런 분산 과정을 자동화해주므로 사람이 각 컴퓨터에 앱을 일일이 설치할 필요가 없다. 그냥 서버들에서 실행할 프로그램을 오케스트레이터에게 알려주기만 하면 오케스트레이터가 각 서버에서 적절한 위치를 찾아서 응용 프로그램을 설치한다.

보안의 관점에서 볼 때, 컨테이너화된 환경은 전통적인 배치본(deployment)[2]과 그리 다르지 않다. 세상에는 데이터를 훔치거나 시스템의 행동 방식을 수정하거나 다른 사람의 컴퓨터 자원을 이용해서 암호화폐를 채굴하려는 공격자들이 있다. 컨테이너를 사용한다고 해도 이런 상황이 달라지지 않는다. 그렇지만 컨테이너는 응용 프로그램이 실행되는 방식을 크게 바꾸므로, 보안에 위협이 되는 요소들도 달라진다.

1.1 위험, 위협, 완화

위험(risk)은 잠재적인 문제점과 그 문제점이 실제로 발생했을 때 생기는 효과를 아우르는 개념이다.

위협(threat) 또는 위협 요소는 그러한 위험의 발생으로 이어지는 경로를 말한다.

완화(mitigation)는 위협에 대응하는 것이다. 즉, 완화는 위협을 방지하거나, 적어도 위협이 성공할 가능성을 낮추는 대책이나 활동이다.

예를 들어 차 열쇠를 현관문 근처에 걸어 두면 누군가가 집에 침입해 차 열쇠를 훔쳐서 차를 몰고 갈 위험이 있다. 차 열쇠를 훔치는 다양한 방법들은 각각의 위협이다. 이를테면 현관문 창

---

2 deployment를 '배포'로 옮기기도 하지만, 배포는 distribution과 혼동할 여지가 있다. deployment에는 배포뿐만 아니라 설치, 설정, 실행 등 소프트웨어를 사용 가능한 상태로 만드는 모든 과정이 포함된다는 점을 강조하기 위해 이 책에서는 '배치(配置)'를 사용한다. 배치는 deployment의 주요 단계인 배포와 설치를 모두 암시할 뿐만 아니라, "병력의 배치를 끝냈다"나 "인재를 적재적소에 배치한다" 같은 기존 어법과도 호환된다. '배치본'은 설치─설치본(둘 다 installation)의 조어법을 따른 것으로, 배포 및 설치의 결과로 생긴 각종 프로그램·데이터·설정 파일 전체를 뜻한다.

을 깨고 열쇠를 가져갈 수도 있고, 편지 투입구로 낚싯대를 넣어서 열쇠를 낚을 수도 있고, 현관문을 노크해서 문이 열리면 재빨리 열쇠를 훔칠 수도 있다. 이 모든 위협에 대한 완화책은 차 열쇠를 안 보이는 곳에 잘 보관하는 것이다.

위험은 조직(organization; 기업이나 단체 등)마다 크게 다르다. 고객의 돈을 보관하는 은행에 가장 큰 위험은 그 돈을 도난당하는 것이다. 전자 상거래(e-commerce) 기업의 걱정거리는 사기 거래 위험일 것이다. 블로그 사이트를 운영하는 개인은 누군가가 사이트를 해킹해서 운영자 자신인 척하고 부적절한 글을 올리는 위험을 두려워할 것이다. 개인정보 보호 규제 법규는 나라마다 다르기 때문에, 고객의 개인 데이터를 누출하는 위험도 지역에 따라 달라진다. 위험이 단지(?) 평판이 나빠지는 것 정도인 나라도 많지만, 유럽에서는 일반 데이터 보호 규칙(General Data Protection Regulation, GDPR) 때문에 회사 총수익의 최대 4%까지 벌금을 물어야 할 수 있다(*https://oreil.ly/guQg3*).

위험이 이처럼 크게 다르기 때문에 여러 위협의 상대적 중요도도 상황에 따라 달라지며, 따라서 적절한 완화책들 역시 달라진다. 위험들을 체계적으로 검토해서 가능한 위협들을 나열하고, 그 중요도에 순서를 매기고, 적절한 완화 접근 방식을 정의하는 일련의 과정을 위험 관리 프레임워크(risk management framework)라고 부른다.

위협 모형화(threat modeling)는 시스템에 대한 잠재적인 위협들을 식별하고 나열해서 하나의 위협 모형을 만드는 과정이다. 위협 모형을 이용해서 시스템 구성 요소(component)들과 잠재적 공격 모드들을 체계적으로 점검하면 공격에 가장 취약한 부분이 어디인지 식별하는 데 도움이 된다.

위협 모형은 구체적인 위협들과 환경, 조직, 응용 프로그램에 의존한다. 따라서 모든 상황에 맞는 하나의 포괄적인 위협 모형 같은 것은 없다. 그러나 대부분의(전부는 아니더라도) 컨테이너 배치본에 공통인 잠재적 위협 몇 가지를 나열하는 것은 가능하다.

1.2 컨테이너 위협 모형

위협 모형화의 첫 단계에서 시도해볼 만한 일은 관련 행위자(actor)들을 검토하는 것이다. 이를테면 다음과 같은 행위자들이 위협에 관여한다.

- 외부 공격자(external attacker)는 외부에서 배치본에 접근하려 한다.

- 내부 공격자(internal attacker)는 배치본의 일부에 이미 접근한 사람이다.

- 악성 내부 행위자(malicious internal actor)는 어느 정도의 권한을 가지고 배치본에 접근할 수 있는 개발자나 관리자를 말한다.

- 부주의한 내부 행위자(inadvertent internal actor)는 뜻하지 않게 문제를 일으킬 여지가 있는 사람을 말한다.

- 응용 프로그램 프로세스(application process)들은 비록 의도적으로 시스템을 침해하려는 지능적인 존재는 아니지만, 그래도 시스템에 접근해서 문제를 일으킬 수 있다.

이 행위자들 각각에 대해 여러 접근 권한(permission)을 점검해 보아야 한다.

- 행위자가 자신의 자격 증명(credential; 또는 신원 정보)을 통해서 접근할 수 있는 대상은 무엇인가? 예를 들어 배치본이 실행 중인 호스트 컴퓨터의 사용자 계정에 접근할 수 있는가?

- 시스템에 대한 행위자의 접근 권한은 무엇인가? 쿠버네티스라면 각 사용자와 익명 사용자의 역할 기반 접근 제어(role-based access control) 설정을 점검해 보아야 할 것이다.

- 네트워크에 대한 행위자의 권한은 무엇인가? 예를 들어 시스템의 어떤 부분이 VPC(가상 사설 클라우드)에 속해 있는가?

중앙 집중화된 배치본을 공격하는 경로는 다양하다. 그런 경로들을 파악하는 한 가지 방법은 컨테이너 수명 주기(life cycle)의 각 단계에서 가능한 공격 벡터(attack vector)들을 조사하는 것이다. 그런 공격 벡터들이 [그림 1-1]에 나와 있다.

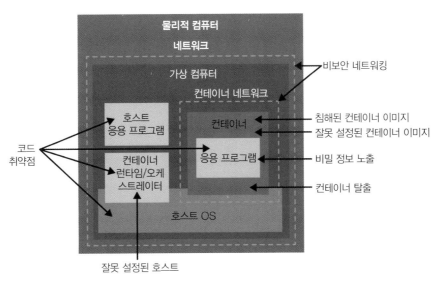

그림 1-1 컨테이너 공격 벡터

응용 프로그램 코드의 취약점

컨테이너의 수명 주기는 개발자가 작성한 응용 프로그램 코드로 시작한다. 이 코드와 코드가 의존하는 다른 서드파티 의존요소들에 취약점(vulnerability)이라고 부르는 결함이 있을 수 있다. 현재 수천 가지 코드 취약점이 공개되어 있으며, 응용 프로그램에 그런 취약점이 하나라도 존재한다면 공격자가 그것을 악용할 여지가 있다. 알려진 취약점이 있는 컨테이너를 실제로 실행하는 사태를 피하는 한 방법은 미리 컨테이너 이미지를 스캔해 보는 것이다. 이에 관해서는 제7장에서 이야기한다. 기존 코드의 새 취약점이 계속 발견되는 만큼, 이런 점검을 한 번만 수행하고 말아서는 안 된다. 스캐닝 과정은 보안 패치를 적용해야 하는 오래된 패키지들을 찾기 위해서라도 자주 수행해야 한다. 이미지에 숨어든 악성 코드까지 찾아내는 스캐너도 있다.

컨테이너 이미지 구축 시 설정 오류

수명 주기의 다음 단계는 프로그램 코드와 의존요소들을 모아서 컨테이너 이미지를 만드는 것이다. 그런데 이미지 구축(빌드) 과정에서 설정을 잘못하면 나중에 공격자가 컨테이너를 공격하는 데 활용할 수 있는 약점들이 이미지에 들어갈 수 있다. 예를 들어 컨테이너가 루트 사용자 권한으로 실행되게 설정해 버리면 컨테이너는 호스트에 대해 실제로 필요한 것보다 더 많은 특권(privilege)을 가지게 된다. 컨테이너 이미지 설정에 관해서는 제6장에서 좀 더 이야기한다.

이미지 구축용 컴퓨터 공격

공격자가 컨테이너 이미지를 구축하는 방식을 수정하거나 어떤 방식으로든 영향을 미칠 수 있다면, 이미지에 악성 코드를 슬쩍 끼워 넣어서 실무 환경(production environment)에서 악성 코드가 실행되게 만들 수 있다. 또한 공격자가 구축 환경에 거점(foothold)을 확보해서 실무 환경에 침투하기 위한 토대로 활용할 여지도 있다. 이 문제도 제6장에서 논의한다.

공급망 공격

컨테이너 이미지를 구축한 다음에는 하나의 레지스트리에 등록한다. 이후 컨테이너를 배치할 때는 그 레지스트리에서 컨테이너 이미지를 가져온다. 이를 "당겨 온다(pull)"라고 표현하기도 한다. 보안을 위해서는, 당겨 온 이미지가 애초에 레지스트리에 등록한 이미지와 동일함을 보장해야 한다. 구축과 배치 사이에서 공격자가 레지스트리의 이미지를 다른 이미지로 대체하거나 수정한다면, 공격자는 배치본에서 자신이 원하는 임의의 코드를 실행할 수 있게 된다. 이 주제 역시 제6장에서 다룬다.

컨테이너 실행 시 설정 오류

제9장에서 논의하겠지만, 컨테이너를 실행할 때 설정에 실수가 있으면 컨테이너가 불필요한, 그리고 아마도 계획에 없던 특권들을 가지고 실행될 수 있다. 예를 들어 인터넷에서 YAML 설정 파일을 내려받았다면, 반드시 먼저 보안 관련 설정들을 세세하게 점검한 후에 컨테이너를 실행해야 한다.

호스트의 취약점

컨테이너가 실행되는 호스트 컴퓨터 자체에 취약점이 있을 수 있다(예를 들어 알려진 취약점이 존재하는 예전 버전의 오케스트레이션 시스템이 호스트에 깔려 있을 수도 있다). 각 호스트에 최소한의 소프트웨어만 설치해서 공격 표면을 줄이고, 보안 모범 관행(best practice)에 따라 호스트를 정확하게 설정하는 것이 바람직하다. 이 주제는 제4장에서 논의한다.

비밀 정보 노출

종종 응용 프로그램 코드가 시스템의 다른 구성 요소와 통신하려면 자격 증명, 토큰, 패스워드 같은 비밀 정보가 필요하다. 컨테이너화된 배치본에서는 그런 경우 비밀 정보를 컨테이너화된 코드 안으로 넘겨주어야 한다. 제12장에서 보겠지만 이런 요구에 대해 여러 가지 접근 방식이 있으며, 접근 방식마다 보안 수준이 다르다.

비보안 네트워킹

일반적으로 컨테이너는 다른 컨테이너 또는 외부 세계와 통신해야 한다. 제10장에서는 컨테이너 안에서 네트워킹이 작동하는 방식을 설명하고, 제11장에서는 구성 요소 사이에 보안 연결을 설정하는 방법을 논의한다.

컨테이너 탈출 취약점

containerd나 CRI-O를 비롯해 널리 쓰이는 컨테이너 런타임들은 실전으로 검증된 상태이지만, 그래도 컨테이너 안에서 실행되는 악성 코드가 컨테이너를 탈출해서(escape) 호스트에 피해를 줄 여지를 주는 버그가 전혀 없다고는 말하기 힘들다. 실제로, 흔히 Runcescape라고 부르는 취약점 하나가 2019년에 드러났다(*https://oreil.ly/cFSaJ*). 응용 프로그램을 컨테이너 안에 가두는 '격리'를 제4장에서 논의한다. 응용 프로그램에 따라서는 컨테이너 탈출의 잠재적 피해가 너무 커서 좀 더 강력한 격리 메커니즘이 필요할 수 있는데, 제8장에서 그런 메커니즘들을 소개한다.

그 밖에도 다음과 같은 공격 벡터들이 있는데, 이 책에서는 다루지 않는다.

- 흔히 소스 코드를 코드 저장소(repository)에 담아 두는데, 저장소 자체를 공격해서 응용 프로그램의 소스 코드를 악의적으로 변경할 수도 있다. 따라서 저장소에 대한 사용자 접근을 적절히 통제해야 한다.

- 호스트들이 보안을 위해 VPC를 이용해서 네트워크를 형성할 때가 많다. 그리고 보통의 경우 호스트들은 인터넷에도 연결되어 있다. 전통적인 배치본에서와 마찬가지로, 위협 행위자가 네트워크를 통해 호스트 컴퓨터(또는 VM)에 접근하지 못하게 해야 한다. 전통적인 배치본에 적용되는 보안 네트워크 설정, 방화벽, 접근 관리는 모두 클라우드 네이티브 배치본에도 적용된다.

- 일반적으로 컨테이너는 오케스트레이터의 관리하에서 실행된다. 요즘 흔히 쓰이는 오케스트레이터는 쿠버네티스이지만, 도커 스웜^{Docker Swarm}이나 Hashicorp Nomad 같은 오케스트레이터도 있다. 오케스트레이터를 안전하지 않게 설정했거나 관리 접근을 효과적으로 통제하지 않으면, 공격자가 배치본에 영향을 미칠 수 있는 또 다른 공격 벡터가 생긴다.

> **참고:** 쿠버네티스 배치본의 위협 모형들을 좀 더 알고 싶다면 CNCF가 제출한 Kubernetes Threat Model(*https://bit.ly/3pMjHeZ*)이 유용할 것이다.
>
> 또한, CNCF의 금융 사용자 그룹(Financial User Group)은 STRIDE 방법론(*https://oreil.ly/rNmPN*)으로 만든 '쿠버네티스 공격 트리(Kubernetes Attack Tree)'를 발표했다.

1.3 보안 경계

시스템의 구성 요소들 중에서 필요한 접근 권한들의 집합이 서로 다른 두 구성 요소 사이에 보안 경계(security boundary)가 만들어진다. 이를 신뢰 범위(trust boundary)라고 부르기도 한다. 보안 경계를 관리 차원에서 명시적으로 설정하기도 한다. 예를 들어 리눅스^{Linux} 시스템에서, 주어진 한 사용자가 접근할 수 있는 파일들은 하나의 보안 경계를 형성한다. 시스템 관리자는 사용자가 속한 그룹을 변경함으로써 그 사용자가 접근할 수 있는 파일들을 정의하는 보안 경계를 수정할 수 있다. 리눅스 파일 접근 권한을 잘 모르거나 기억이 가물가물한 않는 독자를 위해, 제2장에서 파일 접근 권한을 간략하게 정리하겠다.

하나의 컨테이너 역시 하나의 보안 경계를 형성한다. 응용 프로그램 코드는 컨테이너 안에서만 실행되어야 하며, 명시적으로 접근 권한이 주어진(이를테면 컨테이너 안으로 외부 볼륨이 마운트된 경우 등) 것이 아닌 한 컨테이너 바깥의 코드나 데이터에는 접근하면 안 된다.

공격자와 공격 대상(이를테면 고객의 데이터) 사이에 보안 경계가 많을수록 공격자가 대상에 도달하기가 어려워진다.

공격자는 §1.2 컨테이너 위협 모형(p.23)에서 소개한 공격 벡터들을 연결해서 여러 개의

보안 경계를 뚫을 수 있다. 예를 들면:

- 공격자는 응용 프로그램 의존요소들에 존재하는 취약점을 활용해서 컨테이너 안의 코드를 원격으로 실행할 수 있다.

- 공격자가 침투한 컨테이너가 그 어떤 가치 있는 자료에도 직접 접근하지 못한다고 가정하자. 그러면 공격자는 컨테이너 바깥으로 나가서 다른 컨테이너나 호스트로 이동하는 방법을 찾아야 한다. 컨테이너 탈출 취약점은 공격자가 컨테이너 바깥으로 나가는 하나의 경로일 수 있으며, 컨테이너의 비보안(안전하지 않은) 설정 역시 그런 경로일 수 있다. 그런 경로를 하나라도 찾아낸 공격자는 호스트에 접근할 수 있다.

- 그다음 단계는 호스트에 대한 루트 권한을 얻는 것이다. 제4장에서 보겠지만, 애초에 응용 프로그램이 컨테이너 안에서 루트 권한으로 실행되고 있었다면 이것은 쉬운 일이다.

- 호스트 컴퓨터에 대한 루트 권한을 가진 공격자는 호스트에 대해, 그리고 호스트에서 실행되는 모든 컨테이너에 대해 원하는 모든 일을 할 수 있다.

배치본에 보안 경계들을 추가하고 강화하면 공격자의 공격 작업이 좀 더 어려워진다.

위협 모형화의 중요한 측면 하나는 응용 프로그램이 실행되는 환경 안에서 벌어질 수 있는 공격들을 고찰하는 것이다. 클라우드 환경에서는 배치본의 일부 자원(resource)을 다른 사용자 및 응용 프로그램과 공유하게 될 수도 있다. 이런 식으로 컴퓨터 자원을 공유하는 것을 다중 입주(multitenancy멀티테넌시)라고 부른다. 다중 입주는 위협 모형에 의미 있는 영향을 미친다.

1.4 다중 입주

다중 입주 환경에서는 서로 다른 사용자(입주자(tenant)라고 부른다)들이 공유 하드웨어에서 각자 자신의 워크로드workload[3]들을 실행한다. (소프트웨어 응용의 문맥에서도 '다중 입주'라는 용어가 쓰이는데, 이는 여러 사용자가 같은 소프트웨어 인스턴스를 함께 사용하는 것을 말한다. 그러나 지금 논의에서 다중 입주는 하드웨어 공유에만 한정된다.) 입주자들이 실행하는 워

---

3 워크로드는 컨테이너 또는 VM에서 어떤 작업을 수행하는 응용 프로그램이나 서비스, 또는 그런 요소들의 집합인데, 구체적인 정의는 클라우드 서비스나 컨테이너 오케스트레이터에 따라 다를 수 있다.

크로드에 따라서는, 그리고 입주자들 사이의 신뢰 관계에 따라서는 입주자(의 응용 프로그램)들이 서로 간섭하지 않도록 좀 더 강한 보안 경계를 두어야 할 수 있다.

다중 입주는 1960년대의 메인프레임 시절부터 있던 개념이다. 당시 고객들은 공유 컴퓨터의 CPU 시간, 메모리, 저장 공간을 대여했다. 이런 방식이 오늘날 아마존 AWS나 마이크로소프트 애저^Azure, 구글 클라우드 플랫폼 같은 공용 클라우드(public cloud)와 아주 다르지는 않다. 클라우드 플랫폼에서도 고객들은 CPU 시간과 메모리, 저장 공간을 기타 기능들과 관리 서비스와 함께 대여(임대)한다. 2006년에 아마존 AWS가 EC2를 시작한 이후로 사용자들은 전 세계의 데이터 센터들에 있는 서버 랙에서 실행되는 가상 기계(VM) 인스턴스를 대여할 수 있게 되었다. 물리적 기계 한 대에서 다수의 VM이 실행될 수 있으며, 고객은 자신의 VM들이 실행되는 컴퓨터에서 누가 어떤 VM을 실행하는지 알지 못한다.

1.4.1 공유 컴퓨터

한 대의 리눅스 컴퓨터(또는 VM)를 다수의 사용자가 공유하는 상황을 생각해 보자. 이는 예를 들어 대학교 환경에서 아주 흔하며, 사용자들이 서로를 믿지 않으며 솔직히 말해서 시스템 관리자도 사용자들을 믿지 않는 진정한 다중 입주 상황의 좋은 예이기도 하다. 이 환경에서 사용자 접근을 제한하는 수단은 리눅스 자체의 접근 제어(access control) 기능이다. 각 사용자는 자신만의 로그인 ID를 가지며, 리눅스 접근 제어는 사용자가 접근 가능한 파일들을 제한한다. 예를 들어 각 사용자가 오직 자신의 디렉터리에 있는 파일들만 수정할 수 있다. 대학생들이 급우들의 파일을 마음대로 읽을 수 있다면, 더욱 심각하게는 그 파일들을 수정할 수 있다면, 어떤 사태가 벌어질지 상상이 될 것이다.

제4장에서 보겠지만, 같은 호스트에서 실행되는 모든 컨테이너는 같은 커널^kernel을 공유한다. 만일 호스트가 도커 데몬을 실행하고 있다면, docker 명령을 실행할 수 있는 사용자는 누구라도 사실상 루트 권한을 가진 셈이 된다. 따라서 시스템 관리자는 신뢰되지 않은 사용자에게는 docker 명령 실행 권한을 부여하지 않아야 한다.

기업 환경에서, 특히 클라우드 네이티브^cloud native 환경에서는 이런 종류의 공유 컴퓨터가 드물다. 대신, 사용자(또는 서로 신뢰하는 사용자들로 이루어진 팀)는 가상 기계의 형태로 자신에게만 할당된 자원을 사용할 때가 많다.

1.4.2 가상화

일반적으로 VM들은 서로 상당히 강력하게 격리되어 있다고 간주된다. 이는 여러분의 이웃이 여러분의 VM에서 일어나는 활동을 관측(관찰)하거나 간섭할 가능성이 작다는 것이다. 이러한 격리가 어떻게 실현되는지는 제5장에서 좀 더 이야기할 것이다. 사실, 널리 통용되는 정의(*https://oreil.ly/yfkQI*)에 따르면 가상화(virtualization) 자체는 전혀 다중 입주로 간주되지 않는다. 다중 입주는 서로 다른 사람들이 같은 소프트웨어의 인스턴스 하나를 공유하는 것인데, 가상화에서 사용자들은 자신의 VM을 관리하는 프로그램(하이퍼바이저^{hypervisor})에 접근하지 못하므로 소프트웨어를 공유하는 것이 아니다.

그렇다고 VM들 사이의 격리가 완벽하다는 뜻은 아니다. 사실 사용자들은 예전부터 '시끄러운 이웃'에 관한 불평을 제기했다. 물리적 컴퓨터를 다른 사용자들과 공유하면 VM의 성능이 예기치 않게 변한다는 점은 사실이다. 일찍부터 공용 클라우드를 채용한 넷플릭스^{Netflix}는 2010년 블로그 글(*https://oreil.ly/CGlZ0*)의 "Co-tenancy is hard" 섹션에서 자신들이 어떤 작업이 너무 느리게 작동함이 확인되면 의도적으로 그 작업을 포기하도록 시스템을 구축했음을 밝혔다. 한편, 좀 더 최근에는 '시끄러운 이웃' 문제가 실질적인 문제점이 아니는 주장(*https://oreil.ly/iE4qE*)도 있었다.

또한, 소프트웨어 취약점 때문에 VM들 사이의 보안 경계가 침해된 사건들도 있었다.

보안이 침해되면 그 결과가 대단히 심각한 일부 응용 프로그램이나 조직(특히 정부나 금융, 보건 관련 조직)에서는 완전한 물리적 분리가 필요하다. 워크로드들을 완전히 격리하는 한 가지 방법은 데이터 센터를 직접 운영하거나 서비스 공급 업체에 위임해서 사설 클라우드를 돌리는 것이다. 사설 클라우드 공급 업체들은 데이터 센터에 접근하는 직원들의 배경을 조사하는 등의 추가적인 보안 기능을 제공하기도 한다.

또한, 물리적 컴퓨터 한 대에서 고객의 VM들만 실행됨을 보장하는 옵션을 제공하는 클라우드 공급 업체들도 많다. 그리고 클라우드 공급 업체가 운영하는 물리적 컴퓨터 한 대를 통째로 대여하는 옵션도 있다. 두 시나리오 모두 시끄러운 이웃 문제가 전혀 없을 뿐만 아니라, 물리적 컴퓨터들 사이의 보안 격리가 좀 더 강력하다는 장점도 있다.

클라우드의 물리적 컴퓨터나 VM을 임대하든, 아니면 서버를 직접 운영하든, 컨테이너를 사용한다면 여러 사용자 그룹 사이의 보안 경계를 반드시 검토해야 한다.

1.4.3 컨테이너 다중 입주

제4장에서 보겠지만 컨테이너들 사이의 격리는 VM들 사이의 격리보다는 약하다. 위협 프로파일에 따라 다르겠지만, 일반적으로 여러분의 컨테이너를 여러분이 신뢰하지 않는 사용자나 집단의 컨테이너와 같은 컴퓨터에서 실행하는 것은 바람직하지 않다.

그리고 같은 컴퓨터에서 실행되는 모든 컨테이너가 여러분의 것 또는 여러분이 믿는 사람의 것이라고 해도, 누군가의 실수(사람은 항상 실수를 저지른다)가 야기하는 위험을 완화하기 위해서는 컨테이너들이 서로 간섭하지 않게 만드는 데 신경을 써야 한다.

쿠버네티스에서는 이름공간(namespace)을 이용해서 한 클러스터의 컴퓨터들을 서로 다른 개인, 팀, 응용 프로그램에 분할할 수 있다.

> **참고:** '이름공간'은 문맥에 따라 여러 가지 뜻으로 쓰인다. 쿠버네티스에서 이름공간은 쿠버네티스 접근 제어 설정이 서로 다른 클러스터 자원들을 분할하는 데 쓰이는 고수준 추상이다. 리눅스에서 이름공간은 프로세스가 인식하는 컴퓨터 자원들을 격리하기 위한 저수준 메커니즘이다. 리눅스의 이름공간에 관해서는 제4장에서 좀 더 자세히 살펴본다.

사용자 역할 기반 접근 제어(role-based access control, RBAC)는 서로 다른 쿠버네티스 이름공간들에 대한 사용자와 구성 요소의 접근을 제한한다. 구체적인 접근 제한 방식은 이 책의 범위에서 벗어나는 주제이지만, 쿠버네티스의 RBAC은 쿠버네티스 API를 통해서 수행하는 작업들만 제어한다는 점을 기억하기 바란다. 같은 컴퓨터에서 실행되는 쿠버네티스의 응용 프로그램 컨테이너들은 오직 이 책에서 설명하는 컨테이너 격리를 통해서만 보호될 뿐이다. 컨테이너들이 속한 이름공간이 달라도 그렇다. 공격자가 컨테이너에서 탈출해서 호스트에 접근할 수 있는 상황에서는, 쿠버네티스의 이름공간 경계는 공격자가 다른 컨테이너에 영향을 미치는 일을 방지하는 데 아무런 도움이 되지 않는다.

1.4.4 컨테이너 인스턴스

아마존 AWS나 마이크로소프트 애저, 구글 클라우드 플랫폼 같은 클라우드 서비스들은 다양한 관리형 서비스(managed service)를 제공한다. 관리형 서비스들 덕분에 사용자는 소프트웨어나 저장소, 기타 구성 요소들을 직접 설치하거나 관리할 필요 없이 대여해서 사용할 수 있다.

전형적인 예는 아마존 RDS(Relational Database Service; 관계형 데이터베이스 서비스)이다. RDS를 이용하면 PostgreSQL 같은 잘 알려진 소프트웨어를 사용하는 데이터베이스를 손쉽게 마련하고 운영할 수 있으며, 간단하게 체크 상자를 체크하는 것만으로도 데이터를 백업할 수 있다(물론 비용 결제도 그만큼이나 간단하다).

컨테이너의 세계에도 관리형 서비스들이 진출했다. 마이크로소프트의 ACI(Azure Container Instances)와 아마존 AWS 파게이트[Fargate]는 실제 컴퓨터(또는 VM)에 신경 쓰지 않고 컨테이너들을 실행할 수 있게 하는 서비스이다.

이런 서비스를 이용하면 관리 부담이 크게 줄어들고, 배치본의 규모를 손쉽게 확장하거나 축소할 수 있다. 그렇지만 적어도 이론적으로는, 여러분의 컨테이너 인스턴스들이 다른 고객의 컨테이너 인스턴스들과 같은 VM에서 함께 실행될 여지가 있다. 의심스럽다면 클라우드 공급업체에 확인해야 할 것이다.

지금까지 컨테이너 배치본에 대한 다양한 위협을 살펴보았다. 이 책의 주된 주제들로 들어가기 전에, 배치본에 포함할 보안 도구와 절차를 평가할 때 지침이 될 몇 가지 기본적인 보안 원칙들부터 짚고 넘어가기로 하자.

1.5 보안 원칙들

다음은 보안 적용 대상의 세부사항과는 무관하게 일반적으로 적용되는 몇 가지 지침들이다.

1.5.1 최소 권한

최소 권한 원칙 또는 최소 특권 원칙(principle of least privilege)은 사용자 또는 구성 요소가 해당 작업을 진행하는 데 꼭 필요한 것에만 접근할 수 있게 해야 한다는 것이다. 예를 들어 전자 상거래 응용 프로그램에서 제품을 검색하는 마이크로서비스가 있다고 할 때, 최소 권한 원칙에 따르면 그 마이크로서비스는 제품 데이터베이스에 읽기 전용으로만 접근할 수 있는 자격 증명을 가져야 한다. 그 마이크로서비스가 예를 들어 사용자 정보나 결제 정보에 접근할 필요는 없으며, 제품 정보를 기록하는 권한 역시 필요하지 않다.

1.5.2 심층 방어

차차 보겠지만, 배치본과 그 안에서 실행되는 응용 프로그램들의 보안을 개선하는 방법은 다양하다. 심층 방어 원칙(principle of defense in depth)이란 보호를 여러 층으로 적용해야 한다는 것이다. 공격자가 방어층 하나를 뚫는다고 해도, 그다음에 또 다른 방어층이 있으면 공격자가 배치본에 해를 끼치거나 데이터를 탈취하지 못한다.

1.5.3 공격 표면 축소

일반적으로 시스템이 복잡할수록 시스템을 공격하는 방법도 다양해진다. 따라서 시스템의 복잡도를 줄이면 공격이 어려워진다. 시스템의 '공격 표면(attack surface)'을 줄이는 방법을 몇 가지 들면 다음과 같다.

- 인터페이스를 최대한 작고 단순하게 해서 접근 지점들을 줄인다.
- 서비스에 접근할 수 있는 사용자들과 구성 요소들을 제한한다.
- 코드 양을 최소화한다.

1.5.4 폭발 반경 제한

보안 통제(security control; 또는 보안 제어) 항목들을 더 작은 부분 또는 '낱칸(cell)'들로[4] 분할하면 최악의 사태가 발생해도 그 영향이 최소화된다. 컨테이너는 이러한 폭발 반경(blast radius) 제한 원칙에 잘 맞는다. 컨테이너는 하나의 아키텍처를 한 마이크로서비스의 여러 인스턴스로 분할함으로써 하나의 보안 경계로 작용하기 때문이다.

1.5.5 직무 분리

직무 분리(segregation of duties, SoD; 또는 직무 분장, 의무의 분리) 원칙은 최소 권한 및 폭발 반경 제한과 관련이 있다. 이 원칙은 서로 다른 구성 요소나 사람이 전체 시스템 중 꼭 필

---

4 참고로, 2000년에 도입된 유서 깊은 가상화·격리 메커니즘인 FreeBSD의 'jail(감옥, 교도소)' 메커니즘을 생각한다면, cell을 '감방' 또는 '독방'으로 불러도 좋을 것이다.

요한 가장 작은 부분집합에 대해서만 권한(authority)을 가져야 한다는 것이다. 이 접근 방식은 특정 연산들을 사용자 한 명의 권한만으로는 수행할 수 없게 함으로써, 특권 있는 사용자 한 명이 필요 이상으로 큰 피해를 시스템에 끼치는 사태를 방지한다.

1.5.6 컨테이너에 보안 원칙들을 적용

이 책의 이후 장들에서 보겠지만, 컨테이너들을 세밀하게 구성하면 보안 원칙들을 적용하기가 편해진다.

최소 권한

각각의 컨테이너에 그 컨테이너가 기능하는 데 꼭 필요한 최소한의 접근 권한만 부여함으로써 최소 권한 원칙을 지킬 수 있다.

심층 방어

컨테이너는 보안 보호를 강제할 수 있는 또 다른 보안 경계로 작용한다.

공격 표면 축소

모놀리스 시스템(모든 구성 요소가 하나의 개체로 단단히 결합된 형태의 시스템)을 다수의 간단한 마이크로서비스들로 분할하고 마이크로서비스들 사이의 인터페이스를 깔끔하게 정의하면 전체적인 복잡도가 감소해서 공격 표면이 줄어든다. 그러나 컨테이너들을 관리하기 위한 복잡한 오케스트레이션 층을 추가하면 또 다른 공격 표면이 생긴다는 반론도 있다.

폭발 반경 제한

컨테이너화된 응용 프로그램이 침해되어도, 컨테이너 보안 경계 덕분에 공격의 효과가 컨테이너 내부로만 한정되고 시스템의 나머지 부분에 영향을 미치지 않을 수 있다.

의무 분리

접근 권한과 자격 증명을 꼭 필요한 컨테이너로만 전달함으로써, 비밀 정보 하나가 누설되어도 모든 비밀이 새지는 않게 만들 수 있다.

이 모든 장점이 매력적으로 들리겠지만, 이들은 다소 이론적이다. 실제 응용에서는 잘못된 시스템 설정이나 잘못된 컨테이너 이미지, 비보안 관행 때문에 이런 장점들이 퇴색될 수 있다. 이 책을 다 읽고 나면 여러분은 컨테이너화된 배치본에 나타날 수 있는 보안 함정들을 피하고 이런 장점들을 최대한 누릴 수 있는 지식과 기법을 갖추게 될 것이다.

1.6 요약

이번 장에서는 컨테이너 기반 배치본에 영향을 미칠 수 있는 여러 종류의 공격을 개괄하고, 그런 공격들을 방어하는 데 적용할 수 있는 보안 원칙들을 소개했다. 다음 장부터는 컨테이너를 지탱하는 다양한 메커니즘을 자세히 살펴본다. 여러 가지 보안 도구와 모범 관행 절차들을 조합해서 컨테이너에 대해 보안 원칙들을 구현하려면 이런 메커니즘들을 잘 알아 둘 필요가 있다.

제2장

리눅스 시스템 호출, 접근 권한, 능력

대부분의 경우 컨테이너는 리눅스 OS를 실행하는 컴퓨터 안에서 실행된다. 따라서, 보안에 영향을 미치는 리눅스의 몇 가지 기본 기능을 익혀 두면, 특히 그런 기능들을 컨테이너 보안에 어떻게 적용하는지 파악해 두면 컨테이너 보안에 도움이 될 것이다. 이번 장에서는 리눅스의 시스템 호출들과 파일 기반 접근 권한, 능력(capability)을 살펴보고, 마지막으로 권한 확대(previlege escalation)를 논의한다. 이런 개념들에 익숙하다면 다음 장으로 건너뛰어도 좋다.[1]

이런 요소들은 컨테이너 안에서 실행되는 리눅스 프로세스들을 호스트가 볼 수 있다는 사실 때문에 중요하다. 컨테이너화된 프로세스도 다른 보통의 프로세스와 마찬가지 방식으로 시스템 호출을 사용하고 접근 권한과 기타 여러 권한을 요구한다. 그러나 컨테이너 환경에서는 그런 접근 권한들을 실행 시점에서 또는 컨테이너 이미지 구축 과정에서 보통의 프로세스와는 다른 몇 가지 방식으로 설정할 수 있는데, 이 점이 보안에 의미 있는 영향을 미친다.

2.1 시스템 호출

응용 프로그램은 소위 **사용자 공간**(user space)에서 실행된다. 사용자 공간에서 실행되는 코

---

1 이번 장에서 소개하는 용어들이 이후 장들에도 다시 등장하므로, 통째로 건너뛰기보다는 영문이 병기된 용어들을 위주로 한 번 훑어보길 권한다. 예를 들어 capability를 '역량'이나 '기능'이라고 부르는 문헌도 있지만, 이 책에서는 '능력'이라는 용어를 사용한다.

드는 운영체제 커널보다 권한(previlege; 또는 특권)이 낮다. 응용 프로그램은 파일에 접근하거나, 네트워크를 이용해서 통신하거나, 심지어 현재 시간을 알려고 해도 커널에 그런 작업을 요청해야 한다. 사용자 공간 코드가 커널에 뭔가를 요청하는 데 쓰이는 프로그래밍 인터페이스를 시스템 호출(system call; 줄여서 *syscall*) 인터페이스라고 부른다.

리눅스에는 300개 이상의 시스템 호출들이 있는데, 구체적인 개수는 리눅스 커널 버전에 따라 다르다. 다음은 몇 가지 시스템 호출의 예이다.

read

파일에서 데이터를 읽어 들인다.

write

데이터를 파일에 기록한다.

open

읽기 또는 쓰기를 위해 파일을 연다.

execve

실행 가능 프로그램을 실행한다.

chown

파일의 소유자를 변경한다.

clone

새 프로세스를 생성한다.

그런데 응용 프로그램 개발자가 이런 시스템 호출을 직접 다룰 일은 별로 없다. 일반적으로 응용 프로그램 개발자는 시스템 호출들을 감싼 고수준 프로그래밍 추상을 사용하기 때문이다. 응용 프로그램 개발자가 흔히 접하는 고수준 추상 중 가장 낮은 수준은 glibc 라이브러리나 Golang(프로그래밍 언어 Go)의 syscall 패키지 같은 저수준 라이브러리이다. 그러나 실제 응용에서는 이런 저수준 추상을 그대로 사용하는 것이 아니라 더 높은 수준의 추상 층으로 감싸서 사용할 때가 많다.

참고: 시스템 호출을 좀 더 배우고 싶은 독자는 O'Reilly 학습 플랫폼에 올라온 필자의 강연 "A Beginner' s Guide to Syscalls" (*https://oreil.ly/HrZzJ*)를 참고하기 바란다.

응용 프로그램 코드가 컨테이너 안에 있든 아니든 시스템 호출을 사용하는 방식 자체는 다름이 없다. 그러나 이후 이 책에서 보겠지만, 모든 컨테이너가 하나의 공유 호스트에서 실행된다는 사실 때문에, 좀 더 구체적으로는 모든 컨테이너의 응용 프로그램이 같은 커널에 대해 시스템 호출을 요청한다는 사실 때문에 보안 측면에서 차이가 생긴다.

모든 응용 프로그램이 모든 시스템 호출을 필요로 하지는 않으므로, 시스템 호출에도 최소 권한 원칙이 적용된다. 리눅스에는 특정 프로그램이 특정 시스템 호출들에만 접근할 수 있도록 설정하는 보안 기능이 있다. 이 기능을 컨테이너에 적용하는 방법을 제8장에서 소개한다.

사용자 공간과 커널 수준 권한에 관해서는 제5장에서 좀 더 이야기하겠다. 그럼 리눅스가 파일에 대한 접근 권한을 제어하는 방식으로 넘어가자.

2.2 파일 접근 권한

컨테이너를 실행하든 아니든, 리눅스 시스템에서 보안의 토대가 되는 것은 바로 파일 접근 권한(file permission)이다. 리눅스 세상에는 "모든 것은 파일이다"라는 말이 있다(*https:// oreil.ly/QTxzb*). 응용 프로그램, 데이터, 설정 정보, 로그 기록 등은 모두 파일에 담겨 있다. 심지어 화면이나 프린터 같은 물리적 장치도 파일로 대표된다. 파일에 대한 접근 권한은 어떤 사용자가 그 파일에 접근할 수 있는지, 그리고 그 파일에 대해 어떤 일을 할 수 있는지를 결정한다. 그런 접근 권한을 임의 접근 제어(discretionary access control, DAC; 또는 재량적 접근 통제)라고 부르기도 한다.

그럼 파일 접근 권한을 좀 더 자세히 살펴보자. 리눅스 터미널에 익숙한 사용자라면 ls-l 명령으로 파일 이름과 파일 특성들을 조회한 적이 많을 것이다.

그림 2-1 리눅스 파일 접근 권한 예제

[그림 2-1]에 `ls -l` 명령의 출력 예가 나와 있다. 이 출력은 *myapp*이라는 파일의 소유자가 "liz"라는 사용자이고 소속 그룹은 "staff"임을 말해준다. 제일 왼쪽의 접근 권한 문자들은 세 종류의 사용자들의 파일 접근 권한을 나타낸다. 디렉터리 여부를 뜻하는 첫 글자를 제외한 아홉 글자를 세 글자씩 묶어서 파악해야 한다.

- 처음 세 글자 묶음은 파일 소유자(이 예에서 "liz")의 접근 권한이다.

- 그다음 세 글자 묶음은 파일의 그룹(이 예에서 "staff")에 속한 사용자들의 접근 권한이다.

- 마지막 세 글자 묶음은 다른 모든 사용자("liz"도 아니고 "staff" 그룹의 일원도 아닌)의 접근 권한이다.

각 묶음의 세 글자는 순서대로 읽기, 쓰기, 실행 권한을 나타내는 1비트 값으로 간주된다.[2] r 비트는 해당 사용자가 파일을 읽을(read) 수 있는지를 나타내고, w 비트는 파일에 데이터를 쓸(write) 수 있는지를 나타내고, x 비트는 파일을 실행할(execute) 수 있는지를 나타낸다. 해당 영문자가 표시되어 있으면 해당 비트가 1(가능)인 것이고, '–'이면 0(불가능)이다.

지금 예에서 w 비트는 첫 묶음에만 설정(1)되어 있다. 따라서 이 파일은 파일 소유자만 기록할 수 있다. 파일 소유자는 파일을 실행할 수 있으며, "staff" 그룹에 속한 사용자 역시 파일을 실행할 수 있다. 세 묶음 모두 r 비트가 설정되어 있으므로 모든 사용자가 이 파일을 읽을 수 있다.

> **참고:** 리눅스 파일 접근 권한을 좀 더 공부하고 싶은 독자에게는 "Understanding Linux File Permissions"라는 글(*https://oreil.ly/7DKZw*)을 추천한다.

---

2 그리고 세 비트 묶음을 흔히 8진수로 해석한다. 따라서 파일 하나의 접근 권한을 세 자리 8진수로 표현할 수 있으며, 예를 들어 chmod 명령이 그런 8진수 값을 받는다. 지금 예에서 파일의 접근 권한 8진수 값은 754이다.

아마 독자도 이 *r*, *w*, *x* 비트들을 잘 알고 있을 것이다. 그러나 이것이 파일 접근 권한의 전부는 아니다. 파일 접근 권한은 *setuid* 비트나 *setgid* 비트, 그리고 소위 끈적이(sticky) 비트에도 영향을 받을 수 있다. 처음 둘은 프로세스가 추가적인 파일 권한을 얻는 수단이 된다는 점에서 보안의 관점에서 중요하다. 공격자가 이 비트들을 악의적인 용도로 사용할 수도 있다.

2.2.1 setuid와 setgid

보통의 경우 한 사용자가 어떤 파일을 실행하면 해당 프로세스는 그 사용자의 ID로 실행된다. 그러나 파일에 *setuid* 비트를 설정해 두면 프로세스는 파일 소유자의 ID로 실행된다. 다음은 루트 사용자가 소유한 sleep 실행 파일을 루트가 아닌 사용자의 파일로 복사하는 예이다.

```
vagrant@vagrant:~$ ls -l `which sleep`
-rwxr-xr-x 1 root root 35000 Jan 18  2018 /bin/sleep
vagrant@vagrant:~$ cp /bin/sleep ./mysleep
vagrant@vagrant:~$ ls -l mysleep
-rwxr-xr-x 1 vagrant vagrant 35000 Oct 17 08:49 mysleep
```

ls의 출력에서 보듯이 복사본 mysleep의 소유자는 vagrant라는 사용자이다. sudo ./mysleep 100명령으로 이 복사본을 루트 계정으로 실행하고, 실행이 끝나기 전에 다른 터미널 창에서 프로세스 목록을 출력해 보자(간결함을 위해 예제와 무관한 행들은 삭제했다).

```
vagrant@vagrant:~$ ps ajf
 PPID   PID  PGID   SID TTY      TPGID STAT  UID   TIME COMMAND
 1315  1316  1316  1316 pts/0     1502 Ss   1000  0:00 -bash
 1316  1502  1502  1316 pts/0     1502 S+      0  0:00  \_ sudo ./mysleep 100
 1502  1503  1502  1316 pts/0     1502 S+      0  0:00      \_ ./mysleep 100
```

마지막 두 행의 UID가 0이라는 것은 sudo 프로세스와 mysleep 프로세스 모두 루트 UID하에서 실행됨을 뜻한다. 그러나 *setuid* 비트를 설정하면 상황이 달라진다.

```
vagrant@vagrant:~$ chmod +s mysleep
vagrant@vagrant:~$ ls -l mysleep
-rwsr-sr-x 1 vagrant vagrant 35000 Oct 17 08:49 mysleep
```

이제 sudo ./mysleep 100을 다시 실행한 후 둘째 터미널에서 프로세스들을 출력해 보자.

```
vagrant@vagrant:~$ ps ajf
 PPID   PID  PGID   SID TTY    TPGID STAT   UID   TIME COMMAND
 1315  1316  1316  1316 pts/0   1507 Ss    1000   0:00 -bash
 1316  1507  1507  1316 pts/0   1507 S+       0   0:00  \_ sudo ./mysleep 100
 1507  1508  1507  1316 pts/0   1507 S+    1000   0:00      \_ ./mysleep 100
```

UID 열을 보면 sudo 프로세스는 여전히 루트 계정으로 실행되지만 mysleep은 루트가 아니라 파일 소유자의 ID로 실행됨을 확인할 수 있다.

일반적으로 *setuid* 비트는 보통의 사용자에게는 없는 어떤 권한을 프로그램에 부여하는 용도로 쓰인다. 전형적인 예는 ping 실행 파일이다. ping이 핑 메시지를 보내려면 원본(raw) 네트워크 소켓을 여는 권한이 필요한데, 보통의 사용자에게는 그런 권한이 없다. (이런 권한을 부여하는 데 쓰이는 메커니즘이 리눅스 '능력'인데, 이에 관해서는 §2.3 리눅스 능력(p.46)에서 이야기한다.) 보통의 사용자도 ping을 사용할 수 있으면 좋지만, 그렇다고 보통의 사용자에게 원본 네트워크 소켓을 여는 권한을 부여하는 것은 바람직하지 않다(핑 이외의 용도로도 사용할 수 있으므로). 대신, ping 실행 파일에 *setuid* 비트를 설정하고 소유자를 루트 사용자로 두는 방법이 많이 쓰인다. 이러면 보통의 사용자도 루트 사용자의 권한으로 ping을 실행할 수 있다.

실제로는 그보다 좀 더 복잡하다. ping이 실제로 루트의 모든 권한(필요한 것보다 더 많은)을 가지고 실행되지는 않게 하는 몇 가지 단계를 거치는데, 이에 관해서는 잠시 후에 이야기하겠다. 일단은 ping에 *setuid* 비트가 어떻게 작용하는지 좀 더 구체적으로 살펴보자.

ping을 비#루트(non-root) 사용자로 복사해서 실행해 보면 ping의 작동에 보통 사용자에게는 없는 권한이 필요함을 확인할 수 있다. 이때 핑 메시지가 실제로 대상 호스트에 도달하는지는 중요하지 않다. ping이 원본 네트워크 소켓을 열 권한이 있는지만 보면 된다. 우선 보통 사용자가 ping을 실행할 수 있는지부터 점검하고 넘어가자.

```
vagrant@vagrant:~$ ping 10.0.0.1
PING 10.0.0.1 (10.0.0.1) 56(84) bytes of data.
^C
--- 10.0.0.1 ping statistics ---
2 packets transmitted, 0 received, 100% packet loss, time 1017ms
```

비루트(non-root) 사용자, 즉 루트가 아닌 사용자도 ping을 실행할 수 있음이 확인되었다. 이제 ping 실행 파일의 복사본을 만들어서 실행해 보자.

```
vagrant@vagrant:~$ ls -l `which ping`
-rwsr-xr-x 1 root root 64424 Jun 28 11:05 /bin/ping
vagrant@vagrant:~$ cp /bin/ping ./myping
vagrant@vagrant:~$ ls -l ./myping
-rwxr-xr-x 1 vagrant vagrant 64424 Nov 24 18:51 ./myping
vagrant@vagrant:~$ ./myping 10.0.0.1
ping: socket: Operation not permitted
```

실행 파일을 복사하면 파일 소유권 특성들이 복사 명령을 실행한 사용자의 ID에 따라 설정되며, *setuid* 비트는 복사본에 적용되지 않는다. 출력에서 보듯이, 비루트 사용자로서 myping을 실행하면 원본 소켓을 열 권한이 없어서 실행이 실패한다. ls 명령의 출력을 잘 살펴보면 원본 ping의 접근 권한 문자열에는 보통의 x가 아니라 s가 있는데, 이것이 *setuid* 비트이다.

실행 파일 복사본(myping)의 소유자를 root로 변경한다고 해도(그러려면 sudo가 필요하다), 보통의 사용자로 실행하면 여전히 권한이 부족하다. 루트로 실행해야 비로소 실행된다.

```
vagrant@vagrant:~$ sudo chown root ./myping
vagrant@vagrant:~$ ls -l ./myping
-rwxr-xr-x 1 root vagrant 64424 Nov 24 18:55 ./myping
vagrant@vagrant:~$ ./myping 10.0.0.1
ping: socket: Operation not permitted
vagrant@vagrant:~$ sudo ./myping 10.0.0.1
PING 10.0.0.1 (10.0.0.1) 56(84) bytes of data.
^C
--- 10.0.0.1 ping statistics ---
2 packets transmitted, 0 received, 100% packet loss, time 1012ms
```

그럼 복사본에 *setuid* 비트를 설정해서 실행해 보자.

```
vagrant@vagrant:~$ sudo chmod +s ./myping
vagrant@vagrant:~$ ls -l ./myping
-rwsr-sr-x 1 root vagrant 64424 Nov 24 18:55 ./myping
vagrant@vagrant:~$ ./myping 10.0.0.1
PING 10.0.0.1 (10.0.0.1) 56(84) bytes of data.
```

```
^C
--- 10.0.0.1 ping statistics ---
3 packets transmitted, 0 received, 100% packet loss, time 2052ms
```

이제 myping은 루트가 가진 모든 권한을 가지고 실행된다. 이렇게 하지 않고도 실행에 필요한 권한을 실행 파일에 부여할 수 있는데, 그 방법을 §2.3리눅스 능력(p.46)에서 간략하게 살펴볼 것이다.

ping의 복사본이 잘 실행되는 이유는 *setuid* 비트 덕분에 루트 계정으로 실행되기 때문이다. 그런데 둘째 터미널에서 ps로 프로세스를 살펴보면 다소 의외의 결과가 나온다.

```
vagrant@vagrant:~$ ps uf -C myping
USER       PID %CPU %MEM  VSZ   RSS TTY   STAT START  TIME COMMAND
vagrant   5154  0.0  0.0 18512 2484 pts/1 S+   00:33  0:00 ./myping localhost
```

출력에서 보듯이, *setuid* 비트가 설정되어 있고 파일 소유자가 루트임에도 프로세스는 루트 계정에서 실행되지 않는다. 왜 그럴까? 답은, ping의 요즘 버전은 일단 루트로 실행되긴 하지만 꼭 필요한 능력들만 설정한 후 사용자 ID를 원래의 사용자의 것으로 재설정한다는 것이다. 이것이 앞에서 언급한 몇 가지 단계이다.

> **참고:** 이런 과정을 좀 더 자세히 살펴보고 싶다면, strace 도구를 이용해서 ping(또는 myping) 실행 파일이 호출하는 시스템 호출들을 살펴보기 바란다. 현재 셸의 프로세스 ID를 찾고 다른 터미널에서 루트로 strace -f -p <셸 프로세스 ID>를 실행하면 그 셸 및 그 셸 안에서 실행되는 모든 실행 파일이 요청한 모든 시스템 호출을 추적할 수 있다. 특히, 사용자 ID를 재설정하는 setuid() 시스템 호출에 주목해야 한다. 스레드에 필요한 능력들을 설정하는 setcap() 시스템 호출들 이후에 setuid()가 호출됨을 알 수 있을 것이다.

모든 실행 파일이 이런 식으로 사용자 ID를 재설정하지는 않는다. 이번 장 앞부분에서 만든 sleep 복사본은 보통의 *setuid* 방식으로 작동한다. 그 복사본의 소유자를 루트로 변경한 후 *setuid* 비트를 설정하고(소유권이 바뀌면 이 비트가 지워지므로 다시 설정해 주어야 한다) 비루트 사용자로 실행해 보자.

```
vagrant@vagrant:~$ sudo chown root mysleep
vagrant@vagrant:~$ sudo chmod +s mysleep
vagrant@vagrant:~$ ls -l ./mysleep
-rwsr-sr-x 1 root vagrant 35000 Dec  2 00:36 ./mysleep
vagrant@vagrant:~$ ./mysleep 100
```

다른 터미널에서 **ps**를 실행하면 해당 프로세스가 루트 사용자 ID하에서 실행됨을 알 수 있다.

```
vagrant@vagrant:~$ ps uf -C mysleep
USER       PID %CPU %MEM    VSZ   RSS TTY      STAT START   TIME COMMAND
root      6646  0.0  0.0   7468   764 pts/2    S+   00:38   0:00 ./mysleep 100
```

이제 *setuid* 비트가 어떤 식으로 작동하는지 이해했을 것이다. 그럼 이 비트가 보안에 미치는 영향을 살펴보자.

setuid가 보안에 미치는 영향

예를 들어 bash에 *setuid* 비트를 설정하면 어떤 일이 생길지 상상해 보기 바란다. 그러면 bash를 실행하는 모든 사용자가 루트 사용자가 될 것이다. 다행히 실제로는 그렇게 간단하지 않은데, 왜냐하면 대부분의 셸은 이런 자명한 권한 확대를 피하기 위해 **ping**처럼 사용자 ID를 재설정하기 때문이다. 그렇지만 스스로 *setuid* 비트를 설정한 후 루트로 넘어가서 셸을 띄우는 프로그램을 작성하는 것은 아주 간단하다(*https://oreil.ly/viKwm*).

이처럼 *setuid*는 권한 확대로 이어지는 위험한 경로가 될 수 있으므로, 일부 컨테이너 이미지 스캐너들(제7장)은 컨테이너에 *setuid* 비트가 설정된 파일이 있으면 그 사실을 보고해 준다. 또는, **docker run** 명령 실행 시 **--no-new-privileges** 플래그를 주어서 이런 권한 확대를 방지할 수도 있다.

setuid 비트는 권한들이 지금보다 훨씬 단순한 시절, 그러니까 루트 권한이 있느냐 없느냐로만 나뉘던 시절에 도입된 것이다. *setuid* 비트는 비루트 사용자에게 추가적인 권한을 부여하는 메커니즘을 제공했다. 리눅스 커널 버전 2.2부터는 추가 권한들을 좀 더 세밀하게 통제하기 위한 리눅스 능력들이 추가되었다.

2.3 리눅스 능력

현재 리눅스 커널에는 30개가 넘는 능력(capability)이 있다. 능력은 스레드 단위로 부여되는데, 스레드에 어떤 능력들이 부여되느냐에 따라 스레드가 할 수 있는 일이 달라진다. 예를 들어 스레드가 낮은 번호(1024 미만)의 포트에 바인딩하려면 CAP_NET_BIND_SERVICE라는 능력이 필요하다. 시스템 재부팅 권한이 없는 실행 파일이 시스템을 재부팅하려면 CAP_SYS_BOOT라는 능력이 필요하다. 커널 모듈들을 적재하거나 해제하려면 CAP_SYS_MODULE이라는 능력이 필요하다.

앞에서 이야기했듯이, ping 실행 파일은 스레드가 원본 네트워크 소켓을 여는 데 필요한 능력을 얻을 때까지만 루트로 실행된다. 해당 능력은 CAP_NET_RAW이다.

> **참고:** 리눅스에서 man capabilities를 실행하면 능력들에 관한 상세한 정보를 얻을 수 있다.

특정 프로세스에 주어진 능력들은 getpcaps 명령으로 볼 수 있다. 보통의 경우 비루트 사용자가 실행한 프로세스에는 아무런 능력도 배정되지 않는다.

```
vagrant@vagrant:~$ ps
  PID TTY          TIME CMD
22355 pts/0    00:00:00 bash
25058 pts/0    00:00:00 ps
vagrant@vagrant:~$ getpcaps 22355
Capabilities for '22355': =
```

그러나 루트로 실행한 프로세스는 사정이 다르다.

```
vagrant@vagrant:~$ sudo bash
root@vagrant:~# ps
  PID TTY          TIME CMD
25061 pts/0    00:00:00 sudo
25062 pts/0    00:00:00 bash
25070 pts/0    00:00:00 ps
root@vagrant:~# getpcaps 25062
Capabilities for '25062': = cap_chown,cap_dac_override,cap_dac_read_search,
cap_fowner,cap_fsetid,cap_kill,cap_setgid,cap_setuid,cap_setpcap
```

```
cap_linux_immutable,cap_net_bind_service,cap_net_broadcast,cap_net_admin,
cap_net_raw,cap_ipc_lock,cap_ipc_owner,cap_sys_module,cap_sys_rawio,
cap_sys_chroot,cap_sys_ptrace,cap_sys_pacct,cap_sys_admin,cap_sys_boot,
cap_sys_nice,cap_sys_resource,cap_sys_time,cap_sys_tty_config,cap_mknod,
cap_lease,cap_audit_write,cap_audit_control,cap_setfcap,cap_mac_override
cap_mac_admin,cap_syslog,cap_wake_alarm,cap_block_suspend,cap_audit_read+ep
```

파일에 특권을 직접 배정하는 것도 가능하다. 앞에서 비루트 사용자가 ping의 복사본을 실행할 수 있게 만들기 위해 *setuid* 비트를 설정하는 예를 보았다. 이번에는 ping에 필요한 능력을 복사본 실행 파일에 직접 배정해 보자. 먼저 ping을 복사하고 그 복사본에 아무런 권한이 없음을(특히 *setuid* 비트가 설정되지 않았음을), 소켓을 열지 못한다는 점부터 확인하자.

```
vagrant@vagrant:~$ cp /bin/ping ./myping
vagrant@vagrant:~$ ls -l myping
-rwxr-xr-x 1 vagrant vagrant 64424 Feb 12 18:18 myping
vagrant@vagrant:~$ ./myping 10.0.0.1
ping: socket: Operation not permitted
```

이제 setcap 명령을 이용해서 복사본에 **CAP_NET_RAW** 능력을 부여한다. 이렇게 하면 복사본은 원본 네트워크 소켓을 열 수 있다. 능력을 변경하려면 루트 권한이 필요하다. 구체적으로 말하면 **CAP_SETFCAP** 능력이 필요한데, 루트 사용자에게는 이 능력이 자동으로 부여된다.

```
vagrant@vagrant:~$ setcap 'cap_net_raw+p' ./myping
unable to set CAP_SETFCAP effective capability: Operation not permitted
vagrant@vagrant:~$ sudo setcap 'cap_net_raw+p' ./myping
```

ls로는 별 차이가 없지만, getcap이라는 명령으로 파일의 능력을 점검하면 능력이 부여되었음을 확인할 수 있다.

```
vagrant@vagrant:~$ ls -l myping
-rwxr-xr-x 1 vagrant vagrant 64424 Feb 12 18:18 myping
vagrant@vagrant:~$ getcap ./myping
./myping = cap_net_raw+p
```

이 능력 덕분에 ping 복사본이 제대로 작동한다.

```
vagrant@vagrant:~$ ./myping 10.0.0.1
PING 10.0.0.1 (10.0.0.1) 56(84) bytes of data.
^C
```

> **참고:** 파일과 프로세스의 접근 권한들이 상호작용하는 방식을 자세히 다룬 글로 에이드리언 모트Adrian Mouat
> 의 "Linux Capabilities In Practice"(*https://oreil.ly/DE8e-*)이 있다.

최소 권한 원칙에 따라, 프로세스나 파일에 능력을 부여할 때는 작업에 꼭 필요한 능력들만 부여하는 것이 바람직하다. 컨테이너 실행 시 컨테이너에 부여할 능력들을 설정할 수 있는데, 구체적인 방법은 제8장에서 이야기하겠다.

이렇게 해서 리눅스의 파일 접근 권한과 실행 권한의 기초를 살펴보았다. 그럼 권한 확대라는 개념으로 넘어가자.

2.4 권한 확대

"권한 확대(privilege escalation; 또는 특권 상승)"는 말 그대로 사용자가 가진 권한을 평소보다 더 넓게 확대해서 보통은 실행하지 못하는 일도 실행하게 만드는 것이다. 공격자들은 시스템의 취약점이나 잘못된 설정을 이용해서 자신의 권한을 확대함으로써 추가적인 접근 권한을 얻으려 한다.

종종 공격자는 권한 없는 비루트 사용자로 시작해서 컴퓨터에 대한 루트 권한을 얻으려 한다. 공격자가 권한 확대를 위해 흔히 사용하는 방법 하나는 이미 루트로 실행 중인 소프트웨어에 존재하는 취약점을 이용하는 것이다. 예를 들어 웹 서버 소프트웨어에는 공격자가 원격으로 코드를 실행하는 데 사용할 수 있는 취약점이 있을 수 있다. 예를 들어 아파치 스트러트Apache Strut에 그런 취약점이 있었다(*https://oreil.ly/ydu-a*). 만일 웹 서버가 루트로 실행 중이라면, 공격자가 원격으로 실행한 코드 역시 루트 권한을 가지고 실행된다. 이 때문에 소프트웨어를 가능하면 권한 없는 사용자로 실행하는 것이 바람직하다.

이 책에서 배우겠지만, 기본적으로 컨테이너는 **루트로 실행된다**. 따라서, 전통적인 리눅스 컴퓨터와는 달리 컨테이너에서 실행되는 응용 프로그램들은 루트로 실행될 여지가 많다. 공격자가 컨테이너 안의 한 프로세스를 장악해서 어떻게든 컨테이너 밖으로 탈출했다면, 그 공격자는 이미 해당 호스트에 대한 루트 사용자이므로 추가적인 권한 확대는 필요하지 않다. 이에 관해서는 제9장에서 좀 더 자세히 논의한다.

컨테이너가 비루트 사용자로 실행된다고 해도, 공격자가 이번 장에서 본 리눅스 접근 권한 관련 메커니즘들을 악용해서 권한 확대를 시도할 여지가 존재한다. 특히,

- 컨테이너 이미지에 *setuid*가 설정된 실행 파일이 포함되어 있거나

- 비루트 사용자로 실행되는 컨테이너에 추가적인 능력들을 배정한다면

컨테이너의 권한이 필요 이상으로 확대될 수 있다. 이 책에서 이런 문제점을 완화하는 접근 방식들을 배우게 될 것이다.

2.5 요약

이번 장에서는 이 책의 나머지 장들을 이해하는 데 꼭 필요한 기본 리눅스 메커니즘 몇 가지를 살펴보았다. 이런 메커니즘들은 컨테이너 보안에 여러 가지 방식으로 관여한다. 여러분이 만나게 될 컨테이너 보안 통제 수단들은 이런 기본 메커니즘들을 바탕으로 한 것이다.

기본적인 리눅스 보안 개념들을 살펴보았으니, 다음 장부터는 컨테이너를 구성하는 메커니즘들을 본격적으로 소개한다. 왜 컨테이너 안의 루트가 호스트의 루트와 같은 것인지 궁금했다면 다음 장들에서 답을 찾을 수 있을 것이다.

cgroups와 제어 그룹

이번 장에서는 컨테이너를 만드는 데 쓰이는 기초적인 구축 요소 중 하나인 cgroups 메커니즘을 소개한다.

'*control groups*'를 줄인 *cgroups*는[1] 주어진 그룹에 속한 프로세스들이 사용할 수 있는 자원(메모리나 CPU, 네트워크 입출력 등)을 제한하는 수단이다. 보안의 관점에서, 제어 그룹들을 잘 조율하면 한 프로세스가 자원을 혼자 너무 많이 사용해서 다른 프로세스의 행동에 영향을 미치는 일을 방지할 수 있다. 또한, 하나의 제어 그룹에 속할 수 있는 프로세스의 수를 제한하는 pid라는 제어 그룹도 있다. 이 제어 그룹은 포크 폭탄(fork bomb)의 효과를 억제할 수 있다.

> **참고:** 포크 폭탄은 프로세스가 자신을 포크로 복제하고, 복제된 프로세스들이 다시 자신을 더 많이 복제하는 식으로 프로세스들이 지수적으로 증가하는 것을 말한다. 그러면 자원이 고갈되어서 컴퓨터가 마비된다. 몇 년 전 필자의 강의를 찍은 동영상(*https://oreil.ly/Us75y*)에 pid 제어 그룹을 이용해서 포크 폭탄의 효과를 억제하는 방법이 나오니 참고하기 바란다.

제4장에서 자세히 보겠지만 컨테이너는 보통의 리눅스 프로세스로 실행되므로, cgroups를 이용해서 각 컨테이너가 사용할 수 있는 자원들을 제한하는 것이 가능하다. 그럼 제어 그룹을 만들고 설정하는 방법을 살펴보자.

----

1 이 책에서 리눅스 커널의 한 기능을 뜻하는 'control groups'는 약자 cgroups로 표기하고, cgroups의 통제를 받는 프로세스들의 그룹을 가리키는 'control group'은 '제어 그룹'으로 표기한다.

3.1 제어 그룹 위계구조

관리 대상 자원의 종류마다 일단의 제어 그룹들로 이루어진 파일 시스템 위계구조 (hierarchy)[2]가 있다. 그리고 위계구조마다 그것을 제어하는 제어 그룹 제어기(cgroup controller)가 있다. 모든 리눅스 프로세스는 각 자원 종류의 위계구조에 있는 한 제어 그룹에 속한다. 한 프로세스가 처음 생성될 때 프로세스는 부모 프로세스의 제어 그룹들을 물려받는다.

리눅스 커널은 유사 파일 시스템(pseudo-filesystem)을 통해서 제어 그룹들과 통신하는데, 보통의 경우 `/sys/fs/cgroup`이 그런 용도로 쓰인다. 이 디렉터리의 내용을 나열하면 여러 종류의 제어 그룹 위계구조들을 볼 수 있다.

```
root@vagrant:/sys/fs/cgroup$ ls
blkio      cpu,cpuacct  freezer   net_cls                perf_event  systemd
cpu        cpuset       hugetlb   net_cls,net_prio  pids        unified
cpuacct    devices      memory    net_prio               rdma
```

제어 그룹들을 관리한다는 것은 결국 이 위계구조들에 있는 파일들과 디렉터리들을 읽고 쓰는 것에 해당한다. 한 예로, 메모리 자원과 관련된 `memory` 제어 그룹을 살펴보자.

```
root@vagrant:/sys/fs/cgroup$ ls memory/
cgroup.clone_children              memory.limit_in_bytes
cgroup.event_control               memory.max_usage_in_bytes
cgroup.procs                       memory.move_charge_at_immigrate
cgroup.sane_behavior               memory.numa_stat
init.scope                         memory.oom_control
memory.failcnt                     memory.pressure_level
memory.force_empty                 memory.soft_limit_in_bytes
memory.kmem.failcnt                memory.stat
memory.kmem.limit_in_bytes         memory.swappiness
memory.kmem.max_usage_in_bytes     memory.usage_in_bytes
memory.kmem.slabinfo               memory.use_hierarchy
memory.kmem.tcp.failcnt            notify_on_release
```

---

2 여기서 파일 시스템 위계구조는 한 디렉터리를 루트로 하여 그 디렉터리의 파일들과 하위 디렉터리들, 그리고 그 하위 디렉터리들의 파일들과 하위 디렉터리들을 재귀적으로 포함하는 위계적(계통적) 구조를 뜻한다. 간단히 말해서 '디렉터리 트리'이지만, 저자의 용어 선택을 존중해서, 그리고 리눅스 Filesystem Hierarchy Standard(FHS) 등 실제로 hierarchy라는 용어가 흔히 쓰인다는 점에서 디렉터리 트리 대신 '위계구조(계통구조나 계층구조라고 부르기도 한다)'를 사용하기로 한다.

```
memory.kmem.tcp.limit_in_bytes         release_agent
memory.kmem.tcp.max_usage_in_bytes     system.slice
memory.kmem.tcp.usage_in_bytes         tasks
memory.kmem.usage_in_bytes             user.slice
```

이 파일 중에는 제어 그룹을 조작하는 매개변수로 쓰이는 것도 있고 그냥 제어 그룹의 특정 상태(커널이 기록한)를 읽기 위한 것도 있다. 어떤 것이 매개변수이고 어떤 것이 상태인지는 해당 문서화(*https://oreil.ly/LQxKB*)를 참고해야 마땅하지만, 몇몇 파일은 그냥 파일 이름만으로도 무슨 용도인지 짐작할 수 있다. 예를 들어 *memoy.limit_in_bytes*는 제어 그룹에 속한 프로세스가 사용할 수 있는 최대 메모리 크기(바이트 단위)을 설정하는 '매개변수'이고 *memory.max_usage_in_bytes*는 제어 그룹의 최대 메모리 사용량을 말해 주는 '상태'이다.

이 memory 디렉터리는 cgroups 위계구조(전체 제어 그룹 위계구조)의 최상위 수준에 있고 이 디렉터리 안에 다른 제어 그룹 디렉터리가 없으므로, 이 디렉터리는 실행 중인 모든 프로세스의 메모리 정보를 담는다. 특정한 프로세스의 메모리 사용량을 제한하고 싶다면 새 제어 그룹을 만들고 프로세스를 그 제어 그룹에 배정해야 한다.

3.2 제어 그룹 생성

memory 디렉터리에 하위 디렉터리를 하나 만들면 메모리 자원에 대한 제어 그룹이 만들어진다. 커널은 새 디렉터리에 제어 그룹의 매개변수들과 상태들을 대표하는 다양한 파일을 자동으로 채워 넣는다.

```
root@vagrant:/sys/fs/cgroup$ mkdir memory/liz
root@vagrant:/sys/fs/cgroup$ ls memory/liz/
cgroup.clone_children              memory.limit_in_bytes
cgroup.event_control               memory.max_usage_in_bytes
cgroup.procs                       memory.move_charge_at_immigrate
memory.failcnt                     memory.numa_stat
memory.force_empty                 memory.oom_control
memory.kmem.failcnt                memory.pressure_level
memory.kmem.limit_in_bytes         memory.soft_limit_in_bytes
memory.kmem.max_usage_in_bytes     memory.stat
memory.kmem.slabinfo               memory.swappiness
```

```
memory.kmem.tcp.failcnt              memory.usage_in_bytes
memory.kmem.tcp.limit_in_bytes       memory.use_hierarchy
memory.kmem.tcp.max_usage_in_bytes   notify_on_release
memory.kmem.tcp.usage_in_bytes       tasks
memory.kmem.usage_in_bytes
```

각 파일의 구체적인 의미는 이 책의 범위에서 벗어나는 주제이므로 생략한다. 중요한 것은 이 파일들을 쓰거나 읽어서 제어 그룹의 자원 제한 수치들을 설정하거나 현재 상태를 조회할 수 있다는 점이다. 몇몇 파일은 이름으로도 그 용도를 짐작할 수 있는데, 예를 들어 *memory. usage_in_bytes* 파일에는 제어 그룹(에 속한 프로세스들)의 현재 메모리 사용량이 담겨 있다. 제어 그룹이 사용할 수 있는 최대 메모리 크기는 *memory.limit_in_bytes*에 있다.

컨테이너를 실행하면 런타임이 컨테이너를 위한 새 제어 그룹들을 생성한다. 호스트에서 lscgroup이라는 유틸리티(우분투에서는 cgroup-tools 패키지로 설치)를 실행하면 그 제어 그룹들을 살펴볼 수 있다. 런타임이 생성하는 제어 그룹이 상당히 많으므로, runc로 새 컨테이너를 실행하기 전과 후에서 메모리 제어 그룹 위계구조(memory 디렉터리)의 변화만 살펴보기로 하자. 먼저 한 터미널 창에서 현재의 메모리 제어 그룹 정보를 파일에 저장해 둔다.

```
root@vagrant:~$ lscgroup memory:/ > before.memory
```

또 다른 터미널 창에서 컨테이너를 실행한다.

```
vagrant@vagrant:alpine-bundle$ sudo runc run sh
/ $
```

이제 다시 메모리 제어 그룹 정보를 파일에 저장하고 이전 정보와 비교해 보자.

```
root@vagrant:~$ lscgroup memory:/ > after.memory
root@vagrant:~$ diff before.memory after.memory
4a5
> memory:/user.slice/user-1000.slice/session-43.scope/sh
```

새로운 제어 그룹 위계구조가 생겼음을 알 수 있다. 이 위계구조는 메모리 제어 그룹 위계구조 (보통의 경우 /sys/fs/cgroup/memory)에 상대적이다. 다음은 컨테이너가 실행 중인 상태에서 호스트에서 이 제어 그룹 위계구조의 내용을 조회한 예이다.

```
root@vagrant:/sys/fs/cgroup/memory$ ls user.slice/user-1000.slice/session-43.sco
pe/sh/
cgroup.clone_children              memory.limit_in_bytes
cgroup.event_control               memory.max_usage_in_bytes
cgroup.procs                       memory.move_charge_at_immigrate
memory.failcnt                     memory.numa_stat
memory.force_empty                 memory.oom_control
memory.kmem.failcnt                memory.pressure_level
memory.kmem.limit_in_bytes         memory.soft_limit_in_bytes
memory.kmem.max_usage_in_bytes     memory.stat
memory.kmem.slabinfo               memory.swappiness
memory.kmem.tcp.failcnt            memory.usage_in_bytes
memory.kmem.tcp.limit_in_bytes     memory.use_hierarchy
memory.kmem.tcp.max_usage_in_bytes notify_on_release
memory.kmem.tcp.usage_in_bytes     tasks
memory.kmem.usage_in_bytes
```

한편, 컨테이너 안에서는 컨테이너가 속한 제어 그룹들을 /proc 디렉터리의 특정 파일에서 볼
수 있다.

```
/ $ cat /proc/$$/cgroup
12:cpu,cpuacct:/sh
11:cpuset:/sh
10:hugetlb:/sh
9:blkio:/sh
8:memory:/user.slice/user-1000.slice/session-43.scope/sh
7:pids:/user.slice/user-1000.slice/session-43.scope/sh
6:freezer:/sh
5:devices:/user.slice/sh
4:net_cls,net_prio:/sh
3:rdma:/
2:perf_event:/sh
1:name=systemd:/user.slice/user-1000.slice/session-43.scope/sh
0::/user.slice/user-1000.slice/session-43.scope
```

호스트에서 본 메모리 제어 그룹이 여기에도 있음을 주목하기 바란다. 이제 이 제어 그룹의 적
절한 파일들을 읽거나 써서 제어 그룹의 특정 상태를 조회하거나 매개변수를 변경하면 된다.

앞의 제어 그룹 목록에서 user.slice/user-1000 부분이 의아한 독자들도 있을 것이다. 이것은 systemd가 나름의 자원 제어 접근 방식에 따라 자동으로 제어 그룹 위계구조들을 생성하는 과정에서 만들어진 것이다. 이에 관해 좀 더 공부하고 싶다면, 레드햇이 제공하는 비교적 읽기 쉬운 설명(*https://oreil.ly/i4OWd*)을 참고하기 바란다.

3.3 자원 한계 설정

제어 그룹이 사용할 수 있는 최대 메모리 크기는 해당 *memory.limit_in_bytes* 파일에 들어 있다.

```
root@vagrant:/sys/fs/cgroup/memory$ cat user.slice/user-1000.slice/session-\
43.scope/sh/memory.limit_in_bytes
9223372036854771712
```

엄청나게 큰 수인데, 이 예제를 만들면서 필자가 사용한 VM의 전체 메모리 크기에 해당한다. 기본적으로는 사용 가능한 메모리에 제한이 없기 때문에 이런 수치가 나온 것이다.

주어진 프로세스의 메모리 사용에 제한이 없으면 같은 호스트에 있는 다른 프로세스들을 고갈시킬 위험이 있다. 응용 프로그램의 메모리 누수 때문에 의도치 않게 그런 일이 생길 수도 있고, 또는 공격자가 의도적으로 응용 프로그램의 메모리 누수 취약점을 악용해서 메모리를 최대한 소비하게 하는 자원 고갈 공격(*https://oreil.ly/npkSE*) 때문일 수도 있다. 메모리나 기타 자원에 대한 한계를 설정하면 그런 종류의 공격이 끼치는 영향이 줄고 다른 프로세스들이 정상적으로 작동하게 된다.

runc로 컨테이너를 실행할 때 컨테이너의 메모리 사용량 상한이 자동으로 설정되게 하려면 해당 런타임 번들에 있는 *config.json* 파일을 적절히 수정하면 된다. 제어 그룹 자원 한계 설정은 *config.json*의 linux:resources 섹션에 있다. 다음은 메모리 사용량을 1,000,000바이트로 제한하는 예이다.

```
"linux": {
        "resources": {
                "memory": {
                        "limit": 1000000
```

```
                    },
                        ...
                    }
            }
```

바뀐 설정이 효과를 보려면 컨테이너를 종료한 후 runc로 다시 실행해야 한다. 앞에서와 같은 컨테이너를 사용한다면 제어 그룹 이름들도 이전과 같을 것이다(필요하다면 컨테이너 안에서 cat /proc/$$/cgroup으로 확인할 수 있다). memory.limit_in_bytes 매개변수를 조회하면 앞에서 설정한 값과는 조금 다른 값이 나온다.

```
root@vagrant:/sys/fs/cgroup/memory$ cat user.slice/user-1000.slice/session-43.sco
pe/sh/memory.limit_in_bytes
999424
```

이는 runc가 주어진 바이트 수를 그대로 사용하는 대신 KB 단위로 떨어지는 가장 가까운 바이트 수를 사용했기 때문이다. 이 예에서 보듯이, 제어 그룹의 특정 매개변수를 변경하려면 해당 파일에 값을 기록하면 된다.

이상으로 자원 한계를 설정하는 방법을 살펴보았다. 이제 특정 프로세스를 특정 제어 그룹에 배정하는 방법만 살펴보면 cgroups 퍼즐의 마지막 조각이 채워진다.

3.4 프로세스를 제어 그룹에 배정

파일들을 읽고 써서 자원 한계를 조회하거나 설정한 것과 비슷하게, 제어 그룹의 특정 파일에 프로세스 ID를 추가하면 해당 프로세스가 제어 그룹에 배정된다. 위계구조 루트 디렉터리의 *cgroup.procs* 파일이 바로 그런 용도로 쓰이는 파일이다. 다음은 현재 셸 프로세스의 ID인 29903을 앞에서 만든 memory/liz 제어 그룹에 추가하는 예이다.

```
root@vagrant:/sys/fs/cgroup/memory/liz$ echo 100000 > memory.limit_in_bytes
root@vagrant:/sys/fs/cgroup/memory/liz$ cat memory.limit_in_bytes
98304
root@vagrant:/sys/fs/cgroup/memory/liz$ echo 29903 > cgroup.procs
root@vagrant:/sys/fs/cgroup/memory/liz$ cat cgroup.procs
```

```
29903
root@vagrant:/sys/fs/cgroup/memory/liz$ cat /proc/29903/cgroup ¦ grep memory
8:memory:/liz
```

이제 셸이 이 제어 그룹의 일원이 되었으므로, 메모리를 약 100kb까지만 사용할 수 있다. 가용 메모리가 상당히 작기 때문에 그냥 ls 명령만 실행해도 메모리 사용량 상한이 위반된다.

```
$ ls
Killed
```

메모리 상한을 넘겨서 프로세스가 죽었음을 알 수 있다.

3.5 도커와 cgroups

앞에서 우리는 특정 종류의 자원에 대한 제어 그룹 파일 시스템의 파일을 수정함으로써 제어 그룹을 다루는 방법을 살펴보았다. 도커에서도 마찬가지 방식으로 제어 그룹을 다룰 수 있다.

참고: 이번 절의 예제들을 실행하려면 리눅스(실제든 VM이든)가 필요하다. Mac이나 Windows용 도커는 하나의 VM 안에서 실행되며, 도커 데몬들과 컨테이너들은 그 VM 안의 개별적인 커널에서 실행되기 때문에 이 예제들이 의도대로 작동하지 않는다.

도커는 각 자원 종류에 대해 도커 자신의 제어 그룹들을 자동으로 생성한다. 그 제어 그룹들은 cgroups 위계구조에서 docker라는 이름의 하위 디렉터리를 찾아보면 나온다.

```
root@vagrant:/sys/fs/cgroup$ ls */docker ¦ grep docker
blkio/docker:
cpuacct/docker:
cpu,cpuacct/docker:
cpu/docker:
cpuset/docker:
devices/docker:
freezer/docker:
hugetlb/docker:
```

```
memory/docker:
net_cls/docker:
net_cls,net_prio/docker:
net_prio/docker:
perf_event/docker:
pids/docker:
systemd/docker:
```

컨테이너를 실행하면 도커는 이 docker 위계구조들 안에 해당 컨테이너에 관한 또 다른 제어 그룹들을 자동으로 생성한다. 메모리 사용량에 한계를 두어서 컨테이너를 실행한 후 해당 메모리 제어 그룹의 설정을 살펴보자. 제어 그룹들을 여유 있게 살펴보기 위해 꽤 긴 시간으로 sleep 명령을 실행한다.

```
root@vagrant:~$ docker run --rm --memory 100M -d alpine sleep 10000
68fb008c5fd3f9067e1aa245b4522a9f3675720d8953371ecfcf2e9faf91b8a0
```

cgroups 위계구조를 보면 이 컨테이너의 ID를 제어 그룹 이름으로 한 새 제어 그룹 위계구조가 만들어졌음을 알 수 있다.

```
root@vagrant:/sys/fs/cgroup$ ls memory/docker/
68fb008c5fd3f9067e1aa245b4522a9f3675720d8953371ecfcf2e9faf91b8a0
cgroup.clone_children
cgroup.event_control
cgroup.procs
memory.failcnt
memory.force_empty
memory.kmem.failcnt
memory.kmem.limit_in_bytes
memory.kmem.max_usage_in_bytes
...
```

해당 메모리 제어 그룹의 최대 메모리 크기(바이트 단위)는 다음과 같다.

```
root@vagrant:/sys/fs/cgroup$ cat memory/docker/68fb008c5fd3f9067e1aa245b4522\
a9f3675720d8953371ecfcf2e9faf91b8a0/memory.limit_in_bytes
104857600
```

그리고 수면 중(sleeping)인 프로세스가 이 제어 그룹의 일원임도 확인할 수 있다.

```
root@vagrant:/sys/fs/cgroup$ cat memory/docker/68fb008c5fd3f9067e1aa245b4522a9f36
75720d8953371ecfcf2e9faf91b8a0/cgroup.procs
19824
root@vagrant:/sys/fs/cgroup$ ps -eaf ¦ grep sleep
root       19824 19789  0 18:22 ?        00:00:00 sleep 10000
root       20486 18862  0 18:28 pts/1    00:00:00 grep --color=auto sleep
```

3.6 cgroups 버전 2

2016년부터 리눅스 커널에 cgroups 버전 2를 사용할 수 있게 되었으며, 리눅스 배포판 중에서는 페도라Fedora가 최초로 cgroups 버전 2를 채용했다(2019년 중반). 그러나 이 책을 쓰는 현재 널리 쓰이는 컨테이너 런타임 구현들은 대부분 cgroups 버전 1을 사용하고 있으며 버전 2는 지원하지 않는다(단, 아키히로 스다Akihiro Suda가 블로그 글(*https://oreil.ly/pDTZ6*)에서 깔끔하게 정리했듯이, 작업이 진행되고 있긴 하다).

cgroups 버전 2의 가장 큰 차이점은 하나의 프로세스가 제어기가 서로 다른 제어 그룹들에 동시에 속하지 못한다는 점이다. 버전 1에서는 하나의 프로세스를 /sys/fs/cgroup/memory/mygroup과 /sys/fs/cgroup/pids/yourgroup에 배정할 수 있었다. 버전 2에서는 상황이 좀 더 간단하다. 프로세스가 일단 /sys/fs/cgroup/ourgroup에 배정되면, ourgroup에 대한 모든 제어기의 통제를 받게 된다.

cgroups 버전 2는 또한 루트 없는 컨테이너를 더 잘 지원한다. 특히, 그런 컨테이너에 자원 한계를 적용할 수 있다. 이에 관해서는 §9.1.3루트 없는 컨테이너(p.167)에서 다시 이야기하겠다.

3.7 요약

cgroups 기능은 리눅스 프로세스의 자원 사용을 제한한다. 컨테이너를 사용하지 않아도 cgroups의 기능을 활용할 수 있지만, 도커나 기타 컨테이너 런타임들은 cgroups 활용을 위한 편리한 인터페이스를 제공한다. 컨테이너를 실행할 때 자원 한계들을 아주 간편하게 설정할 수 있으며, 그러면 그 한계들을 강제하는 제어 그룹들이 자동으로 생성, 적용된다.

자원을 제한하면 자원을 과도하게 사용해서 적법한 응용 프로그램들을 고갈시킴으로써 배치본의 실행을 방해하려는 여러 공격을 방어할 수 있다. 컨테이너 응용 프로그램들을 실행할 때는 메모리와 CPU 사용량의 상한을 설정하는 것이 바람직하다.

이번 장에서 컨테이너가 사용하는 자원들을 제한하는 방법을 익혔으니, 컨테이너를 구성하는 나머지 퍼즐 조각들로 넘어갈 준비가 되었다. 다음 장인 제4장에서는 이름공간과 루트 디렉터리 변경을 소개한다.

제4장

컨테이너 격리

이번 장에서 여러분은 컨테이너가 실제로 어떻게 작동하는지 배우게 된다. 컨테이너를 제대로 활용하려면 컨테이너들이 서로, 그리고 호스트와 어떻게 격리되는지 알아야 한다. 컨테이너 격리를 잘 이해하면, 컨테이너를 감싼 보안 경계가 얼마나 튼튼한지를 여러분 스스로 평가할 수 있게 된다.

docker exec <이미지> bash로 컨테이너를 실행해 본 적이 있는 독자라면, 컨테이너 안의 환경이 VM 안의 환경과 아주 비슷해 보인다는 점을 알 것이다. 컨테이너 안의 셸에서 ps를 실행하면 컨테이너 안에서 실행되는 프로세스들만 보인다. 컨테이너에는 자신만의 네트워크 스택이 있으며, 호스트의 루트 디렉터리와는 아무 관련이 없는 디렉터리를 루트로 한 자신만의 파일 시스템도 있다. 또한, 메모리를 제한하거나 사용 가능한 CPU들의 일부만 사용하는 등으로 자원을 제한해서 컨테이너를 실행할 수도 있다. 이번 장에서는 이 모든 일을 가능케 하는 리눅스의 여러 메커니즘을 자세히 살펴본다.

컨테이너와 VM이 아주 비슷해 보이지만, 컨테이너를 제대로 이해하려면 컨테이너가 VM이 아니라는 점을 명심해야 한다. 컨테이너 격리와 VM 격리의 차이점들은 제5장에서는 살펴볼 것이다. 필자의 경험으로 볼 때, 전통적인 보안 수단들이 컨테이너에 얼마나 효과적인지 파악하려면, 그리고 컨테이너에 특화된 도구가 필요한 곳은 어딘지를 파악하려면 반드시 두 격리 방식의 차이점을 제대로 이해해야 한다.

컨테이너를 구성하는 주요 리눅스 기능은 이번 장에서 살펴볼 이름공간과 chroot, 그리고

제3장에서 다룬 cgroups이다. 이 구성 요소들을 잘 이해하면 컨테이너 안에서 실행되는 응용 프로그램들이 어느 정도나 잘 보호되는지 감을 잡을 수 있다.

이런 구성 요소들의 일반적인 개념은 상당히 간단하지만, 이들이 리눅스 커널의 다른 기능들과 함께 연동되는 방식은 꽤 복잡할 수 있다. 이름공간과 몇 가지 리눅스 능력(capability)들, 그리고 파일 시스템들의 상호작용을 교묘하게 악용해서 컨테이너에서 탈출할 수 있는 취약점들이 보고된 바 있다(이를테면 runc와 LXC 모두에서 발견된 심각한 취약점인 CVE-2019-5736(*https://oreil.ly/NtcRv*) 등).

4.1 리눅스 이름공간

cgroups가 프로세스가 사용할 수 있는 자원을 제한한다면, 이름공간(namespace)은 프로세스가 "볼(see)" 수 있는 것들을 제한한다. 프로세스를 어떤 이름공간에 넣으면 프로세스는 그 이름공간이 허용하는 것들만 볼 수 있게 된다.

이름공간의 기원은 Plan 9(*https://oreil.ly/BCi9W*) 운영체제로 거슬러 올라간다. 그 운영체제가 나왔을 당시 대부분의 운영체제에서 모든 파일은 하나의 '이름 공간(name space)'에 속했다. 유닉스^Unix 시스템들은 파일 시스템 마운팅을 지원했지만, 모든 파일 시스템은 시스템의 모든 파일 이름으로 이루어진 동일한 시스템 전역 뷰에 마운팅되었다. Plan 9에서 각 프로세스는 고유한 '이름 공간' 추상을 가진 한 프로세스 그룹에 속한다. 여기서 이름 공간 추상은 그 그룹의 프로세스들이 볼 수 있는 파일들(그리고 파일 비슷한 객체들)의 위계구조이다. 각 프로세스 그룹은 다른 프로세스 그룹과는 무관하게 자신의 파일 시스템 집합을 마운트할 수 있었다.

리눅스 커널에 이름공간이 처음 도입된 것은 2002년의 버전 2.4.19에서이다. 이것은 마운트^mount 이름공간이었는데, 이후 Plan 9의 것과 비슷한 기능성이 추가되었다. 현재 리눅스는 다음과 같은 여러 종류의 이름공간을 지원한다.

- 유닉스 시분할 시스템(Unix Timesharing System, UTS)—뭔가 좀 어려워 보이는 명칭이지만, 그냥 프로세스가 인식하는 시스템의 호스트 이름과 도메인 이름들에 관한 이름 공간일 뿐이다.

- 프로세스 ID

- 마운트 지점(mount point)

- 네트워크

- 사용자 ID와 그룹 ID

- IPC(inter-process communication, 프로세스 간 통신)

- 제어 그룹

이후 버전의 리눅스 커널에서는 또 다른 자원들에 이름공간이 적용될 가능성이 있다. 예를 들어 시간에 대한 이름공간을 도입하는 논의가 있었다(*https://oreil.ly/NZqb-*).

　하나의 프로세스는 이름공간 종류당 하나씩의 이름공간에 속한다. 리눅스 시스템을 처음 실행하면 종류마다 이름공간이 하나만 있지만, 필요하다면 이름공간을 더 생성해서 프로세스를 배정할 수 있다. 현재 존재하는 이름공간들은 lsns라는 명령으로 확인할 수 있다.

```
vagrant@myhost:~$ lsns
        NS TYPE   NPROCS   PID USER    COMMAND
4026531835 cgroup      3 28459 vagrant /lib/systemd/systemd --user
4026531836 pid         3 28459 vagrant /lib/systemd/systemd --user
4026531837 user        3 28459 vagrant /lib/systemd/systemd --user
4026531838 uts         3 28459 vagrant /lib/systemd/systemd --user
4026531839 ipc         3 28459 vagrant /lib/systemd/systemd --user
4026531840 mnt         3 28459 vagrant /lib/systemd/systemd --user
4026531992 net         3 28459 vagrant /lib/systemd/systemd --user
```

이 명령은 현재 이름공간들을 깔끔하게 표시해 준다. 이 출력을 보면 앞에서 언급했듯이 이름공간 종류마다 하나의 이름공간이 있음을 확인할 수 있을 것이다. 그러나 안타깝게도 이 명령이 모든 이름공간을 보여주지는 않는다. lsns의 매뉴얼 페이지(*https://oreil.ly/nd0Eh*)에 따르면 이 명령은 "/proc 파일 시스템을 직접 읽는데, 비루트 사용자의 경우에는 불완전한 정보를 돌려줄 수 있다." 그럼 이 명령을 루트로 실행하면 어떤 결과가 나오는지 살펴보자.

```
vagrant@myhost:~$ sudo lsns
        NS TYPE   NPROCS   PID USER    COMMAND
4026531835 cgroup     93     1 root    /sbin/init
```

```
4026531836 pid        93     1 root            /sbin/init
4026531837 user       93     1 root            /sbin/init
4026531838 uts        93     1 root            /sbin/init
4026531839 ipc        93     1 root            /sbin/init
4026531840 mnt        89     1 root            /sbin/init
4026531860 mnt         1    15 root            kdevtmpfs
4026531992 net        93     1 root            /sbin/init
4026532170 mnt         1 14040 root            /lib/systemd/systemd-udevd
4026532171 mnt         1   451 systemd-network /lib/systemd/systemd-networkd
4026532190 mnt         1   617 systemd-resolve /lib/systemd/systemd-resolved
```

이처럼 루트 사용자는 비루트 사용자보다 마운트 이름공간을 몇 개 더 볼 수 있고, 프로세스는 훨씬 더 많이 볼 수 있다. 이 예가 말해 주듯이, lsns로 완전한 정보를 얻으려면 반드시 루트로 (또는 sudo를 이용해서) 실행해야 한다.

그럼 이름공간을 이용해서 우리가 '컨테이너'라고 부르는 것과 비슷하게 행동하는 뭔가를 만들어 보자.

> **참고:** 이번 장의 예제들은 리눅스 셸 명령을 이용해서 컨테이너를 생성한다. Go 프로그래밍 언어를 이용해서 컨테이너를 만들어 보고 싶은 독자는 깃허브의 containers-from-scratch 저장소(*https://github. com/lizrice/containers-from-scratch*)를 참고하기 바란다.

4.2 호스트 이름 격리

유닉스 시분할 시스템(UTS)에 대한 이름공간으로 시작하자. 앞에서 언급했듯이 UTS 이름공간은 호스트 이름(hostname)과 도메인 이름들에 관한 것이다. 프로세스를 독자적인 UTS 이름공간에 넣으면 그 프로세스가 인식하는 호스트 이름을 그 프로세스가 실행 중인 컴퓨터 또는 VM의 호스트 이름과는 무관하게 임의로 변경할 수 있다.

먼저 리눅스 터미널에서 현재 호스트 이름을 확인해 보자.

```
vagrant@myhost:~$ hostname
myhost
```

대부분의(어쩌면 모든?) 컨테이너 시스템은 각 컨테이너에 무작위 ID를 부여한다. 기본적으로는 이 ID가 호스트 이름으로 쓰인다. 이 점은 컨테이너를 실행한 후 셸에서 확인할 수 있다. 다음은 도커의 예이다.

```
vagrant@myhost:~$ docker run --rm -it --name hello ubuntu bash
root@cdf75e7a6c50:/$ hostname
cdf75e7a6c50
```

이 예는 또한 도커로 컨테이너를 실행할 때 컨테이너 이름을 지정했다고 해도(지금 예에서는 --name hello) 그 이름이 컨테이너의 이름으로 쓰이지는 않는다는 점도 보여준다.

이 예에서 컨테이너가 개별적인 호스트 이름을 가지는 이유는 도커가 개별적인 UTS 이름공간을 컨테이너에 적용했기 때문이다. 이처럼 개별적인 UTS 이름공간을 가진 프로세스를 만드는 수단으로 unshare라는 명령이 있다.

해당 매뉴얼 페이지(man unshare)를 보면 unshare는 "부모와 공유하지 않는(unshared) 이름공간들로 프로그램을 실행한다"라고 되어 있다. 이 설명문을 좀 더 자세히 살펴보자. "프로그램을 실행"하면 커널은 새 프로세스를 생성하고 그 프로세스 안에서 프로그램을 실행한다. 이 과정은 현재 실행 중인 프로세스의 문맥에서 일어난다. 흔히 그 프로세스를 부모(parent)라고 부르고, 새 프로세스는 자식(child)이라고 부른다. "공유하지 않는"은 말 그대로 자식 프로세스가 부모의 이름공간들을 공유하지 않고 자신만의 이름공간들을 가진다는 뜻이다.

그럼 실제로 그런지 보자. 이 명령을 실행하려면 루트 권한이 필요하므로 sudo를 사용해야 한다.

```
vagrant@myhost:~$ sudo unshare --uts sh
$ hostname
myhost
$ hostname experiment
$ hostname
experiment
$ exit
vagrant@myhost:~$ hostname
myhost
```

이 예는 개별적인 UTL 이름공간을 가진 새 프로세스에서 sh 셸을 실행한다. 이 셸에서 실행되는 프로그램은 sh의 이름공간들을 물려받는다. 이 시점에서 hostname 명령은 호스트 컴퓨터의 UTS 이름공간과는 격리된 새 UTS 이름공간 안에서 실행되므로, 여기서 호스트 이름을 변경해도 호스트 컴퓨터의 호스트 이름은 변하지 않는다.

exit 명령을 실행하기 전에 같은 호스트에서 다른 터미널 창을 열어서 호스트 이름을 확인해 보면 전체 컴퓨터(또는 VM)의 호스트 이름이 변하지 않았음을 확인할 수 있다. 마찬가지로, 호스트 컴퓨터의 호스트 이름을 변경해도 sh 셸 프로세스(개별적인 UTS 이름공간을 사용하는)의 호스트 이름은 변하지 않는다.

이러한 이름공간 격리는 바로 컨테이너 작동 방식의 핵심 요소 중 하나이다. 이름공간 은 호스트 컴퓨터와 독립적인, 그리고 다른 컨테이너들과도 독립적인 자원 집합을 컨테이너에 부여한다. VM이 아니라 동일한 리눅스 커널 안에서 실행되는 프로세스인데도 그런 일이 가능한 것이다. 이 점이 컨테이너 보안에 뜻하는 바는 이번 장에서 나중에 좀 더 이야기하겠다. 일단 지금은 이름공간의 또 다른 예를 살펴보자. 이번에는 컨테이너가 볼 수 있는 실행 중 프로세스들을 격리하는 방법을 소개한다.

4.3 프로세스 ID 격리

도커 컨테이너 안에서 ps 명령을 실행하면 그 컨테이너 안에서 실행되는 프로세스들만 나올 뿐 호스트에서 실행되는 프로세스들은 나오지 않는다.

```
vagrant@myhost:~$ docker run --rm -it --name hello ubuntu bash
root@cdf75e7a6c50:/$ ps -eaf
UID        PID  PPID  C STIME TTY          TIME CMD
root         1     0  0 18:41 pts/0    00:00:00 bash
root        10     1  0 18:42 pts/0    00:00:00 ps -eaf
root@cdf75e7a6c50:/$ exit
vagrant@myhost:~$
```

이처럼 컨테이너가 볼 수 있는 프로세스 ID들이 제한된 것은 컨테이너에 개별적인 프로세스 ID 이름공간을 적용했기 때문이다. 이런 프로세스 ID 이름공간 격리도 unshare로 직접 실행할 수 있다. 이번에는 프로세스 ID(PID) 이름공간을 뜻하는 --pid 플래그를 지정해서 sh 셸을 띄운다.

```
vagrant@myhost:~$ sudo unshare --pid sh
$ whoami
root
$ whoami
sh: 2: Cannot fork
$ whoami
sh: 3: Cannot fork
$ ls
sh: 4: Cannot fork
$ exit
vagrant@myhost:~$
```

별로 잘 된 것 같지가 않다. 첫 whoami 명령 다음에는 아무 명령도 실행이 안 된다. 그러나 이 출력에는 흥미로운 점이 몇 가지 있다.

sh 하에서 실행된 첫 프로세스는 잘 작동한 것으로 보이지만, 그 이후의 모든 명령은 포크가 불가능하다는 이유로 실패한다. 출력의 오류 메시지는 <명령>: <프로세스 ID>: <메시지>의 형태인데, 프로세스 ID가 1씩 증가했음을 주목하기 바란다. 프로세스 ID들을 보면 첫 whoami의 프로세스 ID가 1이었음을 짐작할 수 있다. 프로세스 ID가 1로 시작했다는 점은 호스트와는 개별적인 새 PID 이름공간이 작용했음을 말해준다. 그러나 명령 하나만 실행할 수 있는 셸은 사실 별 쓸모가 없다.

무엇이 문제일까? unshare 매뉴얼 페이지의 --fork 플래그 항목에 대한 설명에 단서가 있다. 설명에 따르면, 이 플래그는 "지정된 프로그램을 직접 실행하는 대신 unshare의 자식 프로세스로 포크한다. 새 pid 이름공간을 만들 때 유용하다."

앞에서는 --fork를 지정하지 않았다. 다른 터미널 창에서 ps로 프로세스 위계구조를 살펴보면 문제의 원인이 드러난다.

```
vagrant@myhost:~$ ps fa
  PID TTY      STAT   TIME COMMAND
...
30345 pts/0   Ss     0:00 -bash
30475 pts/0   S      0:00  \_ sudo unshare --pid sh
30476 pts/0   S      0:00      \_ sh
```

sh 프로세스가 unshare의 자식이 아니라 sudo의 자식인 것이 문제였다.

그럼 --fork 플래그를 지정해서 다시 시도해 보자.

```
vagrant@myhost:~$ sudo unshare --pid --fork sh
$ whoami
root
$ whoami
root
```

이제는 "Cannot fork" 오류 없이 여러 명령을 실행할 수 있다. 다른 터미널에서 프로세스 위계구조를 살펴보면 중요한 차이점을 발견할 수 있을 것이다.

```
vagrant@myhost:~$ ps fa
  PID TTY       STAT    TIME COMMAND
...
30345 pts/0     Ss     0:00 -bash
30470 pts/0     S      0:00  \_ sudo unshare --pid --fork sh
30471 pts/0     S      0:00      \_ unshare --pid --fork sh
30472 pts/0     S      0:00          \_ sh
...
```

--fork 플래그를 지정해서 unshare를 실행하면 sh 셸이 unshare 프로세스의 자식으로 실행되므로, 이 셸 안에서 얼마든지 많은 자식 명령을 실행할 수 있다.

셸이 자신만의 프로세스 ID 이름공간 안에 있으므로 ps 명령의 출력이 아주 간단할 것 같지만, 실제로는 그렇지 않다.

```
vagrant@myhost:~$ sudo unshare --pid --fork sh
$ ps
  PID TTY          TIME CMD
14511 pts/0    00:00:00 sudo
14512 pts/0    00:00:00 unshare
14513 pts/0    00:00:00 sh
14515 pts/0    00:00:00 ps
$ ps -eaf
UID        PID  PPID  C STIME TTY          TIME CMD
root         1     0  0 Mar27 ?        00:00:02 /sbin/init
root         2     0  0 Mar27 ?        00:00:00 [kthreadd]
```

```
root            3      2   0 Mar27 ?        00:00:00 [ksoftirqd/0]
root            5      2   0 Mar27 ?        00:00:00 [kworker/0:0H]
... 수많은 프로세스들 ...
$ exit
vagrant@myhost:~$
```

새 프로세스 ID 공간에서 실행됨에도 ps는 호스트 전체의 프로세스를 보여준다. ps가 도커 컨테이너 안에서처럼 작동하게 만들려면 프로세스 ID 이름공간을 격리하는 것만으로는 충분치 않다. 이유는 ps의 매뉴얼 페이지에 있다: "이 ps는 /proc의 가상 파일들을 읽어서 작동한다."

그럼 /proc 디렉터리에 어떤 가상 파일들이 있는지 살펴보자. 다음은 필자가 얻은 결과인데, 컴퓨터마다 실행 중인 프로세스가 다르므로 여러분은 이와는 다른 파일들을 보게 될 것이다.

```
vagrant@myhost:~$ ls /proc
1       14553   292     467     cmdline         modules
10      14585   3       5       consoles        mounts
1009    14586   30087   53      cpuinfo         mpt
1010    14664   30108   538     crypto          mtrr
1015    14725   30120   54      devices         net
1016    14749   30221   55      diskstats       pagetypeinfo
1017    15      30224   56      dma             partitions
1030    156     30256   57      driver          sched_debug
1034    157     30257   58      execdomains     schedstat
1037    158     30283   59      fb              scsi
1044    159     313     60      filesystems     self
1053    16      314     61      fs              slabinfo
1063    160     315     62      interrupts      softirqs
1076    161     34      63      iomem           stat
1082    17      35      64      ioports         swaps
11      18      3509    65      irq             sys
1104    19      3512    66      kallsyms        sysrq-trigger
1111    2       36      7       kcore           sysvipc
1175    20      37      72      keys            thread-self
1194    21      378     8       key-users       timer_list
12      22      385     85      kmsg            timer_stats
1207    23      392     86      kpagecgroup     tty
1211    24      399     894     kpagecount      uptime
1215    25      401     9       kpageflags      version
12426   26      403     966     loadavg         version_signature
125     263     407     acpi    locks           vmallocinfo
```

```
    13       27      409     buddyinfo   mdstat        vmstat
    14046    28      412     bus         meminfo       zoneinfo
    14087    29      427     cgroups     misc
```

이 출력에서 보듯이 /proc에는 이름이 숫자들로만 이루어진 번호 형태의 디렉터리들이 많이
있는데, 그 번호가 곧 하나의 프로세스 ID이다. 각 프로세스 ID 디렉터리 안에는 해당 프로세
스에 관한 흥미로운 정보가 들어 있다. 예를 들어 *proc/<프로세스ID>/exe* 파일은 해당 프로
세스 안에서 실행 중인 실행 파일에 대한 기호 링크(symbolic link)이다. 실제로 그런지 실험
해 보자.

```
vagrant@myhost:~$ ps
  PID TTY          TIME CMD
28441 pts/1    00:00:00 bash
28558 pts/1    00:00:00 ps
vagrant@myhost:~$ ls /proc/28441
attr            fdinfo        numa_maps        smaps
autogroup       gid_map       oom_adj          smaps_rollup
auxv            io            oom_score        stack
cgroup          limits        oom_score_adj    stat
clear_refs      loginuid      pagemap          statm
cmdline         map_files     patch_state      status
comm            maps          personality      syscall
coredump_filter mem           projid_map       task
cpuset          mountinfo     root             timers
cwd             mounts        sched            timerslack_ns
environ         mountstats    schedstat        uid_map
exe             net           sessionid        wchan
fd              ns            setgroups
vagrant@myhost:~$ ls -l /proc/28441/exe
lrwxrwxrwx 1 vagrant vagrant 0 Oct 10 13:32 /proc/28441/exe -> /bin/bash
```

자신이 어떤 프로세스 ID 이름공간에서 실행되든 ps는 그냥 /proc 디렉터리에서 실행 중 프
로세스들에 관한 정보를 얻는다. 따라서 ps가 새 이름공간 안에 있는 프로세스들에 관한 정보
만 출력하게 하려면 커널이 호스트의 것과는 개별적인 /proc 디렉터리에 프로세스들에 관한
정보를 기록하게 만들어야 한다. 그런데 /proc는 루트 디렉터리 바로 아래에 있는 디렉터리이
므로, 그러려면 루트 디렉터리 자체를 변경해야 한다.

4.4 루트 디렉터리 변경

컨테이너 안에서는 호스트의 파일 시스템 전체를 볼 수 없다. 컨테이너 안에서는 파일 시스템 전체의 한 부분집합을 볼 수 있을 뿐인데, 이는 컨테이너 실행 시 루트 디렉터리가 바뀌기 때문이다.

리눅스에서 루트 디렉터리는 chroot라는 명령으로 변경할 수 있다. 이 명령은 현재 프로세스에 대한 루트 디렉터리가 파일 시스템 안의 다른 어떤 위치를 가리키게 만든다. chroot 명령을 성공적으로 실행하고 나면, 전체 파일 시스템 위계구조에서 새 루트 디렉터리보다 위쪽에 있는 것에는 전혀 접근할 수 없다([그림 4-1] 참고). 파일 시스템에서 루트보다 더 위로 올라가는 방법은 없기 때문이다.

chroot의 매뉴얼 페이지에 나온 설명은 다음과 같다. "루트 디렉터리를 NEWROOT로 설정해서 COMMAND를 실행한다. 명령이 지정되지 않으면 ${SHELL} -i(기본은 /bin/sh -i)를 실행한다.

그림 4-1 루트를 변경하면 프로세스가 파일 시스템의 한 부분집합만 보게 된다.

설명에서 보듯이 chroot는 루트 디렉터리를 바꿀 뿐만 아니라 지정된 명령도 실행한다. 명령이 지정되지 않으면 셸을 실행한다.

그럼 새 디렉터리를 만들고 chroot로 그 디렉터리를 루트 디렉터리로 만들어 보자.

```
vagrant@myhost:~$ mkdir new_root
vagrant@myhost:~$ sudo chroot new_root
chroot: failed to run command '/bin/bash': No such file or directory
```

```
vagrant@myhost:~$ sudo chroot new_root ls
chroot: failed to run command 'ls': No such file or directory
```

생각대로 되지 않았다. 문제의 원인은, 새 루트 디렉터리에는 bin 디렉터리가 없다는 것이다. 따라서 /bin/bash 셸도 실행할 수 없다. ls 명령이 실행되지 않는 것도 마찬가지 이유이다. 새 루트에서 어떤 명령을 실행하려면 새 루트의 적절한 디렉터리에 해당 실행 파일이 있어야 한다. '진짜' 컨테이너에 이런 문제가 없는 것은, 필요한 파일들이 담긴 파일 시스템을 미리 컨테이너 이미지에 담아 두고 그로부터 컨테이너 인스턴스를 만들어서 실행하기 때문이다. 그 파일 시스템에 실행 파일이 없는 명령은 컨테이너에서도 실행할 수 없다.

그럼 알파인 리눅스^{Apine Linux}를 마치 컨테이너처럼 실행해 보자. 알파인은 컨테이너를 위해 만들어진 대단히 작은 리눅스 배포판이다.

```
vagrant@myhost:~$ mkdir alpine
vagrant@myhost:~$ cd alpine
vagrant@myhost:~/alpine$ curl -o alpine.tar.gz http://dl-cdn.alpinelinux.org/\
alpine/v3.10/releases/x86_64/alpine-minirootfs-3.10.0-x86_64.tar.gz
  % Total    % Received % Xferd  Average Speed   Time    Time     Time  Current
                                 Dload  Upload   Total   Spent    Left  Speed
100 2647k  100 2647k    0     0  16.6M      0 --:--:-- --:--:-- --:--:-- 16.6M
vagrant@myhost:~/alpine$ tar xvf alpine.tar.gz
```

여기까지 마치면 alpine 디렉터리 안에 알파인 파일 시스템의 복사본이 들어 있는 상태이다. 압축 파일 자체는 삭제하고 부모 디렉터리로 돌아간다.

```
vagrant@myhost:~/alpine$ rm alpine.tar.gz
vagrant@myhost:~/alpine$ cd ..
```

ls alpine으로 파일 시스템을 살펴보면 보통의 리눅스 파일 시스템의 루트 디렉터리처럼 bin, lib, var, tmp 같은 디렉터리들이 있음을 알 수 있다.

알파인 배포판을 지역 디렉터리에 풀어 놓았으니, 이제 chroot로 alpine 디렉터리를 루트 디렉터리로 만들고 그 디렉터리 위계구조에 있는 명령을 실행해 볼 수 있다.

지정한 명령이 실제로 실행되려면 해당 실행 파일이 새 프로세스의 시스템 경로에 있어야 한다. 새 프로세스는 PATH 환경 변수를 포함한 부모의 환경을 물려받는다. alpine의 bin 디렉터리가 새 프로세스의 /bin이 되므로, 시스템 경로에 /bin이 포함되어 있다면 /bin에 있는 실행 파일의 전체 경로를 지정하지 않고도 해당 명령을 실행할 수 있다. 다음은 ls를 실행하는 예이다.

```
vagrant@myhost:~$ sudo chroot alpine ls
bin    etc    lib    mnt    proc   run    srv    tmp    var
dev    home   media  opt    root   sbin   sys    usr
vagrant@myhost:~$
```

새 루트 디렉터리는 자식 프로세스(지금 예에서는 ls를 실행한 프로세스)에만 적용됨을 주의하기 바란다. 그 프로세스의 실행이 끝나면 제어권이 다시 부모 프로세스로 돌아온다. 셸을 자식 프로세스로 실행하면 프로세스가 즉시 종료되지는 않으므로 루트 디렉터리 변경의 효과를 여유 있게 살펴볼 수 있다.

```
vagrant@myhost:~$ sudo chroot alpine sh
/ $ ls
bin    etc    lib    mnt    proc   run    srv    tmp    var
dev    home   media  opt    root   sbin   sys    usr
/ $ whoami
root
/ $ exit
vagrant@myhost:~$
```

그런데 bash 셸을 이런 식으로 실행하면 실패한다. 이는 알파인 배포판에 bash 셸이 포함되지 않아서 새 루트 디렉터리에 해당 실행 파일이 없기 때문이다. bash를 포함한 배포판(우분투 등)의 파일 시스템으로 시도해 보면 문제없이 성공한다.

정리하자면, chroot는 이름 그대로 프로세스의 "루트(root)를 변경한다(change)". 루트가 바뀌면 프로세스는(그리고 자식 프로세스들은) 파일 시스템 위계구조에서 새 루트 디렉터리보다 아래에 있는 파일들과 디렉터리들에만 접근할 수 있다.

> **참고:** chroot 외에 pivot_root라는 시스템 호출도 있다. 이번 장의 목적에서 chroot를 사용하느냐 pivot_root를 사용하느냐는 그냥 구현상의 세부사항일 뿐이다. 지금까지의 예제들에서 chroot를 사용한 것은 그냥 chroot가 약간 더 간단하고 많은 사람에게 익숙하기 때문일 뿐이다.

보안을 위해서는 chroot 대신 pivot_root를 사용하는 것이 몇 가지 면에서 더 낫다. 실제로 쓰이는 컨테이너 런타임 구현 소스 코드를 보면 pivot_root를 더 자주 보게 될 것이다. 주된 차이점은, pivot_root는 마운트 이름공간의 장점을 취한다는 것이다. pivot_root의 경우 기존 루트는 더 이상 마운트되지 않으므로, 그 마운트 이름공간 안에서 접근이 아예 불가능하다. 반면 chroot 시스템은 이 접근 방식을 사용하지 않아서, 마운트 지점들을 통해서 기존 루트에 접근이 가능하다.

이상으로 컨테이너 시스템들이 컨테이너에 개별적인 루트 파일 시스템을 부여하는 방법을 살펴보았다. 이 주제는 제6장에서 좀 더 이야기한다. 일단 지금은, 이처럼 개별적인 루트 디렉터리를 가진 컨테이너가 특정 자원들만 볼 수 있도록 컨테이너에 이름공간을 적용하는 방법을 살펴보자.

4.5 이름공간과 루트 변경의 조합

앞에서는 이름공간과 루트 변경을 개별적인 기능으로 취급해서 설명했다. 그런데 그 둘을 조합할 수도 있다. 다음처럼 chroot 자체를 새 이름공간에서 실행하면 된다.

```
me@myhost:~$ sudo unshare --pid --fork chroot alpine sh
/ $ ls
bin    etc    lib    mnt    proc    run    srv    tmp    var
dev    home   media  opt    root    sbin   sys    usr
```

§4.3 프로세스 ID 격리(p.68)에서 보았듯이, 루트 디렉터리 변경 기능을 이용하면 호스트의 /proc과는 독립적인 /proc 디렉터리를 컨테이너가 사용하게 만들 수 있다. 그런데 커널이 이 디렉터리에 프로세스 정보를 채우게 하려면 이 디렉터리를 proc 형식의 유사(pseudo) 파일 시스템으로 마운트해야 한다. 프로세스 ID 이름공간과 독립적인 /proc 디렉터리를 조합하면 ps는 그 프로세스 ID 안에 있는 프로세스들만 출력한다.

```
/ $ mount -t proc proc proc
/ $ ps
PID   USER    TIME  COMMAND
    1 root     0:00 sh
```

```
    6 root       0:00 ps
/ $ exit
vagrant@myhost:~$
```

이제 드디어 우리가 애초에 원했던 프로세스 ID 격리에 성공했다! 컨테이너 호스트 이름을 격리하는 것보다는 복잡했지만, 프로세스 ID 이름공간 생성과 루트 디렉터리 변경, 그리고 프로세스 정보의 처리를 위한 유사 파일 시스템 마운팅이라는 세 요소를 조합한 덕분에 컨테이너가 자신의 프로세스들만 볼 수 있게 만들었다.

이 밖에도 살펴볼 이름공간들이 많다. 다음 절에서는 마운트 이름공간을 소개한다.

4.6 마운트 이름공간

일반적으로 컨테이너가 호스트의 모든 파일 시스템 마운트에 접근하게 하는 것은 바람직하지 않다. 컨테이너에 개별적인 마운트 이름공간(mount namespace)을 부여하면 특정 마운트들만 보이게 만들 수 있다.

다음은 독자적인 마운트 이름공간을 가진 프로세스를 띄우고 간단한 바인드 마운트^{bind mount}를 만드는 예이다.

```
vagrant@myhost:~$ sudo unshare --mount sh
$ mkdir source
$ touch source/HELLO
$ ls source
HELLO
$ mkdir target
$ ls target
$ mount --bind source target
$ ls target
HELLO
```

바인드 마운트가 만들어지면 source 디렉터리의 내용을 target 디렉터리 안에서도 사용할 수 있다. 이 프로세스 안에서 mount 명령으로 모든 마운트를 나열하면 아마 꽤 많은 마운트가 출력될 것이다. findmnt 명령을 이용하면 특정 마운트만 조회할 수 있다. 다음은 앞에서 만든 마운트를 찾는 예이다.

```
$ findmnt target
TARGET      SOURCE               FSTYPE OPTIONS
/home/vagrant/target
            /dev/mapper/vagrant--vg-root[/home/vagrant/source]
                                 ext4   rw,relatime,errors=remount-ro,data=ordered
```

호스트에서는 이 마운트가 보이지 않는다. 이 점은 다른 터미널 창을 띄워서 이 명령을 실행해 보면 확인할 수 있다. 아무것도 출력되지 않아야 정상이다.

마운트 이름공간 안에서 findmnt를 다시 실행하되 이번에는 아무런 인수도 지정하지 않으면 꽤 긴 출력이 나올 것이다. 혹시 마운트 이름공간이 격리되지 않아서 컨테이너가 호스트의 모든 마운트를 볼 수 있는 게 아닌가 의심이 들 수도 있겠지만, 그렇지는 않다. 이는 앞에서 프로세스 ID를 격리하려 한 첫 시도의 상황과 비슷하다. 커널이 */proc/<프로세스ID>/mounts* 파일에서 마운트 정보를 읽어서 프로세스에 제공하기 때문에 이런 결과가 나온 것일 뿐이다. 마운트 이름공간은 개별적이지만 여전히 호스트의 /proc 디렉터리를 사용하고 있으므로, 프로세스는 그 디렉터리에 있는 */proc/<프로세스ID>/mounts* 파일에 담긴 정보(기존 호스트 마운트들)를 보게 된다. (이 파일의 내용을 직접 cat으로 출력하면 해당 프로세스의 모든 마운트를 볼 수 있다.)

컨테이너화된 프로세스의 마운트 집합을 완전히 격리하려면 새 루트 디렉터리와 새 마운트 이름공간, 그리고 새 proc 마운트 디렉터리를 조합해야 한다. 다음이 그러한 예이다.

```
vagrant@myhost:~$ sudo unshare --mount chroot alpine sh
/ $ mount -t proc proc proc
/ $ mount
proc on /proc type proc (rw,relatime)
/ $ mkdir source
/ $ touch source/HELLO
/ $ mkdir target
/ $ mount --bind source target
/ $ mount
proc on /proc type proc (rw,relatime)
/dev/sda1 on /target type ext4 (rw,relatime,data=ordered)
```

알파인 리눅스에는 findmnt 명령이 없기 때문에 이번 예제에서는 아무 인수 없이 mount를 실행해서 마운트 목록을 출력했다. (이 결과가 그리 인상적이지 않다면, 앞의 첫 시도에서 findmnt 대신 mount를 실행해서 그 출력을 위의 출력과 비교해 보기 바란다.)

도커에 익숙한 독자라면 docker run -v <호스트 디렉터리>:<컨테이너 디렉터리> ... 형태의 명령을 이용해서 호스트 디렉터리를 컨테이너에 마운트한 경험이 있을 것이다. 이런 기능을 흉내 내려면, 컨테이너를 위한 루트 파일 시스템을 준비한 후 그 안에 대상 컨테이너 디렉터리를 만들고 원본 호스트 디렉터리를 그 대상 디렉터리에 바인드 마운트하면 된다(--bind 옵션을 주어서). 모든 컨테이너는 각자 자신만의 마운트 이름공간을 가지므로, 이런 식으로 마운트한 호스트 디렉터리는 다른 컨테이너가 볼 수 없다.

> **참고:** 컨테이너 안에서 호스트가 볼 수 있는 마운트를 생성한 경우, '컨테이너' 프로세스가 종료되어도 그 마운트가 자동으로 해제되지는 않음을 주의해야 한다. umount를 이용해서 직접 해제해야 한다. /proc 유사 파일 시스템도 마찬가지이다. 그냥 남겨 두어도 특별히 해가 되지는 않지만, 깔끔한 것을 좋아하는 독자라면 umount proc으로 해제하면 된다. 물론 호스트가 사용하는 마지막 /proc을 이런 식으로 언마운트 (마운트 해제)하는 것은 시스템이 허용하지 않는다.

4.7 네트워크 이름공간

네트워크 이름공간(network namespace)을 이용하면 컨테이너가 볼 수 있는 네트워크 인터페이스들과 라우팅 테이블routing table을 제한할 수 있다. 현재 네트워크 이름공간의 이름들은 lsns 명령으로 확인할 수 있다.

```
vagrant@myhost:~$ sudo lsns -t net
       NS TYPE NPROCS PID USER     NETNSID NSFS COMMAND
4026531992 net     93   1 root unassigned       /sbin/init
vagrant@myhost:~$ sudo unshare --net bash
root@myhost:~$ lsns -t net
       NS TYPE NPROCS   PID USER     NETNSID NSFS COMMAND
4026531992 net     92     1 root unassigned       /sbin/init
4026532192 net      2 28586 root unassigned       bash
```

새 네트워크 이름공간을 부여받은 프로세스는 루프백loopback 인터페이스만 가지고 시작한다.

```
vagrant@myhost:~$ sudo unshare --net bash
root@myhost:~$ ip a
1: lo: <LOOPBACK> mtu 65536 qdisc noop state DOWN group default qlen 1000
    link/loopback 00:00:00:00:00:00 brd 00:00:00:00:00:00
```

루프백 인터페이스만으로는 다른 누군가와 통신할 수 없다. 외부 세계로의 통로를 뚫으려면 가상 이더넷 인터페이스를 만들어야 한다. 좀 더 정확히는 한 쌍의 가상 이더넷 인터페이스가 필요하다. 두 인터페이스는 마치 컨테이너 이름공간과 기본 네트워크 이름공간을 연결하는 가상의 케이블의 양 끝처럼 행동한다.

그럼 새 터미널 창에서 호스트의 루트 계정으로 가상 이더넷 쌍을 만들어 보자. 다음처럼 익명 이름공간과 해당 프로세스 ID들을 지정해야 한다.

```
root@myhost:~$ ip link add ve1 netns 28586 type veth peer name ve2 netns 1
```

- `ip link add`는 링크를 추가하겠다는 뜻이다.

- `ve1`은 가상 이더넷 '케이블'의 한쪽 '끝(종단)'의 이름이다.

- `netns 28586`은 이쪽 끝이 프로세스 ID 28586과 연관된 네트워크 이름공간에 "물려" 있다는 뜻이다(이 ID 자체는 앞에서 `lsns -t net` 명령으로 알아낸 것이다).

- `type veth`는 이것이 가상 이더넷 쌍임을 뜻한다.

- `peer name ve2`는 '케이블'의 다른 쪽 끝의 이름이다.

- `netns 1`은 다른 쪽 끝이 프로세스 ID 1과 연관된 네트워크 이름공간에 "물려" 있다는 뜻이다.

이 명령이 잘 실행되었다면, '컨테이너' 프로세스 안에서 가상 이더넷 인터페이스 ve1을 볼 수 있다.

```
root@myhost:~$ ip a
1: lo: <LOOPBACK> mtu 65536 qdisc noop state DOWN group default qlen 1000
    link/loopback 00:00:00:00:00:00 brd 00:00:00:00:00:00
2: ve1@if3: <BROADCAST,MULTICAST> mtu 1500 qdisc noop state DOWN group ...
    link/ether 7a:8a:3f:ba:61:2c brd ff:ff:ff:ff:ff:ff link-netnsid 0
```

출력의 셋째 줄을 보면 이 링크의 상태가 "DOWN"이다. 따라서 지금은 이 링크로 통신을 할 수 없다. 이쪽 끝뿐만 아니라 다른 쪽 끝도 "UP"이 되게 해야 한다.

먼저 호스트 쪽의 ve2를 활성화해보자.

```
root@myhost:~$ ip link set ve2 up
```

이제 ve1 쪽도 활성화하면 상태가 "UP"으로 바뀐다.

```
root@myhost:~$ ip link set ve1 up
root@myhost:~$ ip a
1: lo: <LOOPBACK> mtu 65536 qdisc noop state DOWN group default qlen 1000
    link/loopback 00:00:00:00:00:00 brd 00:00:00:00:00:00
2: ve1@if3: <BROADCAST,MULTICAST,UP,LOWER_UP> mtu 1500 qdisc noqueue state UP ...
    link/ether 7a:8a:3f:ba:61:2c brd ff:ff:ff:ff:ff:ff link-netnsid 0
    inet6 fe80::788a:3fff:feba:612c/64 scope link
        valid_lft forever preferred_lft forever
```

IP 데이터를 전송하려면 인터페이스에 IP 주소를 부여해야 한다. 컨테이너에서 ve1에 IP 주소를 부여하고,

```
root@myhost:~$ ip addr add 192.168.1.100/24 dev ve1
```

호스트에서는 ve2에 같은 주소를 부여한다.

```
root@myhost:~$ ip addr add 192.168.1.200/24 dev ve2
```

이렇게 하면 하나의 IP 경로(route)가 컨테이너의 라우팅 테이블에 추가되는 효과도 생긴다.

```
root@myhost:~$ ip route
192.168.1.0/24 dev ve1 proto kernel scope link src 192.168.1.100
```

이번 절 시작 부분에서 언급했듯이, 네트워크 이름공간은 인터페이스들뿐만 아니라 라우팅 테이블도 격리한다. 따라서 이 라우팅 정보는 호스트의 라우팅 테이블과는 독립적이다. 여기까지 마쳤다면 컨테이너는 IP 주소 **192.168.1.100/24**에서(만) 데이터를 주고받을 수 있다. 이를 확인하기 위해, 호스트에서 컨테이너의 그 주소로 핑을 날려 보자.

```
root@myhost:~$ ping 192.168.1.100
PING 192.168.1.100 (192.168.1.100) 56(84) bytes of data.
64 bytes from 192.168.1.100: icmp_seq=1 ttl=64 time=0.355 ms
64 bytes from 192.168.1.100: icmp_seq=2 ttl=64 time=0.035 ms
^C
```

네트워킹과 컨테이너 네트워크 보안은 제10장에서 좀 더 자세히 이야기한다.

4.8 사용자 이름공간

사용자 이름공간(user namespace)은 프로세스가 특정한 사용자 ID들과 그룹 ID들을 볼 수 있게 만드는 수단이다. 프로세스 ID들처럼 사용자들과 그룹들은 여전히 호스트에 그대로 남아 있지만, ID들은 프로세스에서 다르게 보인다. 이러한 사용자·그룹 ID 격리의 주된 장점은 컨테이너 안에서 루트 ID 0을 호스트의 비루트 계정에 부여할 수 있다는 것이다. 이는 보안의 관점에서 커다란 장점이다. 이렇게 하면 컨테이너 안에서 소프트웨어 자체는 루트 계정으로 실행되지만, 공격자가 컨테이너에서 탈출해서 호스트로 간다고 해도 거기에서는 권한 없는 비루트 계정일 뿐이다. 제9장에서 보겠지만, 컨테이너 설정 시 사소한 실수를 저지르면 공격자가 호스트로 손쉽게 탈출하는 구멍이 생길 수 있다. 사용자 이름공간을 이용하면 실수 하나 때문에 호스트가 탈취당하는 일을 피할 수 있다.

참고: 이 책을 쓰는 현재, 사용자 이름공간이 아주 널리 쓰이지는 않는다. 도커에서는 이 기능이 기본적으로 비활성화되어 있고(§4.8.1 도커의 사용자 이름공간 제약(p.85) 참고), 쿠버네티스는 이 기능의 도입이 논의된 적은 있지만(*https://oreil.ly/YBN-i*) 아직 지원하지 않는다.

일반적으로 새 이름공간을 만들려면 루트 권한이 필요하다. 도커 데몬이 루트로 실행되는 것은 이 때문이다. 그러나 사용자 이름공간은 예외이다.

```
vagrant@myhost:~$ unshare --user bash
nobody@myhost:~$ id
uid=65534(nobody) gid=65534(nogroup) groups=65534(nogroup)
nobody@myhost:~$ echo $$
31196
```

새 사용자 이름공간에서 사용자의 계정은 nobody이다. 기존 사용자들에 접근하려면 이름공간 바깥쪽과 안쪽의 사용자 ID들을 연결해 주어야 한다. [그림 4-2]에 그러한 예가 나와 있다.

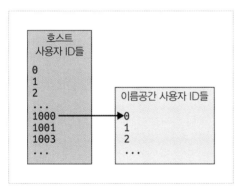

그림 4-2 호스트의 비루트 사용자를 컨테이너의 루트에 대응시킨다.

이러한 대응(연결) 관계에 관한 정보는 */proc/<프로세스ID>/uid_map* 파일에 있다. 이 파일을 수정하려면 루트 계정이 필요하다(호스트에서). 이 파일의 각 행은 다음 세 필드로 이루어진다.

- 대응시킬 자식 프로세스 ID 범위의 시작 ID(가장 낮은 ID).

- 위의 ID에 대응되는 호스트의 가장 낮은 ID

- 대응시킬 ID 개수

한 예로, 필자의 리눅스에서 사용자 **vagrant**의 ID는 1000이다. **vagrant**가 자식 프로세스에서 루트 ID 0이 되게 하려면, 처음 두 필드는 0과 1000이어야 한다. 그리고 이 ID 하나만 대응시킨다면 마지막 필드는 1이어야 한다(이번 예제뿐만 아니라, 컨테이너 안에 사용자 하나만 두는 경우라면 이렇게 하면 된다). 다음은 이러한 대응 관계를 설정하는 예이다.

```
vagrant@myhost:~$ sudo echo '0 1000 1' > /proc/31196/uid_map
```

이렇게 하면 자식 프로세스의 사용자가 루트가 된다. 터미널의 프롬프트에는 여전히 "nobody"라고 나오지만, 이는 단지 프롬프트가 갱신되지 않았기 때문일 뿐이다. 셸 시작 시 실행되는 스크립트(이를테면 ~/.bash_profile)를 다시 실행하면 갱신될 것이다. id 명령으로 사용자 ID를 확인해 보자.

```
nobody@myhost:~$ id
uid=0(root) gid=65534(nogroup) groups=65534(nogroup)
```

그룹 ID들도 이런 식으로 대응시킬 수 있다.

이제 자식 프로세스는 다양한 리눅스 능력들을 지원한다.

```
nobody@myhost:~$ capsh --print ¦ grep Current
Current: = cap_chown,cap_dac_override,cap_dac_read_search,cap_fowner,cap_fsetid,
cap_kill,cap_setgid,cap_setuid,cap_setpcap,cap_linux_immutable,
cap_net_bind_service,cap_net_broadcast,cap_net_admin,cap_net_raw,cap_ipc_lock,
cap_ipc_owner,cap_sys_module,cap_sys_rawio,cap_sys_chroot,cap_sys_ptrace,
cap_sys_pacct,cap_sys_admin,cap_sys_boot,cap_sys_nice,cap_sys_resource,
cap_sys_time,cap_sys_tty_config,cap_mknod,cap_lease,cap_audit_write,
cap_audit_control,cap_setfcap,cap_mac_override,cap_mac_admin,cap_syslog,
cap_wake_alarm,cap_block_suspend,cap_audit_read+ep
```

제2장에서 보았듯이 리눅스 능력들은 프로세스에 다양한 권한을 부여한다. 새 사용자 이름공간을 생성할 때 커널은 프로세스에 이 모든 능력을 부여하므로, 유사 루트 사용자는 그 이름공간 안에서 다른 이름공간들을 생성하거나 네트워킹을 설정하는 등 진짜 컨테이너를 만드는 데 필요한 모든 일을 할 수 있다.

실제로, 다수의 이름공간을 지정해서 프로세스를 만들면 사용자 이름공간이 제일 먼저 만들어지므로, 프로세스는 나머지 이름공간들을 만드는 데 필요한 권한을 부여하는 모든 능력을 갖추게 된다.

```
vagrant@myhost:~$ unshare --uts bash
unshare: unshare failed: Operation not permitted
vagrant@myhost:~$ unshare --uts --user bash
nobody@myhost:~$
```

사용자 이름공간을 이용하면 권한 없는 비루트 사용자가 컨테이너화된 프로세스 안에서 실질적인 루트가 되게 할 수 있다. 이 덕분에 보통의 사용자도 소위 **루트 없는 컨테이너**(rootless container)라는 개념을 이용해서 컨테이너를 실행할 수 있는데, 이에 관해서는 제9장에서 이야기한다.

'진짜' 루트(호스트의 루트)로 실행해야 할 컨테이너가 그렇지 않은 컨테이너보다 적다는 점에서, 이름공간이 보안에 도움이 된다는 점은 대체로 모두가 인정한다. 그러나 사용자 이름공간으로 전환하거나 사용자 이름공간에서 전환하는 과정에서 권한들이 잘못 변환되는 것과 직접 관련된 몇 가지 취약점이 보고된 바 있다(이를테면 CVE-2018-18955(*https://oreil.ly/764Ia*) 등). 리눅스 커널은 복잡한 소프트웨어이며, 커널에서 종종 문제점이 발견되는 것은 어쩔 수 없는 일일 것이다.

4.8.1 도커의 사용자 이름공간 제약

도커는 사용자 이름공간을 지원하지만, 기본적으로는 사용자 이름공간 기능이 비활성화되어 있다. 이는 사용자 이름공간이 도커 사용자들이 원할 만한 몇 가지 것과 호환되지 않기 때문이다.

다음은 도커 이외의 컨테이너 런타임에서 사용자 이름공간을 사용할 때에도 적용되는 문제점들이다.

- 사용자 이름공간은 호스트와의 프로세스 ID 공간 또는 네트워크 이름공간 공유와 호환되지 않는다.

- 컨테이너 안에서 프로세스가 루트로 실행된다고 해도 전체 루트 권한을 가지지는 않는다. 예를 들어 `CAP_NET_BIND_SERVICE` 능력이 없어서 낮은 번호의 포트들에는 바인딩할 수 없다. (리눅스 능력들에 관한 좀 더 자세한 정보는 제2장을 보라.)

- 컨테이너화된 프로세스가 파일과 상호작용하려면 적절한 접근 권한들이 필요하다(예를 들어 파일을 수정하려면 쓰기 접근 권한이 있어야 한다). 호스트에서 마운트한 파일의 경우에는 호스트의 유효 사용자 ID가 중요하다.

    컨테이너가 호스트 파일에 승인 없이 접근하는 것을 막아준다는 측면에서는 이것이 장점이겠지만, 예를 들어 컨테이너 안에서 루트(처럼 보이는) 계정으로 파일을 수정하지 못한다는 것이 사용자에게는 좀 이상하게 보일 수 있다.

4.9 IPC 이름공간

리눅스는 서로 다른 두 프로세스가 메모리의 공유 영역에 접근해서, 또는 공유 메시지 대기열(shared message queue)을 이용해서 통신하는 기능을 제공한다. 그런 통신이 가능해지려면 두 프로세스가 같은 IPC 이름공간에 있어야 한다. 그래야 두 프로세스가 IPC 통신을 위한 공통의 식별자들에 접근할 수 있다.

일반적으로 컨테이너가 다른 컨테이너의 공유 메모리에 접근하게 하는 것은 바람직하지 않다. 이 때문에 컨테이너에는 개별적인 IPC 이름공간이 주어진다.

이 점을 실제로 확인해 보자. 우선 공유 메모리 블록을 만들고, `ipcs`로 현재 IPC 상태를 출력한다.

```
$ ipcmk -M 1000
Shared memory id: 98307
$ ipcs

------ Message Queues --------
key        msqid      owner      perms      used-bytes   messages

------ Shared Memory Segments --------
key        shmid      owner      perms      bytes      nattch     status
0x00000000 0          root       644        80         2
0x00000000 32769      root       644        16384      2
0x00000000 65538      root       644        280        2
0xad291bee 98307      ubuntu     644        1000       0
```

```
------ Semaphore Arrays --------
key         semid      owner      perms      nsems
0x000000a7 0           root       600        1
```

출력을 보면, 새로 생성된 공유 메모리 블록(shared memory block)이 "Shared Memory Segments(공유 메모리 구획들)" 섹션의 마지막에 나와 있다(shmid 열의 수치는 해당 블록의 ID이다). 또한 루트가 생성한 기존 IPC 객체들에 관한 정보도 볼 수 있다.

개별적인 IPC 이름공간을 가진 프로세스에서는 이 IPC 객체들이 보이지 않는다.

```
$ sudo unshare --ipc sh
$ ipcs

------ Message Queues --------
key         msqid      owner      perms      used-bytes    messages

------ Shared Memory Segments --------
key         shmid      owner      perms      bytes      nattch     status

------ Semaphore Arrays --------
key         semid      owner      perms      nsems
```

4.10 제어 그룹 이름공간

마지막(적어도 이 책을 쓰는 시점에서) 이름공간은 제어 그룹 이름공간이다. 이것은 cgroups 파일 시스템에 chroot를 적용하는 것과 다소 비슷하다. 즉, 제어 그룹 이름공간은 프로세스가 전체 cgroups 파일 시스템 위계구조에서 자신의 제어 그룹들에 관한 디렉터리 위쪽은 볼 수 없게 만든다.

> **참고:** 대부분의 이름공간은 리눅스 커널 버전 3.8에 추가되었지만, 제어 그룹 이름공간은 그보다 나중인 버전 4.6에 추가되었다. 좀 오래된 리눅스 배포판(이를테면 우분투 16.04)은 제어 그룹 이름공간 기능을 지원하지 않는다. 리눅스 커널 버전은 uname -r 명령으로 확인할 수 있다.

제어 그룹 이름공간 바깥쪽과 안쪽에서 /proc/self/cgroup의 내용을 비교해 보면 제어 그룹 이름공간이 어떻게 작동하는지 알 수 있다.

```
vagrant@myhost:~$ cat /proc/self/cgroup
12:cpu,cpuacct:/
11:cpuset:/
10:hugetlb:/
9:blkio:/
8:memory:/user.slice/user-1000.slice/session-51.scope
7:pids:/user.slice/user-1000.slice/session-51.scope
6:freezer:/
5:devices:/user.slice
4:net_cls,net_prio:/
3:rdma:/
2:perf_event:/
1:name=systemd:/user.slice/user-1000.slice/session-51.scope
0::/user.slice/user-1000.slice/session-51.scope
vagrant@myhost:~$
vagrant@myhost:~$ sudo unshare --cgroup bash
root@myhost:~# cat /proc/self/cgroup
12:cpu,cpuacct:/
11:cpuset:/
10:hugetlb:/
9:blkio:/
8:memory:/
7:pids:/
6:freezer:/
5:devices:/
4:net_cls,net_prio:/
3:rdma:/
2:perf_event:/
1:name=systemd:/
0::/
```

지금까지 리눅스가 제공하는 모든 종류의 이름공간을 살펴보았고, 이들을 chroot와 함께 사용해서 프로세스에게 보이는 환경을 제한하는 방법도 이야기했다. 이름공간과 루트 디렉터리 변경, 그리고 제3장의 제어 그룹을(그리고 그 셋의 조합을) 잘 이해했다면, 우리가 '컨테이너'라고 부르는 것을 만드는 데 필요한 모든 것을 이해한 셈이다.

다음 장으로 넘어가기 전에, 컨테이너를 실행하는 호스트의 관점에서 컨테이너를 살펴보자.

4.11 호스트의 관점에서 본 컨테이너 프로세스

우리가 흔히 컨테이너라고 부르는 것을 좀 더 정확히 표현하는 용어는 "컨테이너화된 프로세스 (containerized process)"이다. 컨테이너는 여전히 호스트 컴퓨터에서 실행되는 하나의 리눅스 프로세스이지만, 호스트 컴퓨터의 일부만 볼 수 있고 전체 파일 시스템의 한 부분 트리에만 접근할 수 있다. 또한 그 밖에도 몇 가지 자원들에 대한 접근이 제어 그룹으로 제한된다. 컨테이너는 하나의 프로세스일 뿐이므로 호스트 운영체제의 문맥 안에 존재하며, 호스트의 커널을 다른 프로세스들과 공유한다. [그림 4-3]은 이 점을 나타낸 것이다.

그림 4-3 컨테이너들은 호스트의 커널을 공유한다.

이러한 구조가 VM과 어떻게 다른지를 다음 장에서 보게 될 것이다. 일단 지금은 컨테이너화된 프로세스가 호스트와, 그리고 호스트에서 실행 중인 다른 컨테이너화된 프로세스와 어떻게 격리되어 있는지를 도커 컨테이너의 예를 통해서 좀 더 자세히 살펴보기로 하자. 우선, 우분투(또는 여러분이 선호하는 리눅스 배포판)에 기초한 도커 컨테이너 하나를 실행하고 컨테이너 안의 셸에서 긴 sleep을 실행한다.

```
$ docker run --rm -it ubuntu bash
root@1551d24a $ sleep 1000
```

이 예는 sleep을 1,000초 동안 실행한다. 이 sleep 명령이 컨테이너 안의 프로세스로 실행됨을 기억하기 바란다. 엔터 키를 눌러서 sleep 명령을 실행하면 리눅스는 현재 프로세스를 복제해서 새 프로세스 ID를 가진 새 프로세스를 만들고 그 프로세스에서 sleep의 실행 파일을 실행한다.

sleep 프로세스를 배경에 넣고(Ctrl+Z를 눌러서 일시 중지한 후 bg %1을 실행하면 된다),
ps 명령으로 컨테이너의 프로세스들을 출력한다.

```
me@myhost:~$ docker run --rm -it ubuntu bash
root@ab6ea36fce8e:/$ sleep 1000
^Z
[1]+  Stopped                  sleep 1000
root@ab6ea36fce8e:/$ bg %1
[1]+ sleep 1000 &
root@ab6ea36fce8e:/$ ps
  PID TTY          TIME CMD
    1 pts/0    00:00:00 bash
   10 pts/0    00:00:00 sleep
   11 pts/0    00:00:00 ps
root@ab6ea36fce8e:/$
```

다음으로, sleep 명령이 아직 실행 중인 상태에서 같은 호스트에 대한 새 터미널을 띄워서 호
스트의 프로세스들을 출력해보자.

```
me@myhost:~$ ps -C sleep
  PID TTY          TIME CMD
30591 pts/0    00:00:00 sleep
```

-C sleep 옵션은 sleep 실행 파일을 실행하는 프로세스들만 표시하라는 뜻이다.

컨테이너는 자신만의 프로세스 ID 이름공간을 가지므로 프로세스 ID들의 번호가 낮은 것이
당연하다. 반면 호스트의 sleep 프로세스는 ID 번호가 높다. 이번 예에서 sleep 프로세스는
하나 뿐인데, 호스트에서는 ID가 30591이지만 컨테이너에서는 10이다. (구체적인 번호는 컴
퓨터에 어떤 프로세스들이 실행 중이었느냐에 따라 다르겠지만, 어쨌든 호스트 쪽이 컨테이너
보다 번호가 훨씬 높을 가능성이 크다.)

컨테이너가 제공하는 격리의 수준을 제대로 이해하는 데 중요한 점은 이 프로세스 ID들이
서로 다르긴 하지만 둘 다 **같은** 프로세스에 해당한다는 사실이다. 단지 호스트의 관점에서 볼 때
는 프로세스 ID 번호가 더 높은 것일 뿐이다.

호스트에서 컨테이너 프로세스들을 볼 수 있다는 것은 컨테이너와 VM의 근본적인 차이점
중 하나이다. 어떤 방법으로든 호스트에 접근한 공격자는 **호스트에서 실행되는 모든 컨테이너**를

인식하고 영향을 미칠 수 있다. 공격자가 루트 권한을 가진다면 더욱 그렇다. 제9장에서 보겠지만, 개발자나 관리자가 비교적 사소한 실수를 저지르는 것만으로도 공격자가 침해된 컨테이너에서 탈출해서 호스트에 접근하는 구멍이 생길 수 있다.

4.12 컨테이너 전용 호스트

앞에서 보았듯이 컨테이너는 호스트와, 그리고 다른 컨테이너들과 하나의 커널을 공유한다. 이 때문에 호스트의 보안에 관한 모범 관행들이 컨테이너에도 적용된다. 호스트가 침해되면 호스트의 모든 컨테이너가 잠재적 피해자가 된다. 공격자가 루트 권한 또는 확대된 권한을 가지면 (예를 들어 도커를 컨테이너 런타임으로 사용하는 환경에서 공격자가 컨테이너들을 관리하는 docker 그룹의 일원이 되는 등) 더욱 그렇다.

컨테이너 응용 프로그램들을 컨테이너 전용 호스트(물리적 컴퓨터이든 VM)에서 실행하는 것이 강력히 권장되는데, 주로는 보안과 관련된 이유 때문이다.

- 오케스트레이터를 이용해서 컨테이너들을 실행하는 환경에서는 사람이 호스트에 접근할 필요가 (거의) 없다. 컨테이너 이외의 응용 프로그램을 전혀 실행하지 않는다면 호스트 컴퓨터에는 최소한의 사용자 계정들만 있으면 된다. 사용자가 적으면 관리가 쉽고, 인증되지 않은 사용자의 로그인 시도를 발견하기도 쉽다.

- 그 어떤 리눅스 배포판도 리눅스 컨테이너를 실행할 호스트 OS로 사용할 수 있지만, 컨테이너 실행에 특화된 소위 '날씬한 OS(thin OS)' 배포판도 여러 개 있다. 이런 배포판들에는 컨테이너 실행에 필요한 구성 요소만 포함되어 있어서 공격 표면이 작다. 예를 들어 RancherOS, 레드햇의 페도라 CoreOS, VMWare의 Photon OS가 그런 배포판이다. 호스트 컴퓨터의 구성 요소가 적을수록 그 구성 요소들에 취약점(제7장)이 존재할 확률이 낮다.

- 한 클러스터의 모든 호스트 컴퓨터가 응용 프로그램에 특화된 요구사항들이 전혀 없는 동일한 설정을 공유할 수 있다. 설정을 공유하면 호스트 컴퓨터를 준비하는 과정을 자동화하기가 쉬워진다. 이는 호스트 컴퓨터들을 불변(immutable; 또는 변이 불가) 객체들로 취급할 수 있다는 뜻이다. 호스트 컴퓨터 하나를 업그레이드해야 하는 경우, 그 호

스트에 패치를 적용하는 것이 아니라 그냥 클러스터에서 그 호스트를 제거하고 새 버전을 설치한 새로운 호스트를 추가하기만 하면 된다. 호스트를 불변 객체로 취급하면 침입 (intrusion)을 탐지하기도 쉬워진다.

불변성의 장점은 제6장에서 좀 더 이야기하겠다.

날씬한 OS는 설정 옵션들이 적긴 하지만, 아예 없는 것은 아니다. 예를 들어 호스트마다 컨테이너 런타임 하나(이를테면 도커)와 오케스트레이터 코드(이를테면 쿠버네티스 쿠블릿 ^{kubelet})가 실행되어야 한다. 이 두 구성 요소에는 다양한 설정 사항이 있으며, 일부 설정은 보안에 영향을 미친다. 인터넷 보안 센터(Center for Internet Security, CIS; *https://cisecurity. org*)는 도커와 쿠버네티스, 리눅스를 포함해 다양한 소프트웨어의 설정과 실행에 관한 모범 관행들을 점검하는 벤치마크들을 발표하고 있다.

전사(enterprise) 환경에서는 취약점들과 안전하지 않은 설정들을 탐지하고 보고해서 호스트들을 보호하는 컨테이너 보안 솔루션도 요구된다. 호스트 수준에서 성공한 로그인과 실패한 로그인 시도를 기록하고 통지하는 수단도 필요할 것이다.

4.13 요약

여기까지 읽은 독자에게 축하의 말을 전한다. 이번 장을 다 읽었다면 이제 컨테이너의 정체가 무엇인지 이해했을 것이다. 이번 장에서는 호스트 자원들에 대한 프로세스의 접근을 제한하는 데 쓰이는 필수 리눅스 커널 메커니즘 세 가지를 설명했다.

- 이름공간은 컨테이너가 볼 수 있는 대상들을 제한한다. 예를 들어 프로세스 ID 이름공간을 적용하면 컨테이너는 호스트와는 격리된 프로세스 ID들만 보게 된다.
- 루트 디렉터리 변경은 컨테이너가 볼 수 있는 디렉터리들과 파일들을 제한한다.
- 제어 그룹은 컨테이너가 접근할 수 있는 자원들을 제어한다.

제1장에서 보았듯이, 한 워크로드와 다른 워크로드를 격리하는 것은 컨테이너 보안의 중요한 측면이다. 이번 장에서 주어진 한 호스트의 모든 컨테이너가 같은 커널을 공유한다는 점을

여러 번 강조했다. 물론 서로 다른 사용자가 같은 컴퓨터에 로그인해서 응용 프로그램을 직접 실행하는 다중 사용자 시스템에서도 커널이 공유된다는 점은 마찬가지이다. 그렇지만 다중 사용자 시스템에서는 일반적으로 관리자가 개별 사용자의 접근 권한을 제한해 둔다. 모든 사용자에게 루트 권한을 부여하는 것은 바람직하지 않기 때문이다. 그러나 컨테이너는 (적어도 이 책을 쓰는 현재) 기본적으로 루트로 실행된다. 컨테이너 환경에서는 이름공간, 루트 디렉터리 변경, 제어 그룹이 제공하는 보안 경계를 이용해서 컨테이너들이 서로 간섭하지 못하게 한다.

> **참고:** 컨테이너의 작동 방식을 익혔으니, 제스 프라젤Jess Frazelle의 contained.af 사이트(*https://contained. af/*)에서 컨테이너의 보안이 얼마나 효과적인지 시험해 보는 것도 재미있을 것이다. 여러분은 과연 사이트가 제시한 컨테이너를 탈출할 수 있을까?

컨테이너를 감싼 보안 경계를 강화하는 방법들은 제8장에서 논의한다. 다음 장에서는 VM의 작동 방식을 자세히 살펴보고, 보안의 관점에서 컨테이너 격리와 VM 격리의 상대적인 장단점을 논의한다.

제5장

VM과 컨테이너

컨테이너를 흔히 VM(virtual machine; 가상 기계)과 비교하곤 한다. 특히 그 둘이 제공하는 격리 기능을 비교할 때가 많다. VM과 컨테이너의 차이점을 제대로 알려면 VM의 작동 방식을 확실하게 이해해야 한다. 그런 지식은 응용 프로그램들이 컨테이너 안에서 실행될 때와 VM에서 실행될 때의 보안 경계들을 평가할 때 특히나 유용하다. 또한, 보안의 관점에서 컨테이너의 상대적인 장점을 논의할 때도 컨테이너와 VM의 차이점을 이해하는 것이 도움이 될 수 있다.

그런데 VM과 컨테이너가 아주 명확하게 구분되는 것은 아니다. 제8장에서 보겠지만, 컨테이너 주변의 격리 경계들을 강화해서 컨테이너를 좀 더 VM에 가깝게 만들어 주는 샌드박싱 도구들이 여럿 있다. 보안의 관점에서 그런 접근 방식들의 장단점을 알고 싶다면, 먼저 VM과 '보통' 컨테이너의 차이점을 확실하게 파악해야 할 것이다.

둘의 근본적인 차이점은, VM은 커널을 포함해 운영체제 전체의 복사본을 실행하는 반면 컨테이너는 호스트 컴퓨터의 커널을 공유한다는 점이다. 이것이 어떤 의미인지 이해하려면 VM이 생성되는 방식과 VMM(Virtual Machine Monitor)이 VM들을 관리하는 방식을 어느 정도는 알아야 한다. 그럼 컴퓨터가 부팅될 때 그 안에서 어떤 일이 벌어지는지부터 살펴보자.

5.1 컴퓨터 부팅 과정

물리적 서버 컴퓨터 하나를 떠올리기 바란다. 서버에는 CPU들과 메모리, 네트워킹 인터페이스들이 있다. 컴퓨터를 처음 부팅하면 BIOS(Basic Input Output System)라고 하는 초기 프로그램이 실행된다. BIOS는 가용 메모리양을 파악하고, 네트워크 인터페이스들을 식별하고, 그 밖에 디스플레이나 키보드, 저장 장치 같은 여러 장치들을 탐지한다.

요즘은 이런 기능의 상당 부분을 UEFI(Unified Extensible Firmware Interface)가 담당하고 있지만, 이 논의에서는 이것이 그냥 현대적 BIOS라고 생각하기로 한다.

하드웨어 탐지가 끝나면 시스템은 부트로더bootloader를 실행한다. 부트로더는 운영체제의 커널 코드를 메모리에 적재해서 실행한다. 이때 운영체제는 리눅스일 수도 있고 Windows나 그 밖의 OS일 수 있다. 제2장에서 보았듯이 커널 코드는 응용 프로그램보다 높은 수준의 권한('특권')으로 실행된다. 커널이 메모리나 네트워크 인터페이스 등에 접근할 수 있는 것은 그런 권한 수준 덕분이다. 사용자 공간에서 실행되는 응용 프로그램은 메모리나 네트워크 인터페이스 등에 직접 접근하지 못한다.

x86 프로세서에서 권한 수준은 링ring이라는 단위로 조직화된다. 링 0은 가장 높은 권한 수준이고 링 3은 가장 낮은 권한 수준이다. 보통의 설정(VM이 아닌)에서, 대부분의 운영체제는 커널을 링 0에서 실행하고 사용자 공간 코드는 링 3에서 실행한다([그림 5-1] 참고).

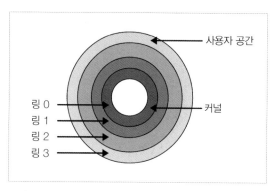

그림 5-1 권한 링들

커널 코드는 CPU에서 기계어 명령의 형태로 실행된다(이는 다른 종류의 코드도 마찬가지이다). 기계어 명령 중에는 일정 수준의 권한이 필요한 명령들도 있다. 이를테면 메모리에 접근하거나 CPU 스레드를 실행하는 명령이 그렇다. 커널 초기화 과정에서 발생하는(그리고 발생할 수 있는) 모든 일을 여기서 상세하고 이야기할 필요는 없을 것이다. 그냥 초기화 과정에서 커널이 루트 파일 시스템을 마운트하고, 네트워킹 기능을 준비하고, 필요한 시스템 데몬들을 띄운다는 점만 알면 될 것이다. (좀 더 자세히 알고 싶은 독자라면, 부팅 과정을 비롯해 리눅스 커널 내부에 관한 자료가 웹에 많이 있으니 검색해 보기 바란다. 이를테면 깃허브 linux-insides 저장소(*https://oreil.ly/GPutF*)에 이 주제에 관한 문서들이 있다.)

커널의 초기화가 끝나면 사용자 공간에서 프로그램을 실행할 수 있게 된다. 커널은 사용자 공간 프로그램이 필요로 하는 모든 것을 관리하는 책임을 진다. 커널은 프로그램을 실행할 CPU 스레드의 시작과 관리, 일정 변경을 책임지는데, 이를 위해 프로세스들을 표현하는 자신만의 자료 구조들을 생성하고 갱신한다. 커널은 각 프로세스에 메모리 블록을 배정하고, 프로세스가 다른 프로세스의 메모리 블록에 접근하지 못하게 한다.

5.2 VMM의 등장

방금 이야기했듯이 보통의 설정에서는 커널이 컴퓨터의 자원들을 직접 관리한다. 그러나 VM의 세계에서 자원 관리의 일차적인 책임은 VMM이 맡는다. 자원들을 분할해서 VM들에 배정하는 것은 VMM이다. 각 VM은 자신만의 커널을 가진다.

VMM은 자신이 관리하는 VM들 각각에 일정한 양의 메모리와 CPU 자원을 배정하고, 가상 네트워크 인터페이스를 비롯한 여러 가상 장치들을 설정하고, 각자 그 자원들에만 접근할 수 있는 게스트guest 커널을 실행한다.

보통의 서버에서는 컴퓨터의 가용 자원들에 관한 상세한 정보를 BIOS가 커널에 제공하지만, VM 환경에서는 VMM이 그 자원들을 적절히 나누어서 각 게스트 커널에 자원들의 한 부분 집합을 배정하고, 그 부분집합에 관한 정보만 게스트 커널에 제공한다. 게스트 커널은 자신이 물리적 메모리와 장치들에 직접 접근한다고 생각하지만, 실제로는 VMM이 제공한 추상에 접근하는 것일 뿐이다.

게스트 OS와 그 응용 프로그램들이 자신에게 할당된 자원의 경계를 넘지 못하게 하는 것은 VMM의 책임이다. 예를 들어 게스트 OS에게는 호스트의 전체 메모리 중 한 영역만 배정된다. 만일 게스트 OS가 그 영역 바깥의 메모리에 접근하려 하면 VMM이 그런 접근을 금지해야 한다.

VMM은 크게 두 종류로 나뉘는데, 그리 창의적인 이름은 아니지만 둘을 제1형(type 1)과 제2형(type 2)이라고 부른다. 그리고 당연하게도 그 둘 사이에 어느 정도 회색의 영역이 존재한다.

5.2.1 제1형 VMM(하이퍼바이저)

보통의 시스템에서는 부트로더가 리눅스나 Windows 같은 운영체제의 커널을 시동한다. 순수 제1형 VM 환경에서는 전용 커널 수준 VMM 프로그램이 OS 커널을 시동한다.

제1형 VMM을 하이퍼바이저hypervisor라고 부르기도 한다.[1] Hyper-V (*https://oreil.ly/ FsXVi*), Xen (*https://xenproject.org/*), ESX/ESXi (*https://oreil.ly/ezG3t*)가 하이퍼바이저의 예이다. [그림 5-2]에서 보듯이 하이퍼바이저는 호스트 운영체제가 없는 빈 하드웨어(소위 '베어 메탈bare metal')에서 직접 실행된다.

그림 5-2 하이퍼바이저라고도 하는 제1형 VMM

앞에서 '커널 수준'이라는 표현이 나왔는데, 이는 하이퍼바이저가 링 0에서 실행된다는 뜻이다. (이는 이번 장에서 나중에 소개할 하드웨어 가상화를 고려하지 않는다고 할 때의 이야기이다. 지금 논의에서는 하이퍼바이저가 링 0에서 실행된다고 가정해도 된다.) [그림 5-3]에서 보듯이 게스트 OS의 커널은 링 1에서 실행된다. 따라서 게스트 커널은 하이퍼바이저보다 권한이 낮다.

---

1 문헌에 따라서는, 그리고 같은 문헌 안에서도 문맥에 따라서는, VMM 자체를 하이퍼바이저라고 부르고, 지금 말하는 제1형 VMM을 제1형 하이퍼바이저(Type-1 hypervisor)라고 부르기도 한다.

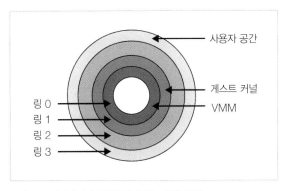

그림 5-3 하이퍼바이저 환경에 쓰이는 권한 링들

5.2.2 제2형 VMM

노트북이나 데스크톱 컴퓨터에서는 흔히 VirtualBox(*https://www.virtualbox.org*) 같은 소프트웨어로 VM을 실행하는데, VirtualBox가 제2형 VMM의 예이다. 이런 설정에서 노트북에는 이미 macOS 같은 운영체제가 있다. 즉, 이미 호스트 운영체제 커널이 작동하고 있는 것이다. VirtualBox는 노트북에 하나의 개별적인 응용 프로그램으로 설치되며, 호스트 운영체제와 공존하는 게스트 VM들을 실행하고 관리한다. 이때 게스트 VM은 리눅스를 실행할 수도 있고 Windows를 실행할 수도 있다. [그림 5-4]는 게스트 OS와 호스트 OS가 공존하는 상황을 보여준다.

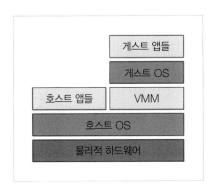

그림 5-4 제2형 VMM

리눅스 안에서 macOS를 실행하는 것이 어떤 의미인지 잠시 생각해 보기 바란다. 정의에 의해, 이는 한 대의 컴퓨터 안에 리눅스 커널이 존재할 뿐만 아니라, 그와는 개별적으로 호스트의 macOS 커널도 존재한다는 뜻이다.

VMM 소프트웨어에는 사용자와의 상호작용을 위한 사용자 공간 구성 요소들이 있을 뿐만 아니라, 가상화 기능을 위한 권한 있는 구성 요소들도 있다. 그런 구성 요소들이 어떻게 작동하는지는 이번 장에서 나중에 좀 더 이야기하겠다.

VirtualBox 외에 Parallels(*https://parallels.com*), QEMU(*https://oreil.ly/LZmcn*) 등이 제2형 VMM이다.

5.2.3 커널 기반 VM(KVM)

앞에서 제1형과 제2형 사이에 회색 영역이 있다고 말했다. 제1형 VMM(하이퍼바이저)는 빈 컴퓨터에서 직접 실행되는 반면 제2형 VMM은 호스트 OS의 사용자 공간에서 실행된다. 호스트 OS의 커널 안에서 VMM을 실행하는 것은 어떨까?

리눅스 커널 모듈 KVM(Kernel-based Virtual Machines)이 딱 그렇게 작동한다. [그림 5-5]를 참고하기 바란다.

그림 5-5 KVM

하이퍼바이저가 호스트 OS "위에" 얹혀 있지는 않다는 점에서 흔히 KVM을 제1형 VMM으로 간주하지만, 너무 단순한 분류가 아닐까 한다.

KVM은 앞에서 제2형 VMM로 분류한 QEMU(Quick Emulation을 줄인 이름이다)와 함께 자주 쓰인다. QEMU는 게스트 OS가 요청한 시스템 호출을 동적으로 호스트 OS 시스템 호출로 번역한다. QEMU가 KVM이 제공하는 하드웨어 가속의 장점을 취할 수 있다는 점도 언급해야 할 것이다.

제1형이든 제2형이든(또는 그 중간의 무엇이든) VMM들이 가상화를 위해 사용하는 기법들은 비슷하다. 핵심은 소위 "가두고 흉내 낸다(trap-and-emulate)"인데, 차차 보겠지만 x86 프로세서들에는 이런 착안을 구현하기 어렵게 만드는 특징이 몇 가지 있다.

5.3 "가두고 흉내 낸다" 접근 방식

CPU 명령 중에는 특권 있는(privileged) 명령들, 즉 높은 권한이 필요한 명령들이 있다. 그런 명령들은 링 0에서만 실행할 수 있다. 더 높은 번호(더 낮은 권한)의 링에서 그런 명령을 실행하려 하면 소위 트랩trap이 발생한다. 트랩이라는 것을 응용 프로그램 소프트웨어에서 발생한 예외 같은 것으로 생각해도 될 것이다. 예외가 발생하면 오류 처리부(error-handler)가 실행되듯이, CPU에서 트랩이 발생하면 CPU는 링 0 코드에 있는 처리부를 호출한다.

VMM이 링 0에서 실행되고 게스트 OS 커널이 더 낮은 권한의 링에서 실행되는 상황에서, 게스트가 특권 있는 명령을 실행하려 하면 VMM의 처리부가 실행된다("가두고 흉내 낸다"의 '가두고'에 해당). 처리부는 그 명령을 에뮬레이션한다('흉내 낸다'에 해당). 이런 방식으로 VMM은 게스트 OS가 특권 있는 명령들을 통해서 서로에 간섭하는 일을 방지한다.

그런데 이것으로 이야기가 끝나지는 않는다. CPU 명령 중에는 컴퓨터의 자원들에 영향을 미치는 것들이 있는데, 그런 명령들을 민감한(sensitive) 명령이라고 부른다. VMM은 이런 명령들을 게스트 OS를 위해 대신 처리해 주어야 한다. 컴퓨터의 자원들을 실제로 볼 수 있는 것은 VMM이기 때문이다. 또한, 민감한 명령 중에는 링 0에서 실행할 때와 그보다 낮은 권한의 링에서 실행할 때 행동 방식이 다른 명령들도 있다. 게스트 OS 코드는 자신이 링 0에서 실행된다는 가정하에서 작성된 것이므로, 그런 명령들도 VMM이 에뮬레이션해 주어야 한다.

만일 모든 민감한 명령이 특권 있는 명령이라면 VMM을 개발하기가 더 쉬워질 것이다. 그냥 모든 민감한 명령에 대해 트랩 처리부를 작성하면 되기 때문이다. 그러나 안타깝게도 x86의 민감한 명령 중에는 특권 있는 명령이 아닌 것도 있다. 그래서 VMM은 두 부류의 명령을 다른 기법으로 처리해야 한다. 민감하지만 특권 있는 명령이 아닌 명령, 줄여서 비특권 민감 명령은 '가상화 불가(non-virtualizable)' 명령으로 간주된다.

5.4 가상화 불가 명령의 처리

그런 가상화 불가 명령들을 처리하는 기법이 몇 가지 있다.

- 하나는 이진 번역(binary translation)이다. 이 접근 방식에서 VMM은 실시간으로 게스트 OS의 모든 비특권 민감 명령을 탐지해서 적절한 명령으로 변환('번역')한다. 이는 꽤 복잡한 과정인데, 다행히 최근 x86 프로세서들은 하드웨어 보조 가상화(hardware-assisted virtualization)를 지원하기 때문에 이진 번역이 간단하다.

- 또 다른 옵션은 반*가상화(paravirtualization; 또는 의사擬似가상화)이다. 이 경우는 게스트 OS의 명령들을 즉석에서 수정하는 대신, 애초에 가상화 불가 명령들을 실행하지 않도록(대신 하이퍼바이저에 시스템 호출을 요청하도록) 게스트 OS를 재작성한다. Xen 하이퍼바이저가 이 기법을 사용한다.

- 하드웨어 가상화(인텔의 VT-x 등) 기법에서는 하이퍼바이저가 VMX 루트 모드root mode라고 부르는, 사실상 링 −1에 해당하는 새로운 권한 수준에서 실행된다. 이 경우 VM 게스트 OS 커널은 호스트 OS처럼 링 0(VMS 비루트non-root 모드라고도 부른다)에서 실행된다.

참고: 가상화 작동 방식을 좀 더 공부하고 싶은 독자에게는 키스 애덤스Keith Adams와 올레 아게센Ole Agesen의 논문(*https://oreil.ly/D1cZO*)을 추천한다. 이 논문은 여러 가상화 방식을 비교하고 하드웨어의 개선이 어떻게 성능 개선으로 이어지는지 설명한다.

이제 VM의 생성과 관리가 어떤 식으로 이루어지는지 감을 잡았을 것이다. 그럼 VM의 이런 특징들이 프로세스 또는 응용 프로그램의 격리에 어떻게 작용하는지 살펴보자.

5.5 프로세스 격리와 보안

응용 프로그램들이 안전하게 격리되게 하는 것은 보안의 주된 관심사이다. 응용 프로그램 A가 응용 프로그램 B에 속한 메모리를 읽을 수 있다면, A는 B의 자료에 접근할 수 있다.

가장 강력한 형태의 격리는 물리적 격리이다. 두 응용 프로그램이 각자 다른 물리적 컴퓨터에서 실행된다면 한 응용 프로그램이 다른 응용 프로그램의 메모리에 접근할 길이 없다.

앞에서 논의했듯이, 커널은 사용자 공간 프로세스들을 관리한다. 그러한 각 프로세스에 메모리를 할당하는 것도 그러한 관리의 일부이다. 한 응용 프로그램이 다른 응용 프로그램의 메모리에 접근하지 못하게 하는 것은 커널의 임무이다. 커널의 메모리 관리 코드에 버그가 있으면, 공격자가 그 버그를 악용해서 원래는 접근하지 못해야 마땅한 메모리에 접근할 여지가 생긴다. 커널 코드는 수많은 공격을 극복해 왔지만, 코드가 극도로 크고 복잡할 뿐만 아니라 계속해서 진화하고 있기 때문에 버그가 있을 가능성은 항상 존재한다. 이 책을 쓰는 현재 커널 격리 코드에 유의미한 결함이 있다는 증거는 없지만, 언제라도 누군가가 문제점을 발견하리라고 예상하는 것이 안전하다.

바탕 하드웨어가 점점 정교해짐에 따라 그런 결함들이 생길 가능성도 커진다. 최근 몇 년 간 CPU 제조업체들은 '추측 처리(speculative processing)' 기술을 개발했다. 추측 처리 기능을 가진 프로세서는 현재 실행 중인 명령 다음에 있는 명령들의 실행 결과를 예측해서 해당 코드 분기(branch)를 실행할 필요성을 제거한다. 이러한 예측 처리 기술 덕분에 프로세서의 성능이 크게 향상되긴 했지만, 유명한 스펙터Spectre 버그와 멜트다운Meltdown 버그를 낳기도 했다.

사람들이 하이퍼바이저의 VM 격리가 커널의 프로세스 격리보다 강력하다고 여기는 이유가 궁금한 독자도 있을 것이다. 어차피 하이퍼바이저도 커널처럼 메모리와 장치 접근을 관리하고 VM들의 격리를 책임지므로, 하이퍼바이저에 결함이 있으면 VM들의 격리에 심각한 문제가 발생하는 것은 마찬가지이다. 그러나 중요한 차이점은 하이퍼바이저의 작업이 훨씬 간단하다는 것이다. 커널에서 사용자 공간 프로세스는 다른 사용자 공간 프로세스들을 어느 정도는 볼 수 있다. 아주 간단한 예로, 보통의 사용자 계정에서도 ps를 실행하면 해당 컴퓨터에서 실행 중인 다른 여러 프로세스가 나온다. 적절한 접근 권한을 가진 사용자는 /proc 디렉터리의 파일들을 이용해서 그 프로세스들의 정보를 조회할 수 있다. 또한 커널은 프로세스들이 IPC를 통해서 메모리를 공유하는 것을 의도적으로 허용한다. 한 프로세스가 다른 프로세스의 정보를 적법한 수단을 통해 조회하게 하는 모든 메커니즘은 격리를 약하게 만드는 요인이 된다. 왜냐하면, 예기치 못한 또는 의도치 않은 상황에서 그러한 접근을 가능하게 하는 코드 결함이 있을 수도 있기 때문이다.

VM 실행 환경에는 그런 부분적 가시성 메커니즘이 없다. 한 VM의 프로세스에서 다른 VM 의 프로세스를 보는 것은 아예 불가능하다. 하이퍼바이저는 VM들이 메모리를 공유하는 상황을 처리할 필요가 없으므로(애초에 VM들 사이에서는 메모리 공유가 필요하지 않다), 메모리 관리 코드가 더 짧고 간단해진다. 그래서 하이퍼바이저는 완전한 커널보다 훨씬 작고 단순하다. 리눅스 커널 코드의 행(줄) 수는 2,000만을 훨씬 넘지만(*https://oreil.ly/FHKhp*) Xen 하이퍼바이저는 약 5,000만 행 정도이다(*https://oreil.ly/1MWub*).

코드가 작고 덜 복잡하면 공격 표면도 작고 악용 가능한 결함이 생길 가능성도 작다. 사람들이 VM의 격리 경계가 더 강력하다고 간주하는 이유가 바로 이것이다.

그렇긴 하지만 VM 세계에도 악용 가능한 결함들이 발견된 바 있다. "Virtualization vulnerabilities, security issues, and solutions: a critical study and comparison" (Tank, Aggarwal, Chaubey, 2019; *https://oreil.ly/HCXBO*)는 다양한 종류의 공격들을 분류한다. 그리고 NIST(미국 국립표준기술연구소)는 가상화된 환경의 보안 강화 지침들을 발표했다(*https://oreil.ly/W_b7o*).

5.6 VM의 단점

격리 측면에서 VM이 그렇게 유리하다면, 사람들이 여전히 컨테이너를 사용하는 이유는 무엇일까? VM이 컨테이너보다 못한 점들도 있기 때문인데, 몇 가지를 들자면 다음과 같다.

- VM은 시동하는 데 컨테이너보다 시간이 훨씬 많이 걸린다. 컨테이너를 실행하는 것은 그냥 새 리눅스 프로세스를 띄우는 것일 뿐이지만, VM을 실행하려면 모든 부팅 및 초기화 과정을 거쳐야 한다. VM은 시동이 느리기 때문에 자동 규모 조정(auto-scaling)이 민첩하지 못하다. 그리고 새 코드를 자주 발행하는(어쩌면 하루에 여러 번) 조직에는 빠른 시동 시간이 중요하다는 점은 말할 필요도 없을 것이다. (그렇지만 §8.6 파이어크래커 (p.157)에서 논의하는 아마존 Firecracker는 시동 시간이 대단히 빠르다. 이 책을 쓰는 현재 100ms 급이다.)

- 컨테이너는 "한 번 구축하고 모든 곳에서 실행"하는 편리한 능력을 빠르고도 효율적으로 개발자에게 부여한다. VM을 위한 완전한 컴퓨터 이미지를 구축해서 다른 곳에서 실행하는 것이 가능하긴 하지만 너무 느리고 번거롭기 때문에, 그런 기능은 개발자들이 컨테이너를 활용하는 것만큼 자주 쓰이지는 않는다.

- 오늘날의 클라우드 환경에서 VM을 하나 임대하려면 CPU와 메모리를 지정해야 하고, VM에서 실행되는 응용 프로그램 코드가 그런 자원을 실제로 얼마나 사용하느냐에 상관없이 자원 사용 비용을 내야 한다.

- 각 VM은 커널 전체를 실행해야 하므로 추가 부담(overhead)이 존재한다. 반면 컨테이너들은 하나의 커널을 공유하기 때문에 자원 면에서나 성능 면에서 대단히 효율적이다.

VM을 사용할 것인가 컨테이너를 사용할 것인가를 결정할 때는 다양한 요인들의 장단점을 고려해야 한다. 고려할 요인들로는 성능, 비용, 편의성, 위험, 그리고 응용 프로그램 워크로드들 사이에 필요한 보안 경계가 있다.

5.7 컨테이너 격리와 VM 격리의 비교

제4장에서 보았듯이 컨테이너는 그냥 시야가 제한된 리눅스 프로세스이다. 커널은 이름공간, cgroups, 루트 디렉터리 변경이라는 세 가지 메커니즘을 이용해서 컨테이너 프로세스들을 격리한다. 이 메커니즘들은 애초에 프로세스 격리를 위해 만들어진 것이다. 그러나 컨테이너들이 하나의 커널을 공유한다는 단순한 사실 하나 때문에 컨테이너 격리는 기본적으로 VM 격리보다 약하다.

그렇지만 실망할 필요는 없다. 제8장에서 이야기할 추가적인 보안 기능들과 샌드박싱을 적용하면 컨테이너 격리를 더욱 강화할 수 있다. 또한, 컨테이너가 마이크로서비스들을 캡슐화한다는 사실을 활용하는 대단히 효과적인 보안 도구들이 있는데, 제13장에서 그런 도구들을 소개한다.

5.8 요약

여기까지 읽었다며 이제 VM이 무엇인지 확실하게 이해했을 것이다. 이번 장에서 여러분은 VM들 사이의 격리가 컨테이너 격리보다 강하다고 간주되는 이유를 배웠다. 일반적으로 컨테이너가 엄격한 다중 입주 환경에 적합할 정도로 안전하지는 않다고 간주되는 이유도 짐작할 수 있을 것이다. 컨테이너 보안을 논의하려면 VM과 컨테이너의 이러한 차이점들을 잘 이해해야 한다.

§4.12 컨테이너 전용 호스트(p.91)에서 컨테이너 호스트의 설정을 강화하는 문제와 관련해서 잠깐 언급하긴 했지만, VM 자체의 보안은 이 책의 범위를 넘는 주제이다.

컨테이너의 상대적으로 약한(VM과 비교할 때) 격리가 설정 때문에 깨지는 사례 몇 가지를 이후의 장들에서 만나게 될 것이다. 그 전에, 다음 장에서는 컨테이너 이미지가 어떻게 구성되고 컨테이너 이미지가 보안에 어떤 의미를 가지는지 살펴본다.

제6장

컨테이너 이미지

도커나 쿠버네티스를 사용해 본 독자라면 아마 레지스트리에 저장된 컨테이너 이미지라는 개념에 익숙할 것이다. 이번 장에서는 컨테이너 이미지에 무엇이 들어 있는지, 도커나 runc 같은 컨테이너 런타임이 컨테이너 이미지를 어떤 식으로 사용하는지 살펴본다.

컨테이너 이미지(이하 그냥 '이미지')가 무엇인지 살펴본 후에는 이미지의 구축(빌드), 저장, 가져오기가 보안에 뜻하는 바를 논의한다. 그 세 단계 모두에 다양한 공격 벡터들이 존재한다. 마지막으로, 이미지 구축 과정과 이미지가 시스템 전체에 피해가 가지 않게 하는 모범 관행(best practice)들을 소개한다.

6.1 루트 파일 시스템과 이미지 설정

하나의 컨테이너 이미지는 크게 두 부분으로 구성되는데, 하나는 루트 파일 시스템이고 다른 하나는 이미지 설정 정보이다.

제4장의 예제들에서 알파인 루트 파일 시스템의 복사본을 내려받아서 컨테이너의 루트로 사용했다. 이번 장의 예제들도 알파인 루트 파일 시스템을 사용한다. 일반적으로 어떤 컨테이너를 실행하면 해당 컨테이너 이미지가 인스턴스화되는데, 이때 이미지에 담긴 루트 파일 시스템이 지역 컴퓨터에 복사된다. `docker run -it alpine sh`를 실행한 후 컨테이너 안에서 루트 파일 시스템을 살펴보면 하위 디렉터리들과 파일들이 제4장에서 알파인 배포판을 내려받아서

직접 만든 컨테이너의 루트 파일 시스템의 것과 정확히 동일함을 알 수 있을 것이다(알파인 배포판 버전이 동일하다고 할 때).

수많은 사람이 사용하는 도커에서는 Dockerfile이라는 파일에서 이미지 구축 명령들을 작성한다. Dockerfile 명령 중에는 이미지에 포함할 루트 파일 시스템의 내용을 수정하는 명령들(FROM, ADD, COPY, RUN 등)도 있고, 루트 파일 시스템과 함께 이미지의 한 부분에 저장되는 설정(configuration; 구성) 정보에 영향을 미치는 명령들(USER, PORT, ENV 등)도 있다. 도커는 이미지를 실행할 때 그런 설정 정보를 런타임 매개변수들의 기본값으로 사용한다. 예를 들어 Dockerfile에서 ENV 명령으로 어떤 환경 변수를 정의해 두면 컨테이너 실행 시 도커는 그 환경 변수를 정의해서 컨테이너 프로세스를 실행한다.

6.2 실행 시점에서 매개변수를 명시적으로 설정

도커로 컨테이너를 실행할 때 이미지에 있는 설정 정보 이외의 값을 명령줄 매개변수로 직접 지정하는 것도 가능하다. 예를 들어 어떤 환경 변수의 값을 변경하거나 새 환경 변수를 정의하려면 docker run -e <변수이름>=<새값> ... 형태로 컨테이너를 실행하면 된다.

쿠버네티스에서는 파드pod의 YAML 정의 중 containers 섹션의 env 섹션에서 환경 변수를 명시적으로 설정할 수 있다.

```
apiVersion: v1
kind: Pod
metadata:
  name: demo
spec:
  containers:
  - name: demo-container
    image: demo-reg.io/some-org/demo-image:1.0
    env:
    - name: DEMO_ENV
      value: "다른 값으로 재설정됨"
```

demo-image:1.0이 Dockerfile로 구축한 컨테이너 이미지이고 해당 Dockerfile에 ENV

DEMO_ENV="원래 값" 같은 행이 있다고 가정할 때, 쿠버네티스로 컨테이너를 실행하면 이 환경 변수에는 원래 값 대신 YAML의 새 값이 설정된다. 컨테이너가 이 환경 변수의 값을 기록하도록 설정해 두었다면 **다른 값으로 재설정됨**이 기록될 것이다.

쿠버네티스 배치본의 컨테이너 런타임이 OCI 표준을 준수하는 도구(이를테면 runc)라면, 이 YAML 정의를 반영한 OCI 준수 *config.json* 파일이 쓰인다. 그럼 OCI 표준 컨테이너의 파일들과 도구들을 좀 더 살펴보자.

6.3 OCI 표준

OCI(Open Container Initiative, *https://opencontainers.org*)는 컨테이너 이미지와 런타임에 관한 표준을 정의하기 위해 결성된 단체이다. 표준 제정 시 도커의 연구 개발 성과를 채용했기 때문에, 도커의 관행과 OCI 표준 명세에는 비슷한 점이 많다. 무엇보다도, 도커 사용자들이 기대할 만한 것과 동일한 사용자 경험(사용자 체험)들을 지원하는 것이 OCI의 목표 중 하나였다. 그런 사용자 경험 중 하나는 이미지를 기본 설정들로 실행하는(모든 설정 사항을 일일이 지정할 필요 없이) 것이다. OCI 명세서에는 이미지 형식에 관한 섹션도 있는데, 거기서는 컨테이너 이미지의 구축 방법과 배포 방법을 논의한다.

OCI 이미지를 편리하게 조사하고 조작할 수 있는 도구로 Skopeo(*https://oreil.ly/Rxejf*)가 있다. 특히, Skopeo는 다음처럼 도커 이미지를 OCI 형식 이미지로 변환하는 기능을 제공한다.

```
$ skopeo copy docker://alpine:latest oci:alpine:latest
$ ls alpine
blobs  index.json  oci-layout
```

그런데 runc 같은 OCI 준수(OCI-compliant) 런타임이 이 형식의 이미지를 직접 실행하지는 않는다. 그런 런타임은 먼저 이미지를 풀어서(unpack) 하나의 런타임 파일 시스템 번들(*https://oreil.ly/VtJ0F*)을 만든다. 그럼 umoci(*https://oreil.ly/Rdfab*)라는 도구를 이용해서 알파인 컨테이너 이미지를 풀어 보자.

```
$ sudo umoci unpack --image alpine:latest alpine-bundle
$ ls alpine-bundle
config.json
rootfs
sha256_3bf9de52f38aa287b5793bd2abca9bca62eb097ad06be660bfd78927c1395651.mtree
umoci.json
$ ls alpine-bundle/rootfs
bin   etc    lib     mnt   proc   run    srv   tmp   var
dev   home   media   opt   root   sbin   sys   usr
```

이 예제에서 보듯이 번들에는 rootfs라는 디렉터리가 있고 그 안에는 알파인 리눅스 배포판의
내용이 들어 있다. 그리고 *config.json*이라는 파일도 있는데, 이 JSON 파일은 컨테이너 실행
시 적용할 런타임 설정들을 정의한다. 런타임은 이 루트 파일 시스템과 설정 정보를 이용해서
컨테이너를 인스턴스화한다.

  도커 컨테이너 이미지의 설정 정보는 cat이나 텍스트 편집기로 살펴볼 수 있는 형태의 파일
에 들어 있지 않다. 대신 docker image inspect 명령으로 설정들을 조사할 수는 있다.

6.4 이미지 설정 정보

그럼 실제 컨테이너 이미지의 *config.json* 파일을 살펴보자. 제3장과 제4장에서 컨테이너가 어
떤 식으로 만들어지는지 공부한 독자라면 대부분의 설정 항목을 어렵지 않게 이해할 수 있을
것이다. 다음은 예제 *config.json*의 일부이다.

```
...
    "linux": {
        "resources": {
            "memory": {
                "limit": 1000000
            },
            "devices": [
                {
                    "allow": false,
                    "access": "rwm"
                }
```

```
                ]
        },
        "namespaces": [
                {
                        "type": "pid"
                },
                {
                        "type": "network"
                },
                {
                        "type": "ipc"
                },
                {
                        "type": "uts"
                },
                {
                        "type": "mount"
                }
        ]
}
```

이 예에서 보듯이 *config.json*에는 제어 그룹들을 통해 컨테이너 프로세스의 접근을 제한할 자원들과 프로세스에 적용할 이름공간들을 비롯해 runc가 컨테이너를 실행하는 데 필요한 모든 설정이 있다.

　이제 하나의 이미지가 루트 파일 시스템과 설정 정보라는 두 부분으로 구성된다는 점을 알았을 것이다. 그럼 그런 이미지를 구축하는 방법으로 넘어가자.

6.5 이미지 구축

컨테이너 이미지를 구축한다고 하면 아마 대부분의 독자는 docker build 명령을 떠올릴 것이다. 이 명령은 Dockerfile이라고 하는 파일에 담긴 명령들을 실행해서 이미지를 만들어 낸다. 구축 과정 자체를 논의하기 전에, 보안의 관점에서 docker build에 세심한 주의를 기울여야 하는 이유부터 간략하게나마 언급하고자 한다.

6.5.1 docker build의 위험

명령줄에서 실행한 docker 명령 자체는 그리 많은 일을 하지 않는다. 이 명령은 주어진 매개변수들을 해석해서 적절한 API 요청을 도커 데몬에 보내는데, 데몬과의 상호작용은 모두 도커 소켓이라고 부르는 소켓을 거친다. 이 도커 소켓에 접근할 수 있는 모든 프로세스는 데몬에게 API 요청을 보낼 수 있다.

도커 데몬은 배경에서 계속 실행되는 프로세스로, 컨테이너 및 컨테이너 이미지의 실질적인 실행과 관리를 책임진다. 제4장에서 보았듯이 컨테이너를 생성하고 실행하려면 이름공간들을 생성할 권한이 필요하므로, 도커는 반드시 루트 계정으로 실행해야 한다.

컴퓨터(또는 VM) 한 대를 이미지 구축 및 레지스트리 등록에만 사용한다고 하자. 도커 접근 방식에서 그 컴퓨터는 도커 데몬을 루트로 실행해야 한다. 그런데 루트 계정에는 이미지를 구축하고 레지스트리와 상호작용하는 데 필요한 것보다 훨씬 많은 능력이 있다. 추가적인 보안 장치를 두지 않는 한, 이 컴퓨터에서 docker build를 실행할 수 있는 모든 사용자는 docker run을 통해서 이 컴퓨터에서 어떤 명령이라도 실행할 수 있다.

그런 사용자는 악의를 가지고 시스템에 피해를 미치는 활동을 펼칠 수 있을뿐더러, 누가 언제 그런 활동을 수행했는지 관리자가 추적하기도 어렵다. 사용자가 수행할 수 있는 특정 작업들에 대해 감사(audit) 로그를 기록하도록 설정한다고 해도, 댄 월시의 글(*https://oreil.ly/TszBl*)에 잘 나와 있듯이 감사는 해당 사용자가 아니라 그냥 데몬 프로세스의 ID를 기록할 뿐이다.

이런 보안 위협을 피하기 위해 도커 데몬에 의존하지 않고 컨테이너 이미지를 구축하는 도구들이 몇 개 있다.

6.5.2 데몬 없는 이미지 구축

그런 도구 중 하나는 Moby 프로젝트의 BuildKit(*https://oreil.ly/jefkr*)이다. 이 도구는 루트 없는 모드도 지원한다. (참고로 도커는 회사 이름과 프로젝트 이름이 같아서 생기는 혼란을 피하려고 자신의 오픈소스 프로젝트의 이름을 'Moby'로 바꾸었다.) BuildKit은 앞에서 언급한 도커의 실험적 루트 없는 구축 모드의 기반이다.

또한 레드햇의 podman(*https://podman.io*)과 buildah(*https://buildah.io*)도 루트 권한을 요구하지 않는 이미지 구축 도구이다. 푸자 아바시[Puja Abbassi]의 블로그 글(*https://oreil.ly/FNYY_*)은 이 도구들을 설명하고 `docker build`와 비교한다.

구글의 Bazel(*https://oreil.ly/Jz_30*)은 컨테이너 이미지뿐만 아니라 다른 종류의 결과물도 구축할 수 있다. 이 도구는 도커 데몬이 없어도 된다는 장점 외에 이미지 구축이 결정론적이라는 장점도 가지고 있다. 후자는 같은 원본을 이용해서 이미지를 구축하면 항상 같은 이미지가 나온다는 뜻이다.

구글은 또한 Kaniko(*https://oreil.ly/_nRoM*)라는 도구도 만들었다. 이 도구는 쿠버네티스 클러스터 안에서 도커 데몬 없이 이미지를 구축한다.

그 밖에도 "데몬 없는(daemonless)" 컨테이너 이미지 구축 도구로는 제스 프라젤의 img와 알렉사 사라이[Aleksa Sarai]의 orca-build(*https://oreil.ly/kimqz*)가 있다.

이 글을 쓰는 현재, 이런 도구 중 가장 뛰어난 것이 어떤 것인지는 확실하지 않다.

6.5.3 이미지 계층

어떤 도구를 사용하든, 대부분의 컨테이너 이미지 구축은 Dockerfile로 정의된다. 하나의 Dockerfile은 일련의 명령들로 이루어지는데, 각각의 명령은 하나의 파일 시스템 계층 (layer)을 만들거나 이미지 설정을 변경하는 결과를 낳는다. 이 명령들은 도커 문서화(*https://oreil.ly/zGJpP*)에 잘 나와 있지만, 이미지에서 Dockerfile을 다시 생성하는 데 관한 필자의 블로그 글(*https://oreil.ly/2SSdJ*)도 도움이 될 것이다.

이미지 계층의 민감한 데이터

컨테이너 이미지에 접근할 수 있는 사용자는 그 이미지 안에 있는 그 어떤 파일에도 접근할 수 있다. 따라서, 이미지에 패스워드나 토큰 같은 민감한 정보를 포함하는 것은 보안의 관점에서 바람직하지 않으므로 피해야 한다. (그런 정보를 안전하게 다루는 방법은 제12장에서 이야기하겠다.)

Dockerfile에 있는 각 명령의 결과는 이미지 안에 각각 개별적인 계층으로 저장되므로, 한 명령에서 저장한 민감한 정보를 다른 명령이 삭제한다고 해도 안심하면 안 된다. 다음은 이렇게 하면 안 된다는 점을 보여주는 예이다.

```
FROM alpine
RUN echo "top-secret" > /password.txt
RUN rm /password.txt
```

이 Dockerfile에는 파일을 저장하는 명령과 그것을 삭제하는 명령이 있다. 이것으로 이미지를 구축해서 실행하면 *password.txt* 파일은 전혀 찾을 수 없다.

```
vagrant@vagrant:~$ docker run --rm -it sensitive ls /password.txt
ls: /password.txt: No such file or directory
```

그렇지만 안심해서는 안 된다. 민감한 데이터는 이미지에 여전히 포함되어 있기 때문이다. 확인을 위해, docker save 명령을 이용해서 이미지를 tar 형식의 파일로 저장한 후 tar 파일을 풀어 보자.

```
vagrant@vagrant:~$ docker save sensitive > sensitive.tar
vagrant@vagrant:~$ mkdir sensitive
vagrant@vagrant:~$ cd sensitive
vagrant@vagrant:~$ tar -xf ../sensitive.tar
vagrant@vagrant:~/sensitive$ ls
0c247e34f78415b03155dae3d2ec7ed941801aa8aeb3cb4301eab9519302a3b9.json
552e9f7172fe87f322d421aec2b124691cd80edc9ba3fef842b0564e7a86041e
818c5ec07b8ee1d0d3ed6e12875d9d597c210b488e74667a03a58cd43dc9be1a
8e635d6264340a45901f63d2a18ea5bc8c680919e07191e4ef276860952d0399
manifest.json
```

tar 파일의 내용을 살펴보면 각 파일과 디렉터리가 어떤 용도인지 명확해진다.

- manifest.json은 이미지를 서술하는 최상위 파일이다. 이 파일을 들여다보면 이미지 설

정 파일(이 경우는 `0c24...json`), 이미지의 태그들, 그리고 계층들을 알아낼 수 있다.

- `0c24...json`은 이미지의 설정 정보를 담은 JSON 파일(§6.4 이미지 설정 정보 (p.110) 참고)이다.

- 나머지 디렉터리들은 이미지의 루트 파일 시스템을 구성하는 계층들에 해당한다.

설정 파일에는 이 컨테이너를 생성하기 위해 실행한 명령들의 내역이 포함되어 있다. 지금 예의 경우 아래에서 보듯이 echo 명령을 실행한 단계가 그대로 드러난다.

```
vagrant@vagrant:~/sensitive$ cat 0c247*.json | jq '.history'
[
  {
    "created": "2019-10-21T17:21:42.078618181Z",
    "created_by": "/bin/sh -c #(nop) ADD
    file:fe1f09249227e2da2089afb4d07e16cbf832eeb804120074acd2b8192876cd28 in / "
  },
  {
    "created": "2019-10-21T17:21:42.387111039Z",
    "created_by": "/bin/sh -c #(nop)  CMD [\"/bin/sh\"]",
    "empty_layer": true
  },
  {
    "created": "2019-12-16T13:50:43.914972168Z",
    "created_by": "/bin/sh -c echo \"top-secret\" > /password.txt"
  },
  {
    "created": "2019-12-16T13:50:45.085349285Z",
    "created_by": "/bin/sh -c rm /password.txt"
  }
]
```

그리고 각 계층 디렉터리에는 그 계층의 파일 시스템 내용을 담은 또 다른 tar 파일이 있다. 지금 예의 경우 *password.txt*를 생성한 계층의 tar 파일에는 실제로 *password.txt* 파일이 들어 있다.

```
vagrant@vagrant:~/sensitive$ tar -xf 55*/layer.tar
vagrant@vagrant:~/sensitive$ cat password.txt
top-secret
```

이상의 예에서 보았듯이, 한 계층에서 만든 파일은 이후 계층에서 삭제한다고 해도 이미지에 포함된다. 따라서 이미지에 접근할 수 있는 사용자가 보아서는 안 되는 정보는 그 어떤 계층에도 포함하지 말아야 한다.

이번 장 앞부분에서 OCI 준수 컨테이너가 어떻게 구성되는지 이야기했다. 그리고 이번 절에서는 그런 이미지를 구축하는 데 쓰이는 Dockerfile을 살펴보았다. 다음 절에서는 이미지들이 어디에 어떻게 저장되는지 이야기한다.

6.6 이미지 저장

이미지는 컨테이너 레지스트리^{registry}에 저장된다. 독자가 도커 사용자라면 도커 허브(*https://hub.docker.com*) 레지스트리를 사용해 보았을 것이다. 그리고 클라우드 공급 업체의 서비스를 이용해서 컨테이너를 다루는 독자라면 해당 업체의 레지스트리들을 사용하고 있을 것이다. 이를테면 아마존 일래스틱 컨테이너 레지스트리^{Elastic Container Registry}나 구글 Container Registry가 그런 예이다. 이미지를 레지스트리에 저장하는 것을 "밀어 넣는다(*push*^{푸시})"라고 말하고 레지스트리에서 이미지를 가져오는(내려받는) 것을 "당겨 온다(*pull*^풀; 또는 끌어 온다)"라고 말한다.

이 글을 쓰는 현재 OCI는 컨테이너 레지스트리와의 상호작용을 위한 인터페이스를 정의하는 배포 명세서(distribution specification)를 준비하고 있다(*https://oreil.ly/3Jvl7*). 아직 개발 중이긴 하지만, 기존 컨테이너 레지스트리들의 용법과 관행이 반영될 것으로 예상된다.

각 계층은 레지스트리에 개별적인 데이터 "블로브^{blob}"[1]로 저장되며, 그 내용의 해시가 식별자로 쓰인다. 저장 공간을 줄이려면, 한 블로브를 여러 이미지에서 참조한다고 해도 레지스트리에는 단 한 번만 저장해야 한다. 해시는 그런 용도로 쓰인다. 레지스트리는 또한 이미지를 구성하는 이미지 계층 블로브들의 집합을 식별하는 이미지 **매니페스트**^{manifest}도 저장한다. 이미지 매니페스트의 해시는 곧 이미지 전체의 고유한 식별자가 된다. 이 해시를 이미지 **다이제스트**^{digest}라고 부른다. 뭔가를 변경해서 이미지를 다시 구축하면 이 해시도 바뀐다.

---

1 참고로 blob는 Binary Large Object(이진 대형 객체)를 뜻한다. Binary Large Object를 줄인 두문자어 BLOB가 보통 명사 blob로 자리 잡았다기보다는, 개발자들이 무정형 이진 데이터를 격식 없이 blob("정체를 알기 어려운 흐릿한 덩어리"라는 뜻을 가진 영어 단어)라고 부르던 관행에서 역으로 Binary Large Object라는 해석이 제시되었다고 보는 게 더 정확하다.

도커의 경우 지역 컴퓨터에 있는 이미지들의 다이제스트를 다음 명령으로 즉시 조회할 수 있다.

```
vagrant@vagrant:~$ docker image ls --digests
REPOSITORY   TAG      DIGEST            IMAGE ID      CREATED      SIZE
nginx        latest   sha256:50cf...8566  231d40e811cd  2 weeks ago  126MB
```

이미지를 저장하거나(푸시) 가져올(풀) 때 이 다이제스트를 통해서 특정 이미지를 명시적으로 지정할 수 있다. 그렇지만 이미지를 지정하는 방법이 그것만은 아니다. 그럼 컨테이너 이미지를 식별하는 다양한 방법을 살펴보자.

6.7 이미지 식별

특정 이미지를 지칭하는 식별자의 첫 부분은 그 이미지가 저장된 레지스트리의 URL이다. (이미지 식별자에서 레지스트리 URL을 생략하면, 명령의 문맥에 따라 지역에 저장된 이미지 또는 도커 허브에 저장된 이미지로 간주된다.)

이미지 참조 식별자의 그다음 부분은 그 이미지를 소유한 사용자 또는 조직의 이름이다 그다음은 이미지 이름 또는 저장소 이름이고 그다음은 이미지를 고유하게 식별하는 다이제스트(이미지 내용의 해시) 또는 사람이 읽기 쉬운 태그이다.

정리하자면, 이미지 식별자는 다음 두 형태 중 하나이다.

```
<레지스트리 URL>/<조직 또는 사용자 이름>/<저장소>@sha256:<다이제스트>
<레지스트리 URL>/<조직 또는 사용자 이름>/<저장소>:<태그>
```

레지스트리 URL을 생략하면 도커 허브 주소 `docker.io`가 기본값으로 쓰인다. [그림 6-1]은 도커 허브 사이트에 예제 이미지의 정보가 표시된 모습이다.

이 예제 이미지를 다음 두 명령 중 하나로 가져올 수 있다.

```
vagrant@vagrant:~$ docker pull aquasec/trivy:0.2.1
vagrant@vagrant:~$ docker pull aquasec/
trivy:sha256:4c0b03c25c500bce7a1851643ff3c7b774d863a6f7311364b92a450f3a78e6a3
```

다이제스트는 입력하거나 기억하기 어렵기 때문에, 그 대신 태그^{tag}를 사용할 때가 많다. 태그는 이미지 작성자가 이미지에 붙인 임의의 이름표(꼬리표)이다. 하나의 이미지에 여러 개의 태그를 붙일 수 있으며, 한 이미지에서 다른 이미지로 태그를 옮기는 것도 가능하다. 태그는 이미지에 담긴 소프트웨어의 버전을 지정하는 용도로 흔히 쓰인다. 지금 예에서 태그 **0.2.1**은 Trivy(*https://github.com/aquasecurity/trivy*) 버전 0.2.1을 뜻한다.

그림 6-1 도커 허브의 예제 이미지

태그를 한 이미지에서 다른 이미지로 옮길 수 있으므로, 오늘 특정 태그가 가리키는 이미지가 내일도 같은 이미지라는 보장은 없다. 반면 다이제스트는 항상 동일한 이미지를 가리킨다. 이는 다이제스트가 이미지 내용의 해시이기 때문이다. 이미지의 내용이 변하면 해시도 달라진다.

같은 태그가 다른 이미지를 지칭할 수도 있다는 것이 반드시 단점인 것은 아니다. 예를 들어 유의적 버전 관리 스키마(semantic versioning schema)를 따르는 주 버전 번호와 부 버전 번호로 이루어진 태그를 이용해서 어떤 이미지를 지칭한다고 하자. 이후 새 패치들이 나왔을 때, 이미지 유지보수 담당자가 이전과 동일한 주, 부 버전 번호로 이루어진 태그를 새로 패치된 이미지에 부여하면 사용자는 다음번에 이미지를 가져올 때 최신으로 패치된 이미지를 얻게 된다.

물론 다이제스트를 이용해서 이미지를 고유하게 식별하는 것이 중요한 때도 있다. 예를 들어 이미지를 스캔해서 취약점들을 찾는다고 하자(이 주제는 제7장에서 다룬다). 승인 제어기 (admission controller)를 적절히 설정하면 취약점 스캔을 마친 이미지만 배치되게 할 수 있다. 이를 위해서는 주어진 이미지의 스캔이 완료되었음을 어딘가에 기록해 두어야 한다. 만일 그런 기록이 이미지를 태그로 지칭한다면 이미지 스캔 여부 정보를 신뢰하기 힘들다. 이미지가 변해도(따라서 다시 스캔해야 해도) 태그는 같을 수 있기 때문이다. 고유한 다이제스트를 이용하면 이런 문제가 없다.

이미지 저장 방식을 익혔으니, 이제 이미지와 관련된 보안 문제로 넘어가자.

6.8 이미지 보안

이미지 보안의 주된 관심사는 이미지 무결성(image integrity)이다. 간단히 말하면, 지금 실행할 컨테이너 이미지가 애초에 여러분이 실행하려고 했던 그 이미지가 맞는지를 확인하는 것이 중요하다. 공격자가 원래 의도한 것이 아닌 이미지를 배치본에서 실행할 수 있다면, 공격자는 그 어떤 코드라도 실행할 수 있게 된다. 이미지 구축에서 저장, 실행으로 이어지는 사슬에는 다양한 약점이 존재한다([그림 6-2] 참고).

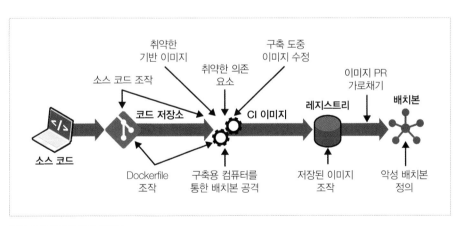

그림 6-2 이미지 공격 벡터들

응용 프로그램의 코드 품질도 보안에 영향을 미친다. 정점 분석 도구와 동적 분석 도구들,

동료 간 코드 검토(peer review), 검사(testing)가 개발 도중 추가된 보안 결함을 식별하는 데 도움이 된다. 이는 응용 프로그램이 컨테이너 안에서 실행되든 그러지 않든 마찬가지이다. 그러나 이 책의 주제는 컨테이너 보안이므로, 다음 논의는 컨테이너 이미지를 구축하는 과정에서 컨테이너에 도입될 여지가 있는 약점들에 초점을 둔다.

6.9 구축 시점 보안

이미지 구축 도구는 주어진 Dockerfile을 컨테이너 이미지로 변환한다. 그 과정에 몇 가지 잠재적 보안 위험이 존재한다.

6.9.1 Dockerfile의 출처

Dockerfile에는 이미지를 구축하는 명령들이 들어 있다. 구축 과정의 각 단계는 각각 하나의 명령을 실행하는데, 만일 악의적으로 수정된 Dockerfile을 무심코 사용한다면 구축 과정에서 다음과 같은 피해가 발생할 수 있다.

- 악성 코드나 암호화폐 채굴 소프트웨어가 이미지에 추가된다.
- 구축 과정에 쓰이는 비밀 정보가 누출된다.
- 구축 시스템이 접근할 수 있는 네트워크 구조가 노출된다.
- 구축 시스템 자체가 침해된다.

따라서, 당연한 말이겠지만 공격자가 이미지 구축 과정에 악의적인 단계를 추가하지 못하도록 Dockerfile에 대한 접근을 적절히 제한할 필요가 있다.

Dockerfile의 내용은 이미지 자체의 보안에도 큰 영향을 미친다. 그럼 Dockerfile 작성 시 이미지 보안 개선을 위해 신경 써야 할 사항들을 살펴보자.

6.9.2 보안을 위한 Dockerfile 모범 관행

아래의 권장 사항들은 모두 이미지의 보안을 개선하고 그 이미지로 실행된 컨테이너를 공격자가 침해할 기회를 줄이는 데 도움이 된다.

기반 이미지

Dockerfile의 첫 행은 새 이미지의 기반으로 삼을 기반 이미지(base image)를 지정하는 FROM 명령이다.

- 신뢰된(trusted; 신뢰할 수 있는) 레지스트리(§6.10 이미지 저장 보안(p.124))의 이미지를 지정해야 한다.

- 임의의 서드파티 기반 이미지에는 악성 코드가 포함되어 있을 수 있다. 그래서 어떤 조직들은 소위 '골든golden' 기반 이미지라고 부르는 사전 승인된 기반 이미지만 사용할 수 있게 한다.

- 기반 이미지가 작을수록 불필요한 코드가 포함될 가능성이 작아지며, 따라서 공격 표면도 작아진다. 스크래치 이미지scratch image(독립형 이진 실행 파일에 적합한 완전히 빈 이미지)로부터 이미지를 구축하거나, '배포판 없는(distroless)' 이미지(*https://oreil.ly/kaUEc*) 같은 최소한의 기반 이미지를 사용하는 것도 고려해 볼 만하다. 작은 이미지에는 네트워크로 전송하는 데 걸리는 시간이 짧다는 장점도 있다.

- 기반 이미지를 태그로 지칭할지 다이제스트로 지칭할지를 신중하게 결정해야 한다. 다이제스트를 사용하면 구축 과정을 재현하기가 쉽다. 태그를 사용하면 기반 이미지의 새 버전(이를테면 보안 패치가 적용된)을 손쉽게 반영할 수 있다. (첨언하자면, 최종 이미지에 대해 취약점 스캔을 철저히 실행하고, 발견된 취약점을 해결하는 패치들이 나왔는지 점검하는 과정도 꼭 필요하다.)

다단계 구축

다단계 구축(multi-stage build; *https://oreil.ly/k34z-*)은 최종 이미지에서 불필요한 내용을 제거하는 한 방법이다. 첫 단계에서는 이미지 구축에 필요한 모든 패키지와 도구 모음을 이미지에 포함시킨다. 그런데 그중에는 런타임에 필요하지 않은 도구들이 많다. 한 예로 Go 언어로 작성된 프로그램을 실행 파일로 만들려면 Go 컴파일러가 필요하다. 그러나 그 프로그램을 실행하는 컨테이너에는 최종 실행 파일만 있으면 되므로, Go 컴파일러는 필요하지 않다. 이런 경우 다단계 구축을 통해서 구축 과정을 여러 단계로 분할하는 것이 바람직하다. 즉, 한 단계에서 컴파일러를 실행해서 이진 실행 파일을 만들고, 그다음 단계에서는 그 실행 파일에만 접근하게 하는 식이다. 이런 식으로 구축하고 배치한 이미지는 공격 표면이 훨씬 작다. 이미지 자체가 작기 때문에 이미지를 가져오는 시간이 줄어든다는 보안 측면 이외의 장점도 있다.

> **참고:** Capital One의 블로그 글(*https://oreil.ly/CRMuY*)에 노드Node 응용 프로그램에 대한 다양한 다단계 구축 예제들이 나와 있다. 하나의 다단계 구축 과정의 여러 단계를 최종 이미지의 내용에 영향을 미치지 않고 검사하는 방법도 볼 수 있다.

비루트 USER

Dockerfile의 USER 명령은 이후 구축 명령들을 실행할 사용자 계정을 지정한다. 꼭 루트 권한이 필요하지 않은 구축 명령이라면 USER를 이용해서 적절한 비루트 사용자를 지정하는 것이 바람직하다.

RUN 명령

Dockerfile의 RUN 명령으로 컨테이너 프로세스에서 그 어떤 명령이라도 실행할 수 있다는 점을 반드시 명심해야 한다. 공격자가 기본 보안 설정들로 Dockerfile을 침해할 수 있다면, 공격자는 자신이 원하는 임의의 코드를 실행할 수 있다. 여러분이 신뢰하지 않는 누군가에게 여러분의 시스템에서 임의로 컨테이너 구축을 실행하게 허용한다는 것은, 그 사람에게 그냥 원격 코드 실행 권한을 줘버리는 것에 불과하다. Dockerfile을 편집할 권한은 오직 신뢰할 수 있는 팀원에게만 주어야 하며, Dockerfile의 변경 사항을 세심하게 검토해야 한다. 심지어, Dockerfile에 RUN 명령이 추가되거나 수정되면 변경 사항을 반드시 점검하거나 감사하는 제도를 시행하는 것도 고려해 보기 바란다.

볼륨 마운트

호스트 디렉터리를 볼륨 마운트volume mount를 통해서 컨테이너에 마운트할 때가 종종 있다(특히 데모 버전이나 검사용으로). 제9장에서 보겠지만, Dockerfile이 /etc나 /bin 같은 민감한 디렉터리를 컨테이너에 마운트하지는 않는지 점검하는 것이 중요하다.

민감한 자료

민감한 자료와 비밀 정보에 관해서는 제12장에서 자세히 이야기한다. 여기서는 자격 증명이나 패스워드 등 비밀 자료를 이미지에 포함하면 비밀이 노출되기 쉽다는 점을 명심해야 한다는 것만 이야기하겠다.

setuid 이진 파일 주의

제2장에서 논의했듯이, *setuid* 비트가 설정된 실행 파일은 이미지에 포함하지 않는 것이 바람직하다. 그런 실행 파일은 권한 확대로 이어질 수 있기 때문이다.

불필요한 코드 주의

컨테이너에 담긴 코드가 적을수록 공격 표면이 작다. 꼭 필요하지 않은 패키지나 라이브러리, 실행 파일은 이미지에 추가하지 말아야 한다. 스크래치 이미지나 배포판 없는 이미지를 기반 이미지로 삼으면 이미지의 코드가 극히 적으며, 따라서 취약한 코드도 극히 적다.

컨테이너에 필요한 모든 것을 포함

불필요한 여분의 코드를 이미지에 포함하지 말라는 앞의 권장 사항들을 뒤집어서 생각하면 응용 프로그램이 작동하는 데 꼭 필요한 모든 것을 이미지에 **포함해야** 한다는 결론이 나온다. 컨테이너를 실행한 후에 패키지들을 추가로 설치한다면, 그 패키지들의 무결성을 점검하는 추가적인 단계를 두어야 한다. 그렇게 하는 것보다는, 애초에 컨테이너 이미지에 필요한 모든 것을 담고 검사해서 하나의 불변(immutable) 이미지를 만드는 것이 낫다. 왜 더 나은지는 §7.7.1 불변 컨테이너 (p.137)에서 좀 더 이야기하겠다.

이상으로 침해하기 어려운 이미지를 구축하는 데 도움이 되는 권장 사항들을 살펴보았다. 그럼 컨테이너 구축 시스템에 존재하는 약점을 찾기 위한 공격자의 잠재적인 위협을 간단히 짚고 넘어가자.

6.9.3 구축용 컴퓨터에 대한 공격

이미지를 구축하는 컴퓨터의 보안과 관련된 관심사는 크게 두 가지이다.

- 공격자가 구축용 컴퓨터에 침투해서 임의의 코드를 실행할 수 있다고 할 때, 공격자가 전

체 시스템의 다른 부분에도 접근할 수 있는가? §6.5.1 docker build의 위험(p.112)에서 보았듯이, 루트 권한을 가진 데몬 프로세스를 필요로 하지 않는 구축 도구들이 나온 데에는 이유가 있다.

- 공격자가, 악의적인 코드를 담은 이미지가 구축되도록(그리고 그것이 배치되고 실행되도록) 구축 과정에 영향을 미칠 수 있는가? 공격자가 Dockerfile을 임의로 수정하거나 계획에 없던 이미지가 구축되게 만들면 끔찍한 결과가 벌어질 수 있다. 예를 들어 공격자는 최종 배치본에서 실행되는 뒷문(백도어) 코드를 컨테이너에 삽입할 수 있다.

구축용 컴퓨터는 궁극적으로 여러분의 실무(production) 클러스터에서 실행될 코드를 이미지에 넣는다. 따라서 구축용 컴퓨터의 보안을 실무 클러스터 자체의 보안에 준하는 수준으로 강화해야 마땅하다. 구축용 컴퓨터에서 불필요한 도구들을 제거해서 공격 표면을 줄이고, 구축용 컴퓨터에 대한 사용자의 직접적인 접근을 제한하고, VPC나 방화벽을 이용해서 승인되지 않은 네트워크 접근을 제한해야 한다.

구축 과정의 취약점을 활용한 호스트 공격의 영향을 줄이기 위해서는 이미지 구축 과정을 실무 환경과는 개별적인 컴퓨터(또는 컴퓨터들의 클러스터)에서 실행하는 것이 바람직하다. 구축용 컴퓨터에서 네트워크나 클라우드 서비스에 접근하는 것을 적절히 제한하면, 공격자가 배치본의 다른 구성 요소들에 접근하는 시도가 방지된다.

6.10 이미지 저장 보안

이미지를 구축한 다음에는 레지스트리에 저장해야 한다. 레지스트리에 있는 이미지를 공격자가 수정하거나 다른 것으로 대체할 수 있다면, 공격자는 자신이 원하는 임의의 코드를 실무 환경에서 실행할 수 있게 된다.

6.10.1 사설 레지스트리 운영
공용 레지스트리 대신 사설(private) 레지스트리를 직접 만들어서 운영하거나, 클라우드 서비스 공급 업체가 관리하는 레지스트리들에서 특정한 레지스트리만 사용할 수 있도록 제한을 가하는 조직들도 많다. 사설 레지스트리(또는 관리되는 레지스트리의 고유 인스턴스)를 사용하면 누가 어떤 이미지를 가져오거나 저장하는지를 제어하고 파악하기가 쉽다. 또한 공격자가 레지스트리 주소를 조작하는 DNS 공격의 가능성도 줄어든다. 레지스트리가 VPC(virtual private cloud; 가상 사설 클라우드) 안에 있다면, 공격자가 DNS 공격에 성공할 가능성이 극히 작다.

사설 레지스트리를 사용하는 경우, 사용자들이 레지스트리의 저장 매체에 직접 접근하지는 못하게 하는 것이 아주 중요하다. 예를 들어 레지스트리를 AWS에서 운영한다면 이미지들은 아마 S3에 저장할 것이다. 그런 경우 악의적인 행위자가 저장된 이미지 데이터에 직접 접근할 수 없도록 사용자들의 S3 버킷(들)에 대한 접근 권한을 반드시 제한해야 한다.

6.10.2 이미지 서명

이미지 서명(signing)은 이미지의 신원(identity)과 관련이 있다(제11장에서 다룰 인증서 서명과 아주 비슷한 방식으로).

이미지 서명은 상당히 복잡하기 때문에 여러분이 직접 수행하게 되지는 않을 것이다. 여러 레지스트리들은 TUF(The Update Framework) 명세를 구현한 Notary(*https://oreil.ly/fMD6d*) 프로젝트에 기초해서 이미지 명세 기능을 구현한다. Notary는 사용하기 어렵다는 평이 있으므로, 이 글을 쓰는 현재 주요 클라우드 공급 업체들 대다수가(전부는 아니라도) 이 프로젝트의 버전 2 개발에 참여하고 있다는 점은 다행한 일이다.

컨테이너 이미지 공급망과 관련한 사항들을 처리하기 위한 프로젝트로 in-toto(*https://in-toto.io/*)라는 것도 있다. in-toto 프레임워크는 이미지를 구축하는 단계들이 각각 완전하게 실행되게 하고, 입력이 정확하다면 정확한 출력이 나오게 하고, 구축을 적절한 사람이 적절한 순서로 수행하게 만든다. 여러 단계로 이루어진 구축 과정에서 in-toto는 각 단계의 보안 관련 메타데이터를 다음 단계로 전달한다. 결과적으로, 개발자가 자신의 노트북에서 전송한 소프트웨어와 실무 환경에 배치된 소프트웨어가 동일함을 증명할 수 있다.

응용 프로그램으로 사용하든 아니면 새로 구축할 컨테이너의 기반 이미지로 사용하든, 서드파티의 컨테이너 이미지를 사용해야 할 때가 있다. 그런 경우 서명된 이미지를 소프트웨어 제조업체에서 직접 가져올 수도 있고, 다른 어떤 신뢰된 출처에서 가져올 수도 있다. 그런 이미지를 사설 레지스트리에 저장하기 전에 적절한 검사 과정을 적용해야 할 수도 있을 것이다.

6.11 이미지 배치 과정의 보안

배치(deployment) 시점에서 보안의 주된 관심사는 적절한 이미지를 가져와서 실행하게 만드는 것이다. 그밖에, 소위 승인 제어(admission control; 또는 수락 제어) 과정을 통해서 확인할 보안 점검 사항들이 몇 가지 있다.

6.11.1 적절한 이미지의 배치

§6.7 이미지 식별(p.117)에서 보았듯이 컨테이너 이미지의 태그는 불변(immutable) 객체가 아니다. 같은 이미지의 서로 다른 버전들에 같은 태그를 부여할 수 있다. 태그 대신 다이제스트로 이미지를 지칭하면 여러분이 염두에 둔 바로 그 이미지를 명시적으로 지칭할 수 있지만, 이미지 구축 시스템이 이미지들에 유의적 버전 관리 스키마에 따라 일관되게 태그를 부여한다면 그냥 태그를 이용해도 충분하다. 그리고 사소한 갱신마다 매번 이미지 다이제스트를 갱신할 필요가 없으므로 관리하기도 쉽다.

이미지를 태그로 지칭한다면, 갱신된 버전이 있을 수도 있으므로 이미지를 실행하기 전에 항상 최신 버전을 가져오게 해야 한다. 다행히 먼저 이미지 매니페스트만 가져와서 확인한 후 변경이 있을 때만 이미지 계층들을 가져오므로, 이런 과정은 비교적 효율적이다.

쿠버네티스에서는 이를 `imagePullPolicy`로 정의한다. 다이제스트로 이미지를 지칭할 때는 매번 이미지를 가져오는 정책이 필요하지 않다. 어차피 버전이 갱신되면 다이제스트를 명시적으로 변경해야 하기 때문이다.

위험 프로파일에 따라서는 앞에서 언급한 Notary 같은 도구로 이미지 서명을 점검해서 이미지의 출처를 확인해야 할 수도 있다.

6.11.2 악성 배치 정의

컨테이너 오케스트레이터들은 흔히 설정 파일(구성 파일)을 사용한다. 예를 들어 쿠버네티스는 YAML 형식의 설정 파일을 이용해서 응용 프로그램을 구성하는 컨테이너들을 정의한다. 그런 설정 파일의 출처를 확인하는 것은 이미지 자체를 점검하는 것만큼이나 중요하다.

인터넷에서 YAML을 내려받았다면, 실무 클러스터에서 그것을 실행하기 전에 **아주 세심하게** 점검하기 바란다. 아주 작은 변화로도, 이를테면 레지스트리 URL의 글자 하나만 바뀌어도, 악성 이미지가 여러분의 배치본에서 실행되는 결과를 낳을 수 있다.

6.11.3 승인 제어

순수한 컨테이너 보안과는 조금 벗어나는 주제이지만, 이번 장에서 논의한 여러 개념을 되짚어보는 데 도움이 된다는 점에서 승인 제어(admission control)라는 개념을 여기서 소개한다.

승인 제어기(admission controller)는 어떠한 자원을 클러스터에 배치하는 지점에서 다양한 사항을 점검한다. 쿠버네티스의 승인 제어기는 임의의 종류의 자원이 임의의 정책을 준수하는지 점검하는 데 사용할 수 있지만, 이번 장의 목적에서는 특정 컨테이너 이미지에 기반한 컨테이너의 실행을 허용할 것인지를 승인 제어기로 점검하는 문제만 살펴보기로 하겠다. 만일 승인 제어 점검이 실패하면 그 컨테이너는 실행되지 않는다.

승인 제어기는 컨테이너 이미지를 실행용 컨테이너로 인스턴스화하기 전에 다음과 같은 여러 핵심 보안 사항들을 점검한다.

- 취약점 · 악성 코드 · 기타 정책 사항들로 이미지를 스캔했는가?

- 신뢰된 레지스트리에서 가져온 이미지인가?

- 이미지에 서명이 되어 있는가?

- 이미지가 승인(approve)되었는가?

- 이미지가 루트로 실행되는가?

승인 제어기는 배치 이전 단계에서 그 어떤 공격자도 이런 점검들을 통과하지 못함을 보장한다. 예를 들어 누군가가 스캔되지 않은 이미지를 지칭하도록 배치 명령을 변경할 수 있다면, CI(지속적 통합) 파이프라인에 취약점 스캐닝 단계를 도입하는 것은 별로 도움이 되지 않는다.

6.12 GitOps와 배치 보안

GitOps^{깃옵스}는 시스템의 상태에 관한 모든 설정 정보도 응용 프로그램 소스 코드처럼 소스 제어(source control; 또는 버전 관리) 하에 두는 방법론이다. 깃옵스에서는, 사용자가 시스템의 운용 방식을 변경할 때 해당 명령들을 직접 실행하지 않는다. 대신, 사용자는 자신이 원하는 상태를 반영한 설정 파일(이를테면 쿠버네티스의 YAML 파일)을 마치 소스 코드처럼 코드 저장소에 체크인한다. 그러면 GitOps 운영자(operator)라고 부르는 자동화 시스템이 버전 관리 하의 설정 파일에 정의된 최신 상태에 맞게 시스템을 적절히 갱신한다.

이런 방법론은 보안에 큰 도움이 된다. 모든 것은 버전 관리 시스템(보통은 이름의 유래가 된 Git)을 통해서 일어나므로, 사용자가 실행 중인 시스템에 직접 접근할 필요가 없다. [그림 6-3]에서 보듯이, 적절한 자격 증명(credential)을 가진 사용자는 버전 관리 시스템에 접근할 수 있지만, 실행 중인 시스템을 수정할 권한은 자동화된 GitOps 운영자만 가진다. Git은 모든 변경 사항을 기록하므로, 결과적으로 모든 작동에 대해 감사 기록이 남는다.

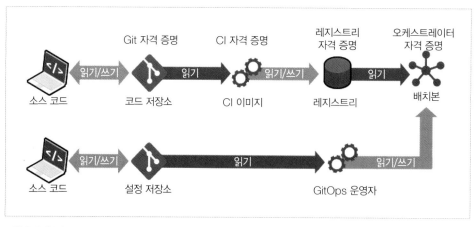

그림 6-3 GitOps

6.13 요약

이번 장에서 보았듯이, 컨테이너를 실행하려면 루트 파일 시스템과 약간의 설정 정보가 필요하다. 그리고 실행 시점에서 컨테이너 런타임의 매개변수나 쿠버네티스 YAML 파일을 통해서 특정 설정 항목의 값을 명시적으로 지정할 수도 있다. 일부 설정 사항은 응용 프로그램의 보안에 영향을 미친다. 또한, §6.9.2 보안을 위한 Dockerfile 모범 관행(p.121)에서 제시한 모범 관행들을 잘 따르지 않으면 컨테이너 이미지 자체에 악성 코드가 들어갈 구멍이 많이 생긴다.

이 책을 쓰는 현재, 흔히 쓰이는 표준 컨테이너 이미지 구축 도구들은 권한 있는 루트 계정에 의존하는, 그래서 공격자가 악용할(그리고 여러분이 보안을 강화해야 할) 약점들을 노출하는 경향이 있다. 그러나 좀 더 안전한 이미지 구축 도구들이 현재 나와 있으며, 새로운 도구들도 개발되고 있다.

여러 오케스트레이터와 보안 도구는 이미지 배치 직전에 이미지에 대해 추가적인 보안 점검을 수행하는 승인 제어 기능을 제공한다.

컨테이너 이미지는 응용 프로그램 코드 및 응용 프로그램이 의존하는 여러 서드파티 패키지와 라이브러리를 캡슐화한 것이다. 다음 장에서는 그런 의존요소들 때문에 생길 수 있는 악용 가능한 취약점들을 살펴보고, 그런 취약점들을 식별하고 제거하는 도구들을 소개한다.

제 7 장

컨테이너 이미지의 소프트웨어 취약점

패치patch를 적용해서 소프트웨어의 취약점을 제거하는 것은 오래 전부터 배치된 코드의 보안을 유지하는 데 중요한 활동이었다. 컨테이너 세계에서도 취약점 패치는 여전히 중요한 문제이다. 그러나 이번 장에서 보겠지만, 컨테이너의 패치 과정은 다른 소프트웨어의 것과 완전히 다르다. 그 이야기를 하기 전에, 소프트웨어 취약점이 무엇인지, 취약점이 어떻게 공표되고 관리되는지부터 살펴보자.

7.1 취약점 연구

취약점(vulnerability)은 소프트웨어의 알려진 결함 중 공격자가 어떤 방식으로든 악용할 여지가 있는 결함을 말한다. 일반적으로 소프트웨어가 복잡할수록 결함이 있을 가능성이 크다. 그리고 그런 결함 중 일부는 악용이 가능한 취약점이다.

다수의 응용 프로그램이 공통으로 사용하는 소프트웨어에 취약점이 있으면, 그 응용 프로그램들이 배치된 모든 시스템이 공격에 노출된다. 이는 대단히 중요한 일이라서, 널리 쓰이는 소프트웨어에서, 특히 운영체제 패키지들과 언어 라이브러리들에서 취약점을 찾고 보고하는 데 전념하는 연구 산업이 만들어졌을 정도이다. 아마 셸쇼크Shellshock나 멜트다운Meltdown, 심장출혈 (Heartbleed하트블리드) 같은 대단히 파괴적인 취약점들을 들어본 적이 있을 것이다. 이들은 전용 로고logo가 만들어졌을 정도로 유명하다. 이 취약점들은 취약점 세상에서 록스타 같은 존재이지만, 매년 보고되는 수천 건의 취약점 중 극히 일부일 뿐이다.

취약점이 발견되면, 공격자가 그것을 악용하기 전에 사용자들이 소프트웨어에 적용할 수 있도록 최대한 빨리 수정사항(fix; 이를테면 코드 패치 등)을 발표하는 경쟁이 벌어진다. 새 문제점을 발견하자마자 대중에 공개하면 공격자들이 먼저 그것을 악용할 가능성이 크다. 이를 피하기 위해 '책임 보안 공시(responsible security disclosure)'라는 개념이 확립되었다. 취약점을 발견한 보안 연구자는 먼저 해당 소프트웨어의 개발사 또는 판매사에게 이를 알리고, 그 취약점을 발표할 시점을 합의한다. 판매사에게나 사용자에게나 취약점이 공표되기 전에 수정사항이 나오는 것이 이득이 되므로, 판매사는 최대한 빨리 수정사항을 마련하려 한다.

새 문제점에는 "CVE"로 시작하는 고유한 식별자가 부여되는데, CVE는 Common Vulnerabilities and Exposures(공통 취약점 및 노출)를 줄인 것이다. CVE 다음에는 문제점이 발견된 연도와 일련번호가 붙는다. 예를 들어 2014년에 발견된 셸쇼크 취약점의 식별자는 CVE-2014-6271이다. 이 식별자들은 MITRE라고 하는 단체(*https://mitre.org*)가 관리한다. 이 단체는 여러 CNA(CVE Numbering Authority; CVE 번호 부여 기관)들을 관장하는데, 각 CNA는 각자 특정 범위에 CVE ID들을 배정한다. 마이크로소프트, 레드햇, 오라클을 비롯한 몇몇 대형 소프트웨어 판매사들은 자신의 제품들에 있는 취약점들에 식별자를 부여하는 CNA 자격을 갖추고 있다. GitHub은 2019년 말에 CNA가 되었다.

NVD(National Vulnerability Database, *https://nvd.nist.gov*; 미국 국립 취약점 데이터베이스)는 이 CVE 식별자들을 이용해서 각 취약점에 영향을 받는 소프트웨어 패키지들과 버전들을 추적한다. 이것으로 이야기가 끝났다고 생각하는 독자도 있을 것이다. 주어진 취약점을 가진 모든 패키지 버전의 목록이 있고, 내가 가진 패키지의 버전이 그 목록에 포함되어 있다면, 내 소프트웨어는 취약하다고 단정할 수 있지 않을까? 그러나 안타깝게도 그렇게 간단하지가 않다. 여러분이 사용하는 리눅스 배포판에 따라서는, 패치가 적용된 패키지가 들어 있을 수도 있기 때문이다.

7.2 취약점, 패치, 배포판

셸쇼크를 예로 들어 보겠다. 이것은 GNU bash 패키지에 영향을 미치는 중대한 취약점이다. NVD의 CVE-2014-6271 페이지(*https://oreil.ly/XGgEb*)를 보면 버전 1.14.0에서 4.3까지 bash의 수많은 버전이 이 취약점을 가지고 있음을 알 수 있다. 오래된 우분투 12.04 배포판에 포함된 bash의 버전은 4.2-2ubuntu2.2인데, 이것은 bash 버전 4.2에 기초한 것이다. 그리고 NVD ShellShock 페이지의 목록에는 이 버전이 포함되어 있다.

그러나 이 취약점에 관한 우분투 보안 권고 사항(*https://oreil.ly/IEUqF*)을 보면 4.2-2ubuntu2.2는 이미 해당 취약점에 대한 수정이 적용된 후의 버전이다. 따라서 이 버전은 안전하다. 우분투 유지보수 담당자들은 12.04를 사용하는 모든 사용자가 bash를 완전히 새로운 부 버전으로 업그레이드하게 하는 대신, 취약점 패치를 적용한 버전을 제공하는 쪽을 택했다.

요점은, 서버에 설치된 패키지들이 실제로 취약한지 아닌지 알려면 NVD만 볼 것이 아니라 해당 배포판의 보안 권고 사항들도 점검해야 한다는 것이다.

지금까지는 apt나 yum, rpm, apk 같은 패키지 관리자로 설치하는 이진 패키지(앞의 예의 bash 패키지)를 고려했다. 그런 패키지들은 한 파일 시스템의 모든 응용 프로그램이 공유한다. 서버에서든 VM에서든, 같은 패키지를 모든 응용 프로그램이 공유한다는 사실 때문에 수많은 문제점이 발생한다. 특히 골치아픈 것은, 두 응용 프로그램이 요구하는 패키지의 버전이 달라서 둘 중 하나를 실행할 수 없게 되는 상황이다. 이는 컨테이너가 깔끔하게 해결하는 의존성 관리 문제점 중 하나이다. 컨테이너는 각자 개별적인 루트 파일 시스템을 가지므로 이런 문제가 발생하지 않는다.

7.3 응용 프로그램 수준 취약점

응용 프로그램 수준에서도 취약점이 발견된다. 응용 프로그램들은 흔히 서드파티 라이브러리를 사용하며, 그런 라이브러리들은 언어 고유의 패키지 관리자로 설치될 때가 많다. 예를 들어 Node.js는 npm을, 파이썬은 pip을, Java는 Maven을 사용한다. 이런 도구들로 설치한 서드파티 패키지들에도 취약점이 있을 수 있다.

Go나 C, Rust 같은 컴파일 방식 언어에서는 서드파티 의존요소들이 공유 라이브러리의 형태로 응용 프로그램과 함께 설치되거나, 응용 프로그램을 빌드할 때 정적 라이브러리 형태로 응용 프로그램에 직접 포함된다.

독립형 이진 실행 파일은 '독립형(standalone)'이라는 이름이 말해 주듯이 외부 의존요소가 없다. 개발 과정에서 서드파티 라이브러리나 패키지에 의존할 수는 있지만, 어차피 의존요소 코드는 빌드 시점에서 실행 파일 자체에 들어간다. 이 경우에는 스크래치 이미지(빈 이미지)를 기반 이미지로 두어서 이진 실행 파일로만 구성된 컨테이너를 만들 수 있다.

의존 패키지나 라이브러리가 전혀 없는 응용 프로그램은 취약점 스캔을 실행해도 공표된 패키지 취약점들이 나오지 않는다. 그렇지만 공격자가 악용할 수 있는 결함이 전혀 없다는 보장은 없는데, 이에 관해서는 §7.11 제로데이 취약점(p.145)에서 다시 이야기하겠다.

7.4 취약점 위험 관리

소프트웨어 취약점 처리는 위험 관리(risk management)의 중요한 측면이다. 아주 간단한 소프트웨어가 아닌 한 모든 소프트웨어의 배치본에는 취약점이 있을 가능성이 크며, 따라서 공격자가 그 취약점을 이용해서 시스템을 공격할 위험이 존재한다. 이 위험을 관리하려면 어떤 취약점들이 있는지 파악해서 심각도 순으로 우선순위를 정하고, 수정사항을 마련하거나 문제점을 완화하는 절차를 진행해야 한다.

취약점 스캐너는 취약점 식별 과정을 자동화한다. 취약점 스캐너는 각 문제점의 심각도와 수정사항이 이미 적용된 소프트웨어 패키지 버전에 관한 정보를 제공한다(수정사항이 나왔다고 할 때).

7.5 취약점 스캐닝

인터넷을 검색해 보면 여러 가지 기법을 채용한 다양한 취약점 스캐닝 도구를 발견할 수 있다. nmap 같은 포트 스캐닝 도구도 있고, 실행 중인 시스템을 외부에서 검사해서 취약점을 찾아내는 nessus 같은 도구도 있다. 외부에서 시스템을 검사하는 접근 방식도 유용하지만, 이번 장에서는 다루지 않겠다. 이번 장에서는 루트 파일 시스템에 설치된 소프트웨어를 조사해서 취약점을 찾아내는 도구에 초점을 둔다.

시스템에 어떤 취약점들이 있는지 파악하려면 우선 시스템에 어떤 소프트웨어가 설치되어 있는지부터 알아야 한다. 소프트웨어가 설치되는 경로는 여러 가지이다.

- 현재 시스템의 루트 파일 시스템은 리눅스 배포판의 루트 파일 시스템에서 출발한 것이다. 그 배포판 루트 파일 시스템 자체에도 취약점이 있을 수 있다.

- rpm, apk 같은 리눅스 패키지 관리자로 시스템 패키지들이 설치되거나, pip, RubyGems 같은 언어별 패키지 관리자로 언어 고유의 패키지들이 설치될 수 있다.

- 사용자가 wget이나 curl, 심지어는 FTP를 이용해서 소프트웨어를 직접 설치할 수도 있다.

어떤 취약점 스캐너들은 패키지 관리자를 이용해서 소프트웨어 설치 목록을 얻는다. 그런 스캐너를 사용한다면, 패키지 관리자를 거치지 않고 소프트웨어를 직접 설치하는 일은 피해야 한다 (그런 소프트웨어는 취약점 스캔 대상에서 빠질 것이므로).

7.6 설치된 패키지 찾기

제6장에서 보았듯이 일반적으로 컨테이너 이미지는 리눅스 배포판에 여러 패키지와 주 응용 프로그램 코드가 추가된 형태이다. 하나의 서버에서 한 컨테이너 이미지의 여러 인스턴스를 동시에 실행하는 것이 가능한데, 이때 각 인스턴스는 개별적인 파일 시스템을 가진다. 각 인스턴스의 파일 시스템은 컨테이너 이미지의 파일 시스템을 복사한 것이므로, 컨테이너 이미지에 취약점이 있다면 모든 인스턴스에 그 취약점이 존재한다. [그림 7–1]의 예를 보자. 이 그림은 하나의 호스트에 컨테이너 X의 인스턴스 둘과 컨테이너 Y의 인스턴스 하나, 그리고 호스트 자체에 설치된 패키지 세 개가 있는 상황을 보여준다.

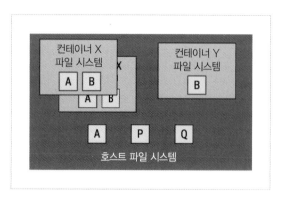

그림 7-1 호스트와 컨테이너들에 있는 패키지들

호스트 자체에 설치된 패키지들은 특별히 언급할 것이 없다. 전통적으로 이런 패키지들에는 시스템 관리자가 직접 보안 패치를 적용했다. 그냥 관리자가 SSH로 호스트에 접속해서 패치된 패키지들을 설치하는 형태였다. 그러나 소위 클라우드 네이티브 시대에는 이런 관행이 권장되지 않는다. 그런 식으로 컴퓨터의 상태를 사람이 직접 수정하면, 나중에 컴퓨터를 자동으로 같은 상태로 재생성할 수 없기 때문이다. 대신, 갱신된 패키지들을 가진 새 컴퓨터 이미지를 구축하거나, 또는 갱신된 패키지들이 새 설치본에 포함되도록 이미지 관리용 자동화 스크립트를 수정하는 방식이 권장된다.

7.7 컨테이너 이미지 스캐닝

배치본에서 실행 중인 컨테이너들의 소프트웨어에 취약점이 있는지 알아내려면 컨테이너들 안의 모든 의존요소(패키지, 라이브러리 등)을 스캔해 보아야 한다. 컨테이너 스캐닝을 수행하는 방법은 여러 가지이다.

가장 직접적인 방법은 하나의 호스트에서(또는 하나의 배치본을 구성하는 여러 호스트에서) 실행 중인 모든 컨테이너를 각각 스캔하는 것이다. 그러나 요즘 클라우드 네이티브 배치본에서는 하나의 컨테이너 이미지에서 생성한 수백 개의 컨테이너 인스턴스를 실행하는 것도 드물지 않다. 그런 환경에서 모든 컨테이너 인스턴스를 일일이 스캔한다면 동일한 의존요소들을 수백 번 다시 검사하게 되므로 대단히 비효율적이다. 그보다는, 그런 컨테이너들을 생성하는 데 사용하는 컨테이너 이미지 자체를 스캔하는 것이 훨씬 효율적이다.

그런데 이런 컨테이너 이미지 스캐닝은 원래부터 컨테이너 이미지에 들어 있던 소프트웨어만 검사할 뿐임을 주의해야 한다. 즉, 이 접근 방식은 각 컨테이너에서 실행되는 코드가 **불변**일 경우에만 유효하다. 그럼 컨테이너를 불변 객체로 취급하는 것이 좋은 이유를 살펴보자.

7.7.1 불변 컨테이너

컨테이너가 실행을 시작한 후 이미지에 없던 소프트웨어를 추가로 내려받아서 컨테이너의 파일 시스템 안에 설치하는 것은 얼마든지 가능한 일이다. 사실 컨테이너 초창기에는 이런 추가 설치가 컨테이너 이미지를 다시 구축하지 않고 컨테이너의 소프트웨어를 최신 버전으로 갱신하는 한 방법으로 간주되었기 때문에, 이런 관행이 드물지 않았다. 혹시 그것도 나쁘지 않겠다는 생각이 들었다면 지금 당장 머리에서 지워버리기 바란다. 이런 관행은 여러 가지 이유로 바람직하지 않다. 몇 가지 이유를 들자면 다음과 같다.

- 컨테이너가 실행 시점에서 어떤 코드를 내려받는다면, 컨테이너 인스턴스마다 그 코드의 다른 버전을 내려받을 여지가 생기며, 그러면 어떤 인스턴스가 어떤 버전을 실행하고 있는지 관리하기가 어렵다. 각 인스턴스에 설치된 버전을 어딘가에 기록해두지 않으면 동일한 복사본을 다시 생성하기가 어렵거나 아예 불가능할 수 있다. 그러면 실무 환경에서 발생한 문제점을 개발 환경에서 재현할 때 문제가 생긴다.

- 컨테이너가 아무 때나 아무 곳에서 코드를 내려받을 수 있으면 컨테이너에서 실행되는 소프트웨어의 출처를 제어하고 확인하기가 어렵다.

컨테이너 이미지를 구축하고 레지스트리에 저장하는 과정을 CI/CD 파이프라인에서 자동화하기는 아주 쉬우며, 그러한 파이프라인에서 추가적인 보안 점검(취약점 스캐닝, 소프트웨어 공급망 확인 등)을 수행하기도 아주 쉽다. 따라서 군이 단점이 많은 실행 시점 설치 관행을 따를 필요는 없다.

안타깝게도 실무 환경 배치본은 컨테이너를 불변 객체로 취급하는 것을 필수 사항이 아니라 그냥 모범 관행으로 간주한다. 스캐닝 시 이미지에 없던 실행 파일은 컨테이너에서 아예 실행하지 못하게 함으로써 컨테이너의 불변성을 자동으로 강제하는 도구들이 있다. 그런 강제 조치를 표류 방지(drift prevention)라고 부르는데, 제13장에서 좀 더 논의한다.

불변성을 실현하는 또 다른 방법은 컨테이너의 파일 시스템을 읽기 전용으로 만드는 것이다. 응용 프로그램 코드가 쓰기 가능 지역 저장소에 접근해야 하는 경우에는 쓰기 가능 임시 파일 시스템을 마운트하면 된다. 이 방법을 적용하려면, 임시 파일 시스템에만 자료를 기록하도록 응용 프로그램을 변경해야 할 수도 있다.

컨테이너를 불변 객체로 취급하면 취약점을 찾을 때 모든 컨테이너 인스턴스를 일일이 스캔할 필요 없이 컨테이너 이미지만 스캔하면 된다. 그러나 안타깝게도 컨테이너 이미지를 한 번만 스캔하는 것으로는 충분하지 않다. 그럼 스캐닝을 정기적으로 반복해야 하는 이유를 살펴보자.

7.7.2 정기적인 스캐닝

이번 장 도입부에서 언급했듯이, 이 세상에는 기존 코드에서 아직 발견되지 않은 취약점들을 찾아내려 하는 보안 연구자들이 있다. 종종 이들은 수년 동안 존재했던 문제점들을 찾아낸다. 널리 알려진 심장출혈(Heartbleed) 취약점이 좋은 예이다. 이 취약점은 널리 쓰이는 OpenSS 패키지가 TLS 연결을 유지하기 위해 심박(heartbeat) 신호를 주고받는 부분에 존재하는 대단히 치명적인 결함으로, 2014년에야 발견되었다.[1] 이 취약점 때문에, 공격자는 교묘히 조작된 심박 요청을 이용해서 서버의 큰 버퍼 안에 있는 소량의 데이터를 훔쳐볼 수 있다. OpenSSL이 요청된 데이터의 길이를 제대로 점검하지 않는 탓에, 서버는 심박 확인에 필요한 데이터를 담은 메모리 버퍼에서 그 메모리 버퍼 바깥의 데이터까지 읽어서 요청자에게 돌려준다. 메모리 버퍼 바깥 영역에는 민감한 데이터가 들어 있을 수도 있다. 실제로, 이 공격 때문에 사용자의 패스워드나 SSN(주민등록번호에 해당), 의료 기록 등이 노출된 사례가 있다.

심장출혈 취약점처럼 심각한 취약점이 흔하지는 않지만, 컨테이너가 서드파티 의존요소를 사용한다면 아직 알려지지 않은 새로운 취약점이 언젠가 발견될 수 있다고 가정하는 것이 합당하다. 안타깝게도 그것이 구체적으로 언제인지는 누구도 예측하지 못한다. 응용 프로그램의 코드가 변하지 않는다고 해도, 응용 프로그램이 의존하는 패키지나 라이브러리에서 새로운 취약

---

1 참고로 xkcd 1354화(*https://xkcd.com/1354/*)가 이 취약점을 아주 잘 설명한다. 이 취약점을 설명하는 블로터 블로그 글(*http://www.bloter.net/archives/189032*)에 이 만화의 번역본이 있다.

점이 발견될 가능성이 있다.

따라서 최신 취약점 정보(NVD나 기타 보안 권고 출처들에서 얻은)로 컨테이너 이미지를 다시 스캐닝하는 작업을 정기적으로 수행할 필요가 있다. 아주 흔히 쓰이는 접근 방식은, 새 이미지를 구축할 때마다 스캐닝하는 것과 함께 배치된 모든 이미지를 24시간마다 한 번씩 다시 스캐닝하는 것을 자동화된 CI/CD 파이프라인의 일부로 두는 것이다.

7.8 스캐닝 도구들

컨테이너 이미지 스캐닝 도구는 Trivy(*https://oreil.ly/SxKQT*)나 Clair(*https://oreil.ly/avK-2*), Anchore(*https://oreil.ly/7rFFt*) 같은 오픈소스 구현들에서부터 JFrog나 Palo Alto, Aqua 같은 회사의 상용 솔루션들까지 아주 다양하다. 또한, Docker Trusted Registry(*https://docs.docker.com/ee/dtr*)나 CNCF 프로젝트 Harbor(*https://goharbor.io*) 같은 여러 컨테이너 이미지 솔루션과 주요 공용 클라우드가 제공하는 레지스트리들도 스캐닝 기능을 제공한다.

안타깝게도, 같은 이미지에 대해 이런 스캐너들은 상당히 다른 결과를 낸다. 그 원인을 알아두면 스캐닝 결과를 적절히 적용하는 데 도움이 되므로, 주요 원인 몇 가지를 차례로 살펴보자.

7.8.1 정보의 출처

이번 장에서 언급했듯이, 취약점 정보의 출처는 다양하다. NVD가 있고, 또 배포판마다 보안 권고 사항들이 있다. 심지어 레드햇은 보안 권고가 두 종류이다(*https://oreil.ly/jE4ad*). OVAL 피드는 수정사항이 있는 취약점들만 제시한다. 공표되었지만 아직 수정사항이 나오지 않은 것들은 OVAL 피드에 포함되지 않는다.

컨테이너 이미지가 기반하는 배포판의 보안 권고 피드를 고려하지 않고 원본 NVD 자료에만 의존하는 스캐너는 해당 이미지에 대해 거짓 양성(false positive; 가양성) 결과, 즉 실제로는 취약점이 없는데 있다고 잘못 판단한 결과를 많이 보고할 가능성이 크다. 특정 리눅스 배포판을 기반 이미지로 선호한다면, 또는 배포판 없는 솔루션을 사용한다면, 이미지 스캐너가 그 배포판이나 솔루션을 지원하는지 확인해 보아야 한다.

7.8.2 오래된 출처

종종 배포판 관리자가 취약점 공표 방식을 바꾸기도 한다. 최근 알파인 배포판에서 그런 일이 일어났다. 알파인 개발팀은 원래 보안 권고를 alpine-secdb(*https://oreil.ly/lVHll*)에 올렸지만, 2020년 6월부터는 aports(*https://oreil.ly/J1-YA*)의 새 시스템을 사용한다. 이 책을 쓰는 현재, 아직도 기존 알파인 피드의 자료(몇 개월 동안 갱신되지 않은)에 기초해서 스캐닝을 수행하는 스캐너들이 있다.

7.8.3 수정 없는 취약점

배포판의 유지보수 관리자가 특정 취약점을 수정하지 않기로 할 때도 있다(위험은 아주 작지만 수정 방법은 너무 복잡하거나, 해당 플랫폼에서 다른 패키지들과의 연동을 고려할 때 취약점을 악용하는 것이 불가하다는 등의 이유로).

유지보수 관리자가 수정사항을 제공하지 않기로 한 경우 스캐너 도구 개발자는 "어차피 손쓸 수 없는 취약점을 스캐닝 결과에 포함해야 할 것인가?"라는 다소 철학적인 질문에 빠지게 된다. Aqua는 이런 종류의 결과는 보고 싶지 않다는 일부 고객의 의견을 반영해서, 사용자가 이런 결과의 표시 여부를 선택할 수 있는 옵션을 자사 제품에 추가했다. 어쨌든 기억할 것은, 취약점 스캐닝의 결과 표시 문제에 "정답" 같은 것은 없다는 점이다.

7.8.4 하위 패키지 취약점

패키지 관리자로 설치하고 관리하는 하나의 패키지가 실제로는 여러 개의 하위 패키지(subpackage)로 구성되어 있을 수도 있다. 좋은 예가 우분투의 bind 패키지이다. 경우에 따라서는 이 패키지를 설치하면 docs라는 하위 패키지 하나만 함께 설치된다. 이름에서 짐작하겠지만 이 하위 패키지는 문서들로만 구성된다. 어떤 스캐너는 어떤 패키지가 시스템에 존재하면 그 패키지의 모든 하위 패키지도 설치되었다고 가정한다. 그런 스캐너는 실제로는 존재하지 않는 하위 패키지들의 취약점을 포함한 거짓 양성 결과를 제공한다.

7.8.5 패키지 이름 차이

하나의 패키지에는 패키지와는 이름이 완전히 다른 여러 이진 파일들이 포함되어 있을 수 있다. 예를 들어 데비안^{Debian}의 shadow 패키지(*https://oreil.ly/SpPXQ*)에는 login, passwd, uidmap 같은 이진 파일들이 있다. 이런 차이를 고려하지 않는 스캐너는 거짓 음성 결과(취약점이 있는데 없다고 오판한 것)를 보고할 여지가 있다.

7.8.6 추가적인 스캐닝 기능

몇몇 이미지 스캐너는 취약점 외에도 다음과 같은 여러 문제점을 검출한다.

- 알려진 악성 코드가 이미지에 포함되었다.

- *setuid* 비트가 설정된 실행 파일이 있다(제2장에서 보았듯이 권한 확대를 초래할 수 있다).

- 이미지가 루트로 실행되도록 설정되었다.

- 토큰이나 패스워드 같은 비밀 자격 증명 정보가 포함되었다.

- 신용카드 정보나 주민등록번호 같은 민감한 데이터가 있다.

7.8.7 스캐너 오류

지금까지의 논의에서 특히나 강조하고 싶었던 것은 취약점을 검출하고 보고하는 것이 생각만큼 간단한 문제가 아니라는 것이다. 그런 만큼, 스캐너 자체의 버그 때문이든 스캐너가 읽어 들인 보안 권고 자료 피드 자체의 결함 때문이든 스캐너가 거짓 양성 또는 거짓 음성 결과를 보고할 가능성이 작지 않다.

그렇긴 하지만 스캐너를 사용하는 것이 아예 사용하지 않는 것보다 낫다. 스캐너로 이미지를 정기적으로 스캔하지 않으면, 여러분의 소프트웨어가 손쉬운 악용의 먹잇감은 아닌지를 알 수 없다. 세월이 약이라는 말이 있지만, 컨테이너 보안에는 적용되지 않는다. 수십 년 된 코드에서 치명적인 셸쇼크 취약점이 발견된 사례가 있다. 여러분의 컨테이너가 다른 여러 패키지나 라이브러리에 복잡하게 의존한다면, 언젠가는 그런 의존요소들에서 취약점이 발견될 것이라고 예상해야 마땅하다.

거짓 양성 결과들이 좀 성가실 수 있기 때문에, 어떤 도구들은 사용자가 개별 취약점 보고들을 화이트리스트에 등록해서 이후에는 나타나지 않게 만드는 기능을 제공한다.

스캐너가 컨테이너 관리 및 운영 시스템에 포함해도 좋을 정도로 유용한 도구라는 가정하에서, 다음 절에서는 스캐너를 여러분이 속한 팀의 작업 흐름(workflow)에 도입하는 몇 가지 방법을 살펴보자.

7.9 스캐닝 과정을 CI/CD 파이프라인에 도입

제일 왼쪽 단계가 '코드 작성'이고 제일 오른쪽 단계가 '실무 환경에 배치'인 하나의 CI/CD 파이프라인을 생각해 보자. [그림 7-2]에 그런 파이프라인이 나와 있다. 문제점은 가능하면 파이프라인의 앞쪽에서 제거하는 것이 바람직하다. 그것이 더 쉽고 비용도 낮기 때문이다. 이는 배치본의 버그를 찾아서 고치는 것보다 개발 도중에 버그를 찾아서 고치는 것이 훨씬 빠르고 쉬운 것과 마찬가지이다.

전통적인 호스트 기반 배치본에서, 호스트에서 실행되는 모든 소프트웨어는 동일한 패키지들을 공유한다. 일반적으로, 정기적으로 보안 수정사항을 적용해서 그런 패키지들을 갱신하는 일은 조직의 보안 팀이 담당한다. 대체로 그런 활동은 응용 프로그램 수명 주기의 개발 단계 및 검사(테스팅) 단계와는 분리되며, 배치 파이프라인의 오른쪽에 치우쳐 있을 때가 많다. 서로 다른 응용 프로그램이 같은 패키지를 공유하되 서로 다른 버전을 요구해서 문제가 생기기도 한다. 그런 경우 의존요소들을 세심하게 관리해야 하며, 때에 따라서는 코드를 변경해야 할 수도 있다.

반면, 제6장에서 보았듯이 컨테이너 기반 배치본에서는 각 컨테이너 이미지에 그 컨테이너에 필요한 모든 의존요소가 포함되어 있으므로, 서로 다른 응용 프로그램 컨테이너들이 한 패키지의 서로 다른 버전의 패키지를 요구해도 문제가 되지 않는다. 응용 프로그램 코드와 응용 프로그램이 사용하는 의존요소들 사이의 호환성을 걱정할 필요가 없다. 이점 덕분에, 그리고 컨테이너 이미지 스캐닝 도구들 덕분에, 취약점 관리 단계가 파이프라인의 왼쪽으로 이동한다.

취약점 스캐닝을 하나의 자동화된 단계로 파이프라인에 포함할 수 있다. 취약점이 발견되면, 개발자는 패치된 버전이 포함되도록 응용 프로그램 컨테이너 이미지를 갱신하고 재구축함으로써 취약점을 해결한다. 그런 갱신 작업을 보안 팀이 손수 할 필요가 없다.

[그림 7-2]에서 보듯이, 파이프라인에 스캐닝 단계를 도입할 만한 지점은 여러 곳이다.

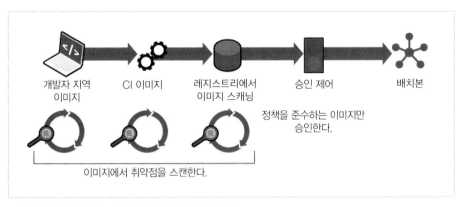

그림 7-2 CI/CD 파이프라인에서 취약점들을 스캐닝한다.

개발자 스캐닝

데스크톱에 설치하기 쉬운 스캐너가 있다면, 개별 개발자가 자신의 지역 이미를 직접 스캐닝해서 문제점을 찾아내고 수정한 후에 소스 코드 저장소에 저장(푸시)할 수 있다.

구축된 이미지 스캐닝

파이프라인에서 컨테이너 이미지가 구축된 직후에 스캐닝 단계를 도입할 수도 있다. 심각도가 일정 수준 이상인 취약점이 발견된다면, 이미지 구축을 실패로 돌려서 실무 환경에 배치되지 않게 해야 한다. [그림 7-3]은 AWS CodeBuild가 Dockerfile로 이미지를 구축한 후 이미지를 스캔한 결과를 출력한 모습이다. 그림의 예에서는 심각도가 높은 취약점이 발견되어서 이미지 구축이 실패했다.

그림 7-3 고심각도 취약점이 발견되어 이미지 구축이 실패한 예

레지스트리 스캐닝

이미지가 성공적으로 구축되면 파이프라인은 그것을 이미지 레지스트리에 저장한다. 이미지가 구축된 후 시간이 지나면 이미지가 사용하는 패키지들에서 새로운 취약점이 발견되기도 하므로, 성공적으로 구축된 이미지라도 정기적으로 취약점을 스캔하는 것이 바람직하다.

> **참고:** 다음은 여러 CI/CD 파이프라인 솔루션들에 다양한 스캐너를 도입하는 방법을 자세히 설명하는 유용한 글들이다.
>
> - AWS 블로그의 "Scanning images with Trivy in an AWS CodePipeline"(*https://oreil. ly/6ANm9*)
> - GitLab의 "Container Scanning"(*https://oreil.ly/okLcm*)
> - Aqua 블로그의 "Docker Image Scanning in your Codefresh Pipeline with Aqua"(*https:// oreil.ly/P5_59*)

그냥 배치된 컨테이너 인스턴스들을 직접 스캐닝하면 되니 굳이 파이프라인의 여러 지점에서 스캐닝을 수행할 필요가 없다고 생각하는 독자도 있을지 모르겠는데, 같은 이미지에서 생성된 인스턴스들이 많다면 이는 대단히 비효율적이다. 컨테이너를 불변 객체로 취급하는 바람직한 관점을 따르는 경우, 스캐닝해야 할 것은 컨테이너가 아니라 이미지이다.

7.10 취약한 이미지가 실행되지 않게 하는 방법

이미지에 중요한 취약점이 있는지를 스캐너로 검사하는 것과 함께, 취약한 이미지가 절대로 배치되지 않게 만드는 것도 중요하다. 이러한 점검을 §6.11.3 승인 제어(p.127)에서 고찰한 승인 제어 단계의 일부로 수행할 수 있다. [그림 7-2]가 그러한 예이다. 스캐닝을 통과한 이미지만 배치되도록 하는 단계가 없으면, 애초에 취약점을 스캐닝하는 의미가 별로 없다.

일반적으로 상용 취약점 스캐너들은 스캔 결과를 승인 제어와 연관시키는 좀 더 큰 플랫폼의 일부로 판매된다. 쿠버네티스는 커스텀 승인 제어 점검 사항을 지정할 수 있는 개방형 정책 에이전트(Open Policy Agent, OPA)를 제공한다. 이를 이용하면 이미지가 쿠버네티스의 취약점 스캐닝을 통과했는지 점검할 수 있다. 구글도 Kritis 프로젝트(*https://oreil.ly/PIhQu*)의 일부로 그런 기능을 준비하고 있다.

이번 장에서 지금까지 언급한 취약점들은 문제점을 해결하기 위한 수정사항들이 발표된 것들이다. 그런 취약점들과는 다른 부류의 중요한 취약점으로 제로데이 취약점이 있다.

7.11 제로데이 취약점

§7.1 취약점 연구(p.131)에서 보안 연구자들이 기존 소프트웨어가 악용될 새로운 방법을 찾아내고 발표하는 과정을 이야기했다. 일반적으로, 새로운 취약점이 발견되면 시간이 좀 지난 후에야 문제점을 해결하기 위한 수정사항이 만들어진다. 수정사항이 나오기 전의 취약점을 가리켜 제로데이$^{zero-day}$ 취약점이라고 부르는데, 이는 취약점의 수정사항이 발표된 지 0일이 지났다는, 다시 말해 아직 수정사항이 발표되지 않았다는 뜻이다. (불과 얼마 전만 해도 사람들은 보안 패치가 나오기까지 30일이 걸리는 것이 그리 길지 않다고 간주했다. 그러나 그사이에 얼마나 많은 공격이 시도될 수 있는지 생각하면 섬찟한 기분이 들 수밖에 없다.)

서드파티 라이브러리에 공격자가 악용할 만한 버그가 있을 수 있다고 인정한다면, 그 어떤 코드에도, 특히 여러분의 팀이 작성하는 응용 프로그램에도 얼마든지 버그가 있을 수 있다고 인정해야 마땅하다. 동료 간 검토(peer review), 정적 분석, 코드 검사(testing) 모두 코드의 보안 문제점을 식별하는 데 도움이 되는 활동이지만, 그래도 몇 가지 결함이 남아 있을 수 있다. 여러분의 응용 프로그램이나 서비스, 데이터의 가치에 따라서는, 그런 결함을 찾아서 악용하고자 하는 악의적인 행위자들이 이 세상 어딘가에 있을 수 있다.

한 가지 좋은 소식은, 여러분이 발견한 취약점을 아직 공표하지 않았다면 대다수의 잠재적 공격자는 취약점을 알지 못할 것이라는 점이다.

그렇지만 나쁜 소식도 있다. 정교한 공격자들과 정부 기관들 역시 아직 공표되지 않은 취약점들을 많이 알고 있을 것이라고 가정해야 마땅하다. 이것이 사실임은 에드워드 스노든Edward Snowden의 폭로로 입증되었다(*https://oreil.ly/Yz1tJ*).

좋은 취약점 데이터베이스에 근거해서 스캐닝을 수행한다고 해도, 아직 공표되지 않은 취약점은 발견되지 않는다. 취약점의 유형이나 심각도에 따라서는 제8장에서 소개할 샌드박싱이 응용 프로그램과 데이터를 보호하는 좋은 수단일 수 있다. 제로데이 취약점 공격에 대한 최후의 방어선은 실행 시점에서 비정상적인 행동을 검출하고 방지하는 것인데, 이에 관해서는 제13장에서 논의한다.

7.12 요약

이번 장에서는 취약점 연구를 소개하고 각각의 취약점에 배정되는 CVE 식별자를 설명했다. NVD뿐만 아니라 개별 배포판의 보안 권고 정보도 참고하는 것이 중요한 이유를 이야기했고, 스캐너마다 다른 결과를 내는 이유도 이야기했다. 그런 지식은 어떤 상황에서 어떤 종류의 스캐너를 사용하는 것이 좋은지 결정하는 데 도움이 될 것이다. 어떤 스캐너를 사용하든, 컨테이너 이미지 스캐닝 단계를 CI/CD 파이프라인에 도입하는 것이 바람직하다는 점만큼은 명심하길 바란다.

제8장

컨테이너 격리의 강화

제3장과 제4장에서 보았듯이, 컨테이너들이 같은 호스트에서 실행된다고 해도 해당 워크로드 workload들은 서로 분리된다. 이번 장에서는 그러한 워크로드들의 격리를 강화하는 데 사용할 수 있는 좀 더 본격적인 도구와 기법 몇 가지를 소개한다.

실행할 워크로드가 두 개이고 둘이 서로를 간섭하지 않아야 한다고 하자. 이를 위한 한 가지 접근 방식은 둘이 서로의 존재를 알지 못하도록 격리하는 것이다. 개념적으로 이는 곧 컨테이너와 VM이 하는 일이다. 또 다른 접근 방식은, 한 워크로드가 다른 워크로드의 존재를 인식할 수는 있지만 워크로드가 접근하고 실행할 수 있는 자원과 연산을 제한함으로써 다른 워크로드에 영향이 미치지 않게 하는 것이다. 자원 접근이 제한되도록 응용 프로그램을 격리하는 것을 가리켜 **샌드박싱**(sandboxing)이라고 부른다.

응용 프로그램을 컨테이너로 실행하는 경우 컨테이너는 샌드박싱을 위한 편리한 수단으로 작용한다. 컨테이너화된 응용 프로그램 코드는 그 컨테이너 안에서만 실행된다. 응용 프로그램이 침해되면 공격자가 응용 프로그램의 정상적인 행동에서 벗어나는 방식으로 코드를 실행하려 한다. 샌드박싱 메커니즘을 이용하면 코드가 할 수 있는 일을 제한할 수 있으며, 따라서 시스템에 대한 공격자의 영향을 제한할 수 있다. 샌드박싱을 실현하는 메커니즘은 여러 가지인데, 우선 seccomp를 살펴보자.

8.1 seccomp

§2.1 시스템 호출(p.37)에서 보았듯이 응용 프로그램은 시스템 호출(system call)을 통해서 커널에 어떤 작업(자신이 직접 할 수는 없는)을 요청한다. seccomp는 응용 프로그램이 커널에 요청할 수 있는 시스템 호출들의 집합을 제한하는 메커니즘인데, 이름은 secure computing mode(보안 컴퓨팅 모드)를 줄인 것이다.

seccomp는 2005년에 리눅스 커널에 처음 도입되었다. seccomp 첫 버전에서, 보안 컴퓨팅 모드로 전이한 프로세스는 다음과 같은 시스템 호출만 사용할 수 있었다.

- `sigreturn`(신호 처리부에서 복귀)
- `exit`(프로세스 종료)
- `read`와 `write`(단, 보안 모드로 전이하기 전에 연 파일 서술자만 사용할 수 있음)

신뢰되지 않은 코드도 이 모드로 실행될 수 있지만, 실행 가능한 시스템 호출이 몇 개 안 되기 때문에 시스템에 별 피해를 미치지 못한다. 이는 신뢰된 코드라도 해도 이 모드에서는 별로 할 수 있는 일이 없다는 뜻이기도 하다. 즉, 당시에는 샌드박스(모래 상자)가 너무 제한적이었다.

2012년에 *seccomp-bpf*라는 새로운 메커니즘이 커널에 추가되었다. BPF(Berkeley Packet Filter^{버클리 패킷 필터})에 기초한 이 메커니즘은 요청된 시스템 호출의 허용 여부를 프로세스에 적용된 seccomp 프로파일에 따라 결정한다.

seccomp BPF 필터는 주어진 시스템 호출의 옵코드^{opcode}와 매개변수들을 살펴보고 해당 프로세스의 seccomp 프로파일에 근거해서 호출의 허용 여부를 결정한다. 실제로는 이보다 복잡한데, 프로파일은 시스템 호출이 주어진 필터와 부합할 때 어떤 일을 해야 할지를 명시하며, 가능한 일로는 오류 반환, 프로세스 종료, 추적기(tracer) 호출 등이 있다. 그러나 컨테이너의 맥락에서 프로파일이 그냥 시스템 호출을 허용할 것인지 아니면 오류를 돌려줄 것인지를 결정하므로, seccomp 프로파일이라는 것을 일단의 시스템 호출들에 대한 화이트리스트 또는 블랙리스트 같은 것으로 생각하면 된다.

극히 비정상적인 상황이 아닌 이상 컨테이너화된 응용 프로그램이 요청할 이유가 없는 시스템 호출들이 많다는 점에서, 이러한 메커니즘은 컨테이너에 대단히 유용하다. 예를 들어 컨테이너화된 응용 프로그램이 호스트의 클록 시간을 변경해야 할 상황은 생각하기 힘들므로, 시스템 호출 clock_adjtime과 clock_settime에 대한 접근을 차단하는 것이 합당하다. 또한 컨테이너가 커널 모듈을 변경할 일은 없으므로, create_module이나 delete_module, init_module 같은 시스템 호출도 필요하지 않다. 리눅스 커널에는 키링^{keyring}이 하나 있는데, 키링에는 이름공간이 적용되지 않는다. 따라서 컨테이너가 request_key나 keyctl을 호출하지 못하게 하는 것이 바람직하다.

도커의 기본 seccomp 프로파일(*https://oreil.ly/3sNNI*)은 300개 이상의 시스템 호출 중 40개(앞에서 든 예를 포함해서) 이상을 차단한다. 이런 시스템 호출들을 사용하지 못해도 대다수의 컨테이너화된 응용 프로그램은 불편을 겪지 않는다. 특별한 이유가 없다면 여러분도 이 기본 프로파일을 사용하는 것이 좋다.

안타깝게도 쿠버네티스는 도커의 기본 seccomp 프로파일을 자동으로 적용하지 않는다(도커를 컨테이너 런타임으로 사용하는 경우에도). 이 책을 쓰는 현재 쿠버네티스의 seccomp 지원은 알파 버전의 기능이며, 프로파일을 적용하려면 PodSecurityPolicy 객체에 적절한 주해(annotation)를 직접 추가해야 한다(*https://oreil.ly/6gIjt*).

> **참고:** 제스 프라젤은 seccomp 프로파일을 contained.af(*https://contained.af/*)에 적용해서 대단한 효과를 냈다. 이 예는 컨테이너와 seccomp의 조합이 제공하는 격리가 얼마나 강력한지 잘 보여준다. 이 책을 쓰는 현재, contained.af는 수년간의 공격 시도에도 아직 뚫리지 않았다.

접근 가능한 시스템 호출들을 기본 seccomp 프로파일이 허용하는 것보다 더욱 적게 줄일 수도 있다. 이상적인 환경이라면 응용 프로그램마다 딱 필요한 시스템 호출들만 제공하는 맞춤형 프로파일들을 갖추어야 할 것이다. 그런 종류의 프로파일을 만드는 방법은 여러 가지이다.

- strace를 이용해서 응용 프로그램이 요청하는 모든 시스템 호출을 추적한다. 제스 프라젤은 블로그 글 "How to use the new Docker Seccomp profiles"(*https://oreil.ly/ROlHh*)에서 이 접근 방식을 따라 기본 도커 seccomp 프로파일을 만들고 검사한 과정을 서술했다.

- 좀 더 현대적인 방식은 eBPF 기반 유틸리티로 응용 프로그램이 요청한 시스템 호출들을 파악하는 것이다. 애초에 seccomp 자체가 BPF를 이용해서 시스템 호출을 허용하거나 금지하는 만큼, eBPF(extended Berkeley Packet Filter; 확장 버클리 패킷 필터)를

이용해서 응용 프로그램이 사용하는 시스템 호출들의 목록을 얻는다는 것이 별로 놀라운 일은 아니다. falco2seccomp(*https://oreil.ly/z5yyT*)나 Tracee(*https://oreil.ly/iw-rL*) 같은 도구를 이용하면 컨테이너가 요청한 시스템 호출들을 파악할 수 있다.

- seccomp 프로파일을 직접 만든다는 것이 너무 벅차다면, 상용 컨테이너 보안 도구 중에 개별 워크로드들을 관측해서 커스텀 seccomp 프로파일을 자동으로 생성해 주는 기능을 갖춘 것들도 있다.

참고: **strace**에 깔린 바탕 기술에 관심이 있다면 Go 코드 몇 줄로 아주 기본적인 **strace**를 구현하는 것에 관한 필자의 강의 동영상(*https://oreil.ly/SV6d-*)를 참고하기 바란다.

8.2 AppArmor

응용 프로그램 갑옷이라는 뜻의 'Application Armor'를 줄인AppArmor^{앱아머}(*https://gitlab. com/apparmor*)는 리눅스 커널 안에서 활성화할 수 있는 몇 안 되는 리눅스 보안 모듈(Linux security module, LSM) 중 하나이다. AppArmor를 이용해서 프로파일을 특정 실행 파일에 연관시키면, 그 실행 파일로 실행된 프로세스는 해당 프로파일에 지정된 리눅스 능력들과 파일 접근 권한들만 가지게 된다. 리눅스 능력과 파일 접근 권한은 제2장에서 이야기했었다. */sys/module/apparmor/parameters/enabled* 파일의 내용을 보면 여러분의 커널에 AppArmor 모듈이 활성화되어 있는지 알 수 있다. 만일 그 파일이 존재하고 파일 내용이 y이면 AppArmor가 활성화된 것이다.

AppArmor와 기타 LSM들은 강제 접근 제어(mandatory access control)를 구현한다. 강제 접근 제어는 중앙 관리자가 설정하는데, 일단 설정되면 다른 사용자들은 그것을 수정하거나 다른 사용자에게 전달할 수 없다. 이는 리눅스 파일 접근 권한과는 다른 방식이다. 파일 접근 권한은 임의 접근 제어(discretionary access control, DAC) 방식이다. 루트 사용자가 아닌 보통의 사용자라도, 자신이 소유한 파일에 대해 다른 사용자들이 접근할 수 있게 설정할 수 있다(관리자가 강제 접근 제어를 적용해서 접근을 불가능하게 만들지 않는 한). 또한, 파일을 무심코 변경하는 일을 피하기 위해 파일 소유자 자신도 파일의 내용을 변경하지 못하게 설정하는 것도 가능하다. 강제 접근 제어를 이용하면 관리자는 개별 사용자들의 그런 임의적인 접근 권한 설정을 금지할 수 있으며, 따라서 시스템에서 일어날 수 있는 일들을 좀 더 세밀하게 제어할 수 있다.

AppArmor에는 '불평(complain)' 모드라는 것이 있는데, 이 모드에서 실행 파일을 실행하면 프로파일 위반 사항들이 모두 로그에 기록된다. 그 로그를 살펴보고 프로파일을 적절히 갱신하는 과정을 반복하다 보면 응용 프로그램이 프로파일을 전혀 위반하지 않게 될 것이다. 그러면 해당 응용 프로그램에 대한 적절한 프로파일이 만들어진 것이므로 그때부터는 해당 응용 프로그램에 대해 그 프로파일을 강제하면 된다.

> **참고:** 컨테이너에 대한 AppArmor 프로파일을 만들 때는 bane(*https://oreil.ly/Xe7YZ*)을 추천한다.

프로파일을 만들었다면, 그것을 `/etc/apparmor` 디렉터리에 설치하고 `apparmor_parser`라는 도구를 실행해서 프로파일을 적재한다. 현재 적재된 프로파일들은 `/sys/kernel/security/apparmor/profiles`에서 볼 수 있다.

컨테이너를 `docker run --security-opt="apparmor:<프로파일 이름>" ...`로 실행하면 컨테이너는 지정된 프로파일이 허용하는 행동만 할 수 있다. Containerd와 CRI-O도 AppArmor를 지원한다.

도커는 기본 AppArmor 프로파일을 제공하지만, seccomp의 경우와 마찬가지로 쿠버네티스는 기본 AppArmor 프로파일을 자동으로 적용하지 않음을 주의하기 바란다. 쿠버네티스 파드의 컨테이너에 AppArmor 프로파일을 적용하려면 적절한 주해를 추가해야 한다(*https://oreil.ly/_llO8* 참고).

8.3 SELinux

'Security-Enhanced Linux(보안이 강화된 리눅스)'를 줄인 SELinux도 LSM의 하나인데, 레드햇이 개발했지만 그 뿌리는 미국 국가보안국(NSA)의 프로젝트이다(적어도 위키피디아 (*https://oreil.ly/gV7_e*)에 따르면 그렇다). 레드햇 배포판(RHEL이나 CentOS)을 사용 중이라면 이미 SELinux 모듈이 활성화되어 있을 가능성이 크다.

SELinux를 이용하면 프로세스가 파일이나 다른 프로세스와 상호작용하는 방식을 제한할 수 있다. 각 프로세스는 각각 하나의 SELinux 도메인^{domain}에서 실행된다. 이 도메인을 프로세스가 실행되는 문맥(context)이라고 생각하면 될 것이다. 그리고 모든 파일에는 유형(type)이 있다. 파일에 연관된 SELinux 정보는 `ls -lZ` 명령으로 조회할 수 있다. 그리고 `ps` 실행 시 `-Z` 플래그를 지정하면 프로세스에 연관된 SELinux 세부사항이 출력된다.

SELinux의 접근 권한과 보통의 DAC 리눅스 접근 권한(제2장)의 주된 차이점은, SELinux의 접근 권한은 사용자 신원과는 무관하다는 것이다. SELinux의 접근 권한은 전적으로 이름표(label)로 식별된다. 그런 차이가 있지만, 둘은 함께 작용하기 때문에 프로세스가 어떤 동작 하나를 수행하려면 DAC와 SELinux가 모두 그것을 허용해야 한다.

컴퓨터의 모든 파일에 SELinux 정보가 부여되어 있으면, 그 파일들에 정책들을 강제할 수 있다. 이때 정책(policy)은 특정 도메인하에서 실행되는 프로세스의, 특정 유형의 파일들에 대한 접근 권한을 명시한다. 실용적인 관점에서 말하자면, 한 응용 프로그램이 접근할 수 있는 파일들을 정의해서 다른 프로세스들은 그 파일에 접근하지 못하게, 그리고 그 응용 프로그램은 그 파일들에만 접근할 수 있게 만들 수 있다. 그러면 응용 프로그램이 침해되어도 오직 자신의 파일들에만 영향을 미칠 수 있다(보통의 DAC가 다른 파일들로의 접근을 허용한다고 해도). 또한 SELinux는 그러한 정책을 강제하는 대신 위반 사항을 기록하기만 하는 모드(AppArmor의 불평 모드와 비슷한)도 제공한다.

응용 프로그램에 대한 효과적인 SELinux 프로파일을 만들려면 응용 프로그램이 정상적으로 작동할 때 접근하는 파일들은 물론 오작동 시 접근할 만한 파일들도 잘 파악해야 한다. 따라서 SELinux 프로파일은 응용 프로그램 개발자가 작성하는 것이 가장 좋다. 어떤 소프트웨어 제작사들은 자신의 응용 프로그램에 대한 프로파일을 제공한다.

> **참고:** SELinux를 좀 더 공부하고 싶다면 DigitalOcean의 튜토리얼들(*https://oreil.ly/2Hx6b*)이나 댄 월시의 비주얼 가이드(*https://oreil.ly/jmhC-*)를 추천한다. 또한 Atomic의 "Docker and SELinux" (*https://oreil.ly/msyOa*)는 SELinux과 도커의 연동 방식을 상세히 설명한다.

지금까지 살펴본 보안 메커니즘들(seccomp, AppArmor, SELinux)는 모두 저수준에서 프로세스의 행동을 통제한다. 응용 프로그램이 필요로 하는 구체적인 시스템 호출들과 리눅스 능력들을 나열한 완전한 프로파일을 만들기가 쉽지 않을 수 있으며, 응용 프로그램이 조금만 변해도 프로파일을 크게 갱신해야 할 수 있다. 응용 프로그램의 변화에 맞게 프로파일을 갱신하려면 관리 부담이 크기 때문에, 그냥 느슨한 프로파일을 사용하거나 프로파일을 아예 적용하지 않으려는 마음이 드는 것이 인지상정이다. 개별 응용 프로그램에 특화된 프로파일들을 만들 시간과 비용이 부족한 상황이라면, 도커의 기본 seccomp 프로파일과 AppArmor 프로파일이 어느 정도는 유용한 가드레일이 될 것이다.

그런데 이런 보호 메커니즘으로 사용자 공간 응용 프로그램의 행동을 제한할 수 있긴 해도, 그런 응용 프로그램들이 하나의 커널을 공유한다는 사실을 잊어서는 안 될 것이다. Dirty COW 취약점(*https://oreil.ly/qQiJL*) 같은 커널 자체의 취약점 때문에 생기는 문제는 이런 메커니즘들로 방지할 수 없다.

이번 장에서 지금까지 우리는 컨테이너가 할 수 있는 일을 제한하는 보안 메커니즘들을 살펴보았다. 다음 절부터는 컨테이너 격리와 VM 격리 사이의 어딘가에 해당하는 샌드박싱 기법들을 논의한다. 우선 gVisor부터 살펴보자.

8.4 gVisor

구글의 gVisor는 하이퍼바이저가 게스트 VM의 시스템 호출을 가로채는 것과 아주 비슷한 방식으로 컨테이너의 시스템 호출을 가로채서 컨테이너를 모래 상자(샌드박스) 안에 가둔다.

gVisor 문서화(*https://gvisor.dev/docs*)에 따르면 gVisor는 '사용자 공간 커널(user-space kernel)'이다. 모순된 표현으로 들리겠지만, 간단히 말하면 반가상화(paravirtualization)을 통해서 사용자 공간에서 몇몇 리눅스 시스템 호출을 구현한 것이므로 아주 엉뚱한 것은 아니다. 제5장에서 보았듯이 반가상화는 다른 상황이라면 호스트 커널이 실행했을 명령을 재구현하는 것을 말한다.

gVisor는 Sentry('보초')라는 이름의 구성 요소를 이용해서 응용 프로그램의 시스템 호출 요청을 가로챈다. Sentry 자체도 seccomp를 통해 모래 상자에 엄격히 가두어져 있다. Sentry는 파일 시스템의 자원들에 접근하지 못한다. 파일 접근과 관련된 시스템 호출을 가로

챈 경우 Sentry는 Gofer라는 완전히 개별적인 프로세스에 처리를 위임한다.

파일 시스템 접근과 무관한 시스템 호출도 호스트 커널에서 직접 실행되는 것이 아니라 Sentry 안에서 재구현된다. 본질적으로 gVisor는 사용자 공간에서 실행되는 하나의 게스트 커널이다.

gVisor 프로젝트(*https://oreil.ly/cMROh*)는 runsc라는 도구를 제공하는데, 이 도구는 OCI 형식의 번들들과 호환되며 제6장에서 소개한 보통의 runc OCI 런타임과 아주 비슷하게 작동한다. runsc로 컨테이너를 실행하면 gVisor 프로세스들을 손쉽게 살펴볼 수 있다. 그러나 runc를 위한 기존 *config.json* 파일이 있다면, runsc 호환 버전으로 변환해서 사용해야 할 것이다. 다음은 §6.3 OCI 표준(p.109)에서 사용한 알파인 리눅스 기반 컨테이너를 runsc로 실행하는 과정이다.

```
$ cd alpine-bundle
### 만일을 위해, runc에 사용하던 기존 config.json을 백업해 둔다.
$ mv config.json config.json.runc
### runsc를 위한 config.json 파일을 생성한다.
$ runsc spec
$ sudo runsc run sh
```

이제 다른 터미널에서 runsc list를 실행하면 runsc가 생성한 컨테이너들을 볼 수 있다.

```
$ runsc list
ID   PID     STATUS    BUNDLE                     CREATED               OWNER
sh   32258   running   /home/vagrant/alpine-bundle  2019-08-26T13:51:21   root
```

프로세스를 여유 있게 살펴볼 수 있도록, 컨테이너 안에서 sleep 명령을 충분히 길게 실행하기 바란다. sleep 명령이 실행 중인 상태에서 다른 터미널로 가서 runsc ps <컨테이너 ID>를 실행하면, 컨테이너 안에서 실행 중인 프로세스들 중에 sleep이 보일 것이다.

```
$ runsc ps sh
UID     PID     PPID    C       STIME   TIME    CMD
0       1       0       0       14:06   10ms    sh
0       15      1       0       14:15   0s      sleep
```

지금까지는 예상대로의 결과가 나왔다. 그런데 호스트의 관점에서 프로세스들을 살펴보면 좀 더 흥미로운 결과를 볼 수 있다. 다음은 필자가 얻은 결과이다(지금 논의와 무관한 부분은 생략했다).

```
$ ps fax
  PID TTY       STAT    TIME COMMAND
  ...
  3226 pts/1    S+      0:00  ¦          \_ sudo runsc run sh
  3227 pts/1    Sl+     0:00  ¦            \_ runsc run sh
  3231 pts/1    Sl+     0:00  ¦                \_ runsc-gofer --root=/var/run/runsc
  3234 ?        Ssl     0:00  ¦                \_ runsc-sandbox --root=/var/run/runsc
  3248 ?        tsl     0:00  ¦                    \_ [exe]
  3257 ?        tl      0:00  ¦                       \_ [exe]
  3266 ?        tl      0:00  ¦                       \_ [exe]
  3270 ?        tl      0:00  ¦                       \_ [exe]
  ...
```

runsc run 프로세스가 두 개의 자식 프로세스를 생성했음을 알 수 있다. 하나는 앞에서 언급한 Gofer이고 다른 하나는 runsc-sandbox인데, 이것이 앞에서 언급한(그리고 gVisor 문서화에서 말하는) Sentry 구성 요소이다. runsc-sandbox 자체에는 하나의 자식 프로세스가 있고, 그 프로세스에는 또 다른 세 개의 자식 프로세스가 있다. 이 자식 프로세스와 '손자' 프로세스들의 정보를 호스트의 관점에서 살펴보면 뭔가 흥미로운 점을 발견할 수 있는데, 바로 넷 다 runsc 실행 파일을 실행한다는 점이다. 간결함을 위해 자식 프로세스와 손자 프로젝트 하나만 구체적으로 살펴보자.

```
$ ls -l /proc/3248/exe
lrwxrwxrwx 1 nobody nogroup 0 Aug 26 14:11 /proc/3248/exe -> /usr/local/bin/runsc
$ ls -l /proc/3257/exe
lrwxrwxrwx 1 nobody nogroup 0 Aug 26 14:13 /proc/3257/exe -> /usr/local/bin/runsc
```

컨테이너 안에서 실행한 sleep 실행 파일을 지칭하는 프로세스는 하나도 없다. runsc ps로는 그 프로세스가 보이지만(충분히 긴 시간을 지정했다고 할 때) 호스트에서는 보이지 않는다. 다음처럼 좀 더 직접적으로 찾아봐도 마찬가지이다.

```
vagrant@vagrant:~$ sudo ps -eaf ¦ grep sleep
vagrant  3554 3171  0 14:26 pts/2    00:00:00 grep --color=auto sleep
```

gVisor 샌드박스 안에서 실행되는 프로세스가 호스트에서 보이지 않는다는 것은 (보통의) 컨테이너보다는 VM의 행동 방식에 훨씬 가깝다. 이 덕분에 샌드박스 안에서 실행되는 프로세스들이 좀 더 강력하게 보호된다. 공격자가 호스트에 대한 루트 권한을 얻는다고 해도, 호스트와 해당 프로세스들 사이에 비교적 강력한 경계가 남아 있다. 아니, "runsc 명령만 없었다면 남아 있었을 것이다"라고 말하는 것이 정확하다. 왜냐하면 runsc 명령이 그 경계를 무력화하는 기능을 제공하기 때문이다. 루트 권한이 있는 공격자는 runsc의 하위 명령 중 하나인 exec를 이용해서 컨테이너 안에서 임의의 명령을 실행할 수 있다.

```
$ sudo runsc exec sh ps
PID   USER    TIME  COMMAND
   1 root     0:00 /bin/sh
  21 root     0:00 sleep 100
  22 root     0:00 ps
```

이러한 격리가 가주 강력해 보이지만, 다음과 같은 두 가지 한계가 있다.

• 첫째로, gVisor가 모든 리눅스 시스템 호출을 구현하지는 않는다(*https://oreil.ly/PHsFm*). 구현되지 않은 시스템 호출을 사용하는 응용 프로그램은 gVisor 안에서 실행할 수 없다. 이 책을 쓰는 현재 gVisor가 구현하지 않은 시스템 호출은 97개이다. 참고로 기본 도커 seccomp 프로파일이 차단하는 시스템 호출은 약 44개이다(*https://oreil.ly/Lt5Ge*).

• 둘째는 성능이다. 많은 경우 gVisor는 runc와 비슷한 성능을 보이지만, 응용 프로그램이 시스템 호출을 아주 많이 사용한다면 성능이 크게 떨어질 수 있다. 좀 더 자세한 사항은 gVisor 프로젝트가 발행한 성능 가이드(*https://oreil.ly/zqC6i*)를 참고하기 바란다.

gVisor는 커널을 재구현한 것인 만큼 크고 복잡하다. 따라서 gVisor 자체에 취약점이 있을 가능성이 비교적 높다(실제로 맥스 저스티스Max Justicz는 권한 확대 취약점(*https://oreil.ly/awCYt*)을 발견했다).

앞에서 보았듯이 gVisor는 보통의 컨테이너보다는 VM에 좀 더 가까운 격리 메커니즘을 제공한다. 그러나 gVisor는 응용 프로그램이 시스템 호출들에 접근하는 방식에만 영향을 미친다. 컨테이너를 격리하려면 여전히 이름공간, 제어 그룹, 루트 디렉터리 변경이 필요하다.

이번 장의 나머지 부분에서는 컨테이너화된 응용 프로그램의 실행에 VM 방식의 격리를 적용하는 접근 방식들을 논의한다.

8.5 카타 컨테이너

제4장에서 보았듯이, 보통의 컨테이너를 실행할 때 컨테이너 런타임은 호스트에 새 프로세스를 만든다. 반면 카타 컨테이너^{Kata Container}(*https://katacontainers.io*)는 개별적인 VM 안에서 컨테이너를 실행한다. 그러면 통상적인 OCI 형식을 따르는 컨테이너 이미지를 그대로 사용하면서도 VM이 제공하는 모든 격리 기능을 누릴 수 있다.

카타는 컨테이너 런타임과 대상 호스트 사이에 하나의 프록시를 둔다. 이 런타임 프록시는 QEMU를 이용해서 개별적인 VM을 생성하고 그 안에서 컨테이너를 실행한다.

카타 컨테이너에 대한 비판 하나는 VM이 부팅되기까지 시간이 걸린다는 점이다. AWS는 컨테이너 실행에 특화된 가벼운 VM을 만들었다. 파이어크래커^{Firecracker}가 바로 그것인데, 이 VM은 보통의 VM보다 시동 시간이 훨씬 짧다.

8.6 파이어크래커

§5.6 VM의 단점(p.104)에서 보았듯이 VM은 시동이 느리기 때문에 흔히 컨테이너로 실행하는 일시적 워크로드에는 적합하지 않다. 그런데 만일 VM이 엄청나게 빠르게 부팅된다면 어떨까? 파이어크래커(*https://oreil.ly/ZkPef*)는 하이퍼바이저와 커널 비#공유를 통한 안전한 격리의 장점을 그대로 누리면서도 시동 시간이 100ms 정도라서 보통의 VM보다 컨테이너에 좀 더 적합하다. 게다가, AWS가 Lambda 서비스와 Fargate 서비스에 실제로 채용하고 있어서(점진적이긴 하지만) 현장에서 검증되었다는 장점도 있다.

파이어크래커의 시동이 빠른 이유는, 커널에 흔히 포함되지만 컨테이너에 꼭 필요하지 않은 기능들을 제거했기 때문이다. 시스템 부팅 과정에서 시간을 많이 잡아먹는 것 중 하나가 장치(device)들을 나열하는 것인데, 컨테이너화된 응용 프로그램이 장치들을 많이 사용하는 경우는 드물다. 꼭 필요한 장치만 남기고 나머지는 제거한 최소한의 장치 모형이 시동 시간 단축의 비결이다.

파이어크래커는 사용자 공간에서 실행되며, 파이어크래커 VMM 하에서 실행할 게스트 OS 들을 설정하기 위한 REST API도 제공한다. 파이어크래커는 KVM 기반 하드웨어 가상화를 이용해서 게스트 OS를 실행하기 때문에, 예를 들어 노트북에서 다른 어떤 제2형 VMM(§5.2.2 제2형 VMM(p.99))으로 실행 중인 게스트 OS 안에서는 파이어크래커를 실행할 수 없다 (사용 중인 하드웨어와 소프트웨어의 조합이 중첩된 가상화를 지원하지 않는 한).

이제 이번 장에서 살펴볼 마지막 격리 접근 방식인 유니커널^{unikernel}로 넘어가자. 유니커널은 게스트 OS의 크기를 더욱 극단적으로 줄인다.

8.7 유니커널

일반적으로 VM에서 실행하는 데 사용하는 게스트 운영체제 이미지에는 임의의 응용 프로그램을 실행하는 데 필요한 범용적인 기능들이 포함되어 있다. 그런데 워크로드를 구성하는 일단의 응용 프로그램들이 운영체제의 모든 기능을 사용하는 경우는 많지 않다. 쓰이지 않는 기능들을 제거하면 공격 표면이 작아진다.

유니커널에 깔린 착안은 응용 프로그램과 응용 프로그램에 필요한 운영체제 기능만 포함한 전용 VM 이미지를 만들어서 하이퍼바이저에서 직접 실행한다는 것이다. 그러면 보통의 VM과 같은 수준의 격리를 제공할 뿐만 아니라 파이어크래커처럼 시동이 빠르다.

전용 유니커널 이미지에는 실행할 모든 응용 프로그램과 그 응용 프로그램의 실행에 필요한 모든 요소를 집어넣어야 한다. 하이퍼바이저는 이 전용 이미지를 표준 리눅스 VM 이미지를 부팅할 때와 정확히 같은 방식으로 부팅한다.

IBM의 Nabla(*https://oreil.ly/W_BRY*) 프로젝트는 유니커널 기법을 이용해서 컨테이너를 실행한다. Nabla는 컨테이너에게 단 일곱 가지 시스템 호출만 허용하는데, 이러한 제한은 §8.1 seccomp(p.148)에서 이야기한 seccomp 프로파일로 강제한다. 컨테이너의 응용 프로그램이 요청한 다른 시스템 호출들은 유니커널 라이브러리의 OS 구성 요소가 처리한다. 커널의 작은 일부분에만 접근하는 덕분에 Nabla 컨테이너는 공격 표면이 작다. 단점은 응용 프로그램들을 Nabla 컨테이너 형식으로 재구축하는 과정이 필요하다는 것이다.

8.8 요약

이번 장에서는 응용 프로그램 코드의 인스턴스들을 서로 격리하는 다양한 접근 방식을 살펴보았다. 이들 중에는 우리가 '컨테이너'라고 알고 있는 것과 가까운 것도 있고 먼 것도 있다.

- 어떤 방법들은 보통의 컨테이너를 사용하되 추가적인 보안 메커니즘을 이용해서 기본적인 컨테이너 격리를 더욱 강화한다. seccomp, AppArmor, SELinux가 바로 그러한 보안 메커니즘이다. 이들의 위력은 실무에서 검증되었지만, 효과적으로 관리하기가 어렵다는 평도 있다.

- VM 수준의 격리를 제공하는 새로운 해법들도 있다. 파이어크래커와 유니커널이 좋은 예이다.

- 마지막으로, 컨테이너 격리와 VM 격리의 중간에 해당하는 샌드박싱 기법이 있다. gVisor가 좋은 예이다.

여러분의 응용 프로그램에 어떤 접근 방식이 제일 적합한지는 여러분의 위험 프로파일에 따라 다르다. 또한, 여러분이 사용하는 공용 클라우드 서비스나 관리되는(managed) 솔루션에 따라서도 결정이 달라질 수 있다. 그러나 어떤 컨테이너 런타임과 격리 접근 방식을 사용하든, 사용자가 실수로든 의도적으로든 그러한 격리를 무력화할 여지는 항상 존재한다. 그럼 제9장으로 넘어가서 이 문제를 살펴보자.

제9장

컨테이너 격리 깨기

제4장에서 컨테이너가 어떻게 만들어지는지, 컨테이너 바깥에 대한 컨테이너 안 프로세스의 시야가 어떻게 제한되는지 이야기했다. 이번 장에서는 그러한 격리가 사실상 깨지도록 컨테이너의 실행을 잘못 설정하기가 얼마나 쉬운지 보게 될 것이다.

컨테이너의 격리를 일부러 깰 때도 있다. 예를 들어 네트워킹 기능을 '사이드카sidecar' 컨테이너(§9.6 사이드카 컨테이너(p.175))에 위임할 때가 그렇다. 그러나 그런 경우가 아니라면, 이번 장에서 논의하는 개념들은 컨테이너 응용 프로그램의 보안을 심각하게 침해할 수 있음을 명심해야 한다.

그럼 컨테이너 세상에서 가장 안전하지 않은 관행이라 할 수 있는 사항으로 시작하자. 바로, 컨테이너가 기본적으로 루트로 실행되게 하는 것이다.

9.1 루트로 컨테이너 실행

컨테이너 이미지에 비루트 사용자가 지정되어 있거나 컨테이너 실행 시 비루트 사용자를 명시적으로 지정하지 않은 한, 기본적으로 컨테이너는 루트로 실행된다. 중요한 것은, 그 루트 계정이 컨테이너 안에서만 루트가 아니라 호스트 자체의 루트라는 점이다(따로 사용자 이름공간을 설정하지 않는 한). 이 점은 쉽게 확인할 수 있다.

우선, 비루트 사용자 계정에서 docker로 알파인 컨테이너의 셸을 실행하고 사용자 ID를 확인한다.

```
$ whoami
vagrant
$ docker run -it alpine sh
/ $ whoami
root
```

docker 명령을 비루트 사용자 계정에서 실행해서 컨테이너를 띄웠는데도, 컨테이너 안에서는 현재 사용자가 root이다. 이제 이 루트가 실제로 호스트의 루트인지 확인해 보자. 우선 같은 컴퓨터에서 다른 터미널 창을 열고, 다시 원래의 터미널 창으로 가서 컨테이너 안에서 다음과 같이 sleep 명령을 실행한다.

```
/ $ sleep 100
```

다른 터미널 창(호스트)으로 가서, 컨테이너의 sleep 프로세스를 띄운 사용자의 신원을 확인한다.

```
$ ps -fC sleep
UID        PID  PPID  C STIME TTY          TIME CMD
root     30619 30557  0 16:44 pts/0    00:00:00 sleep 100
```

출력에서 보듯이 그 프로세스의 소유자는 다름 아닌 호스트의 root이다. 즉, 컨테이너 안의 루트는 호스트의 루트인 것이다.

docker 대신 runc로 컨테이너를 실행하면 이 점을 극명하게 보여주기 어려운데, 왜냐하면 애초에 runc 명령 자체를 루트 사용자로 실행해야 하기 때문이다(§9.1.3 루트 없는 컨테이너 (p.167)에서 논의할 루트 없는 컨테이너는 차치하고라도). runc 명령이 루트 권한을 요구하는 이유는, 일반적으로 컨테이너를 만들려면 이름공간을 생성하는 능력이 필요하기 때문이다. 도커에서는 컨테이너 생성 작업을 루트 계정으로 실행 중인 도커 데몬이 담당하기 때문에 비루트 사용자도 docker 명령을 실행할 수 있다.

비루트 사용자가 실행해도 도커는 컨테이너를 루트로 실행한다는 것은 일종의 권한 확대(특권 상승)에 해당한다. 컨테이너가 루트로 실행된다는 것 자체가 반드시 문제점은 아니지만, 보안을 생각하면 뭔가 불안하다. 공격자가 루트로 실행 중인 컨테이너에서 탈출할 수만 있으면 공격자는 호스트의 루트 사용자로서 호스트의 모든 것에 접근할 수 있다. 공격자가 호스트를 장악하는 것을 방지하는 방어선이 단 하나뿐인 것은 전혀 바람직하지 않다.

다행히 컨테이너를 비루트 사용자로 실행하는 방법이 있다. 비루트 사용자 ID를 명시적으로 지정해도 되고, 앞에서 언급한 루트 없는 컨테이너를 사용해도 된다. 그럼 두 방법을 차례로 살펴보자.

9.1.1 비루트 사용자 ID 지정

컨테이너 실행 시 특정 사용자 ID를 명시적으로 지정할 수 있다.

runc 명령에서는 번들에 포함된 *config.json* 파일에서 process.user.uid 설정을 수정해야 한다. 다음이 그러한 예이다.

```
...
"process": {
        "terminal": true,
        "user": {
                "uid": 5000,
                ...
        }
        ...
}
```

이렇게 하면 런타임은 주어진 사용자 ID로 컨테이너 프로세스를 실행한다.

```
$ sudo runc run sh
/ $ whoami
whoami: unknown uid 5000
/ $ sleep 100
```

sudo를 이용해서 runc를 루트로 실행했지만, 컨테이너의 사용자 ID는 앞에서 설정한 5000이다. 호스트에서도 이 점을 확인할 수 있다.

```
$ ps -fC sleep
UID        PID  PPID  C STIME TTY        TIME CMD
5000     26909 26893  0 16:16 pts/0    00:00:00 sleep 50
```

제6장에서 보았듯이 OCI 표준을 준수하는 이미지 번들은 이미지를 위한 루트 파일 시스템과 런타임 설정 정보로 이루어진다. 그 런타임 설정 정보가 도커용 이미지에 들어간다. 도커에서는 다음과 같이 --user 옵션으로 런타임 설정 정보에 있는 사용자 ID가 아닌 다른 사용자 ID를 명시적으로 지정할 수 있다.

```
$ docker run -it --user 5000 ubuntu bash
I have no name!@b7ca6ec82aa4:/$
```

그리고 이미지에 포함되는 사용자 ID 정보는 Dockerfile 파일에서 USER 명령으로 지정할 수 있다. 그러나 공용 레지스트리들에 있는 컨테이너 이미지들은 대부분 그런 USER 명령 없이 만들어졌으며, 특별히 사용자 ID를 지정하지 않으면 컨테이너는 기본적으로 루트로 실행된다.

9.1.2 컨테이너 안의 루트 권한 요구

흔히 쓰이는 컨테이너 이미지 중에는 원래는 서버에서 직접 실행하도록 만들어진 인기 소프트웨어를 캡슐화한 것들이 많다. 역프록시(reverse proxy) 기능과 부하 분산(load balancing) 기능에 쓰이는 Nginx 서버가 좋은 예이다. Nginx는 도커가 나오기 훨씬 전부터 유명했지만, 현재는 도커 허브에서 하나의 컨테이너 이미지로도 제공된다. 적어도 이 책을 쓰는 현재, 표준 Nginx 컨테이너 이미지는 기본적으로 루트로 실행되도록 설정되어 있다. nginx 컨테이너를 실행하고 그 안에서 실행되는 프로세스들을 살펴보면, 주(master) 프로세스가 루트로 실행됨을 확인할 수 있다.

```
$ docker run -d --name nginx nginx
4562ab6630747983e6d9c59d839aef95728b22a48f7aff3ad6b466dd70ebd0fe
$ docker top nginx
PID      USER    TIME              COMMAND
91413    root    0:00              nginx: master process nginx -g daemon off;
91458    101     0:00              nginx: worker process
```

nginx가 호스트에서 서버로서 실행될 때는 루트로 실행되는 것이 당연하다면 당연하다. 기본적으로 nginx는 전통적인 웹 포트인 80번 포트에서 요청을 받는데, 프로세스가 낮은 번호(1024 미만)의 포트를 열려면 CAP_NET_BIND_SERVICE가 필요하다(제2장 참고). 그런 권한을 보장하는 가장 간단한 방법은 nginx를 루트 계정으로 실행하는 것이다. 그렇지만 컨테이너 안에서는 꼭 그래야 할 이유가 없다. 컨테이너 안의 nginx는 그냥 아무 포트나 열고, 호스트의 80번 포트를 그 포트에 연결해 주면 그만이기 때문이다.

컨테이너를 루트로 실행하는 것이 문제점임을 인식한 여러 소프트웨어 제조사들은 이제 권한 없는 보통의 사용자로 실행되는 도커 이미지들을 제공한다. 예를 들어 Nginx를 위한 다양한 Dockerfile들이 *https://github.com/nginxinc/docker-nginx-unprivileged*에 있다.

비루트 사용자로 실행되는 Nginx 이미지를 구축하는 것은 비교적 간단하다(간단한 예가 *https://oreil.ly/UFmcG*에 나온다). 그러나 Dockerfile과 설정 파일을 조금 수정하는 것으로는 부족하고, 소스 코드를 수정하는 등 좀 더 본격적인 작업이 필요한 응용 프로그램들도 있다. 다행히, 수고롭게도 Bitnami(*https://oreil.ly/W4nV2*)는 인기 있는 여러 응용 프로그램을 위한 비루트 컨테이너 이미지들을 만들고 관리한다.

의도적으로 컨테이너가 루트로 실행되도록 설정하는 또 다른 이유는 yum이나 apt 같은 패키지 관리자로 추가적인 소프트웨어를 설치하기 위해서이다. 컨테이너 이미지 구축 도중에는 그렇게 해도 문제가 아니다. 그러나 필요한 패키지들을 다 설치한 후의 최종적인 이미지는 비루트 사용자 ID로 실행되게 해야 마땅한데, 다행히 Dockerfile의 USER 명령으로 간단하게 처리할 수 있다.

컨테이너 실행 시점에서 소프트웨어 패키지들을 설치하는 것이 바람직하지 않은 몇 가지 이유를 들자면 다음과 같다.

- 비효율적이다. 컨테이너 이미지 구축 시 한 번만 설치하면 되는 패키지들을 컨테이너 인스턴스를 생성할 때마다 매번 다시 설치할 이유가 없다.

- 실행 시점에서 설치되는 패키지들은 취약점을 스캐닝할 수 없다(제7장 참고).

- 패키지들이 스캐닝되지 않는다는 점과 관련한 어쩌면 좀 더 심각한 문제는, 개별 인스턴스에 설치된 패키지들의 버전을 정확히 파악하기 어렵다는 점이다. 그러면 패키지들에 취약점이 있음을 알게 되어도 어떤 컨테이너 인스턴스를 내리고 다시 배치해야 하는지 알 수 없다.

- 응용 프로그램에 따라서는 컨테이너를 읽기 전용으로 실행할 필요가 있다(`--read-only` 옵션으로 `docker run`을 실행하거나 쿠버네티스 PodSecurityPolicy의 `ReadOnlyRootFileSystem`를 true로 설정해서). 컨테이너를 읽기 전용으로 만들면 공격자가 코드를 설치하기가 어려워진다.

- 실행 시점에서 패키지를 추가로 설치한다는 것은 컨테이너를 불변 객체로 취급하지 않는다는 뜻이다. §7.7.1 불변 컨테이너(p.137)에서 보았듯이 불변 컨테이너는 여러모로 보안에 유리하다.

루트 권한이 있어야만 할 수 있는 또 다른 일은 커널을 수정하는 것이다. 컨테이너가 커널을 수정할 수 있게 만들 때는 아주 조심해야 한다.

참고: 쿠버네티스에서 컨테이너를 루트로 실행하는 것의 위험성을 실감하고 싶다면 *https://github.com/ lizrice/running-with-scissors*의 예들을 살펴보기 바란다.

여러분이 직접 작성한 응용 프로그램을 컨테이너로 실행할 때는 가능하면 비루트 사용자를 사용하거나, 사용자 이름공간(§4.8 사용자 이름공간(p.82))을 이용해서 컨테이너의 루트가 호스트의 루트와는 다른 사용자 계정이 되게 하는 것이 바람직하다. 그런 식으로 사용자 이름공간을 적용하는 실용적인 방법 하나는 **루트 없는 컨테이너**(rootless container)를 사용하는 것이다(시스템이 루트 없는 컨테이너를 지원한다고 할 때).

9.1.3 루트 없는 컨테이너

제4장에서 구체적인 예제들을 통해서 보았듯이, 컨테이너를 생성하는 데 필요한 연산 중에 루트 권한을 요구하는 것들이 있다. 다수의 사용자가 하나의 컴퓨터에 로그인하는 전통적인 컴퓨터 공유 환경에서는 일반적으로 그런 연산이 허용되지 않는다. 그런 환경의 예가 학생들과 교직원들이 자신의 계정으로 공유 컴퓨터 한 대 또는 컴퓨터들의 클러스터에 접속하는 대학 전산망이다. 그런 환경에서, 컨테이너를 생성할 수 있도록 루트 권한을 달라는 사용자의 요청을 시스템 관리자가 거부하는 것은 당연한 일이다. 루트 권한이 있는 사용자는 다른 사용자의 코드나 자료를 얼마든지 읽고 쓸 수 있기 때문이다(실수로든, 의도적이든).

몇 년 전부터 Rootless Containers 프로젝트(*https://rootlesscontaine.rs*)는 비루트 사용자도 컨테이너를 실행할 수 있도록 커널을 수정하는 작업을 진행했다.

> **참고:** 도커 시스템에서는 보통의 사용자가 루트 권한 없이 컨테이너를 실행할 수 있는 것처럼 보인다. 그러나 도커로 컨테이너를 실행하려면 사용자가 반드시 docker 그룹의 일원이어야 하며, 그 그룹에는 도커 소켓을 통해서 도커 데몬에 명령을 전송하는 권한이 있다. 이는 **호스트의 루트 권한을 가지는 것과 사실상 같은 것**임을 명심해야 한다. 그 그룹에 속한 모든 사용자는 컨테이너를 실행할 수 있으며, 앞에서 보았듯이 컨테이너는 기본적으로 루트로 실행된다. 그런 사용자가 docker run -v /:/host <이미지> 형태의 명령으로 호스트의 루트 디렉터리를 컨테이너 안에 마운트했다면, 컨테이너 안에서 호스트의 루트 파일 시스템 전체에 접근할 수 있다.

루트 없는 컨테이너는 §4.8 사용자 이름공간(p.82)에서 본 사용자 이름공간 기능을 이용해서, 호스트의 비루트 사용자 ID를 컨테이너 안의 루트 계정에 대응시킨다. 이렇게 하면 공격자가 컨테이너에서 탈출한다고 해도 자동으로 루트 권한을 가지지는 못한다. 따라서 보안이 크게 개선된다.

또 다른 컨테이너 런타임인 podman도 루트 없는 컨테이너를 지원한다. podman의 주된 특징은 도커와는 달리 루트 권한을 가진 데몬을 사용하지 않는다는 것이다. 앞에서 docker를 podman의 별칭으로 설정한 환경에서는 이번 장의 예제들이 제대로 실행되지 않는다고 말한 이유가 바로 이것이다.

참고: podman 컨테이너 안쪽과 바깥의 루트에 관해 좀 더 알고 싶다면 스콧 매카티[Scott McCarty]의 블로그 글 (*https://oreil.ly/ISuFf*)을 읽어 보기 바란다.

그렇지만 루트 없는 컨테이너가 만병통치약은 아니다. 보통의 컨테이너에서 루트로 잘 실행되는 이미지가 루트 없는 컨테이너에서는 다른 행동을 보이기도 한다. 컨테이너의 관점에서는 그냥 루트로 실행되는 것처럼 보여도, 리눅스 능력들의 작동 방식에 미묘한 차이가 존재하기 때문에 문제가 생길 수 있다.

해당 문서화(*https://oreil.ly/iZiaw*)에 따르면, 사용자 이름공간은 사용자 ID들과 그룹 ID들 이외의 특성들도 격리하는데, 여기에는 리눅스 능력들이 포함된다. 다른 말로 하면, 여러분은 사용자 이름공간에 속한 프로세스에 대해 특정 리눅스 능력들을 활성화/비활성화할 수 있으며, 그런 설정은 오직 해당 이름공간 안에서만 적용된다. 따라서 루트 없는 컨테이너를 위해 어떤 리눅스 능력을 추가했다면 그 능력은 그 컨테이너 안에서만 작용할 뿐이며, 컨테이너가 호스트의 다른 자원에 접근하는 권한에는 영향을 미치지 않는다.

댄 윌시의 블로그 글(*https://oreil.ly/1fwZP*)에 이 점을 잘 보여주는 예 몇 가지가 나온다. 그중 하나는 낮은 번호 포트의 바인딩에 관한 것이다. 낮은 번호 포트를 바인딩하려면 CAP_NET_BIND_SERVICE 능력이 필요하다. CAP_NET_BIND_SERVICE 능력이 있고(기본적으로 루트로 실행되면 그 능력을 가지게 된다) 호스트의 네트워크 이름공간을 공유하는 보통의 컨테이너는 호스트의 그 어떤 포트도 바인딩할 수 있다. 그러나 CAP_NET_BIND_SERVICE 능력이 있고 호스트의 네트워크 이름공간을 공유하는 루트 없는 컨테이너는 호스트의 임의의 포트를 바인딩할 수 없다. 그 능력이 컨테이너의 사용자 이름공간 바깥에서는 적용되지 않기 때문이다.

시스템 수준에서 특별한 리눅스 능력들을 요구하는 일들(이를테면 시간 변경이나 컴퓨터 재부팅)을 수행할 권한을 컨테이너화된 프로세스에 부여하지 않으면서도 그 프로세스가 마치 루트로 실행되는 것처럼 보이게 할 수 있다는 점에서, 능력들에 이름공간을 적용하는 것은 대체로 유익한 일이다. 보통의 컨테이너에서 실행되는 대부분의 응용 프로그램은 루트 없는 컨테이너에서도 잘 실행된다.

루트 없는 컨테이너의 프로세스는 컨테이너의 관점에서는 루트로 실행되는 것처럼 보이지만 호스트의 관점에서는 그냥 보통의 사용자로 실행될 뿐이다. 이 점의 한 가지 흥미로운 결과는, 루트 없는 컨테이너가 보통의 컨테이너(사용자 ID를 루트에 대응시키지 않는)보다 더 적은 파일 접근 권한들을 가질 수 있다는 점이다. 이 문제가 없으려면 파일 시스템이 해당 사용자 이름공간 안에서 파일 소유권과 그룹 소유권을 재지정하는 기능을 지원해야 한다. (이 책을 쓰는 현재 모든 파일 시스템이 이를 지원하지는 않는다.)

이 책을 쓰는 현재 루트 없는 컨테이너는 아직 미성숙 단계이다. runc와 podman은 루트 없는 컨테이너를 지원하지만, 도커는 아직 실험적으로만 지원한다(*https://oreil.ly/GnOoq*). 그리고 어떤 런타임을 사용하든 쿠버네티스에서는 루트 없는 컨테이너를 사용할 수 없다. 아키히로 스다Akihiro Suda를 비롯한 여러 개발자가 만든 Usernetes(*https://oreil.ly/42RRY*)이라는 개념 증명(proof of concept) 구현이 있긴 하다.

컨테이너 안에서 프로세스가 루트 계정으로 실행되는 것이 그 자체로 문제는 아니다. 공격자가 어떻게든 컨테이너에서 탈출한다면 비로소 문제가 된다. 과거에 컨테이너 런타임에서 종종 컨테이너 탈출 취약점이 발견되었으며, 아마 미래에도 발견될 것이다. 그런데 컨테이너 탈출을 가능하게 하는 요인이 런타임의 취약점만은 아니다. 이번 장에서 살펴보겠지만, 컨테이너의 설정이 부실하면 취약점이 없어도 공격자가 손쉽게 컨테이너에서 탈출할 수 있다. '부실한 설정'과 '루트로 컨테이너 실행'이 겹치면 대형 사고가 날 수밖에 없다.

사용자 ID 재지정과 루트 없는 컨테이너 외에도 컨테이너가 루트 사용자로 실행되지 않게 하는 방법들이 있다. 어떤 방법을 사용하든, 명시할 것은 컨테이너가 루트로 실행되는 일을 최대한 피해야 한다는 것이다.

9.2 --privileged 플래그와 리눅스 능력

도커나 기타 컨테이너 런타임은 `--privileged` 옵션을 제공한다. 앤드루 마틴Andrew Martin은 이 옵션을 가리켜 "컴퓨팅 역사에서 가장 위험한 플래그"라고 말했는데, 그럴만한 이유가 있다. 이 플래그는 엄청나게 강력하지만, 이 플래그의 효과를 잘못 알고 있는 사람이 많다.

`--privileged`를 그냥 컨테이너가 루트로 실행되게 하는 플래그라고 생각하는 경우가 많은데, 앞에서 보았듯이 어차피 컨테이너는 기본적으로 루트로 실행된다. 이 플래그는 루트로 실행되는 컨테이너에 더 많은 특권을 부여하는 효과를 낸다.

도커에서 컨테이너 프로세스는 기본적으로 루트 사용자 ID로 실행되지만, 루트가 가진 리눅스 능력들을 모두 부여받지는 않는다. (리눅스 능력이 무엇인지, 어떤 능력들이 있는지 잘 기억나지 않는다면 §2.3 리눅스 능력(p.46)을 다시 보기 바란다.)

--privileged 플래그를 지정하지 않고 컨테이너를 실행했을 때와 지정하고 실행했을 때의 capsh 명령의 출력들을 비교해 보면 --privileged가 컨테이너에 어떤 능력들을 부여하는지 확인할 수 있다(간결함을 위해 출력의 일부를 생략했음).

```
vagrant@vagrant:~$ docker run --rm -it alpine sh -c 'apk add -U libcap; capsh
--print | grep Current'
...
Current: = cap_chown,cap_dac_override,cap_fowner,cap_fsetid,cap_kill,cap_setgid,
cap_setuid,cap_setpcap,cap_net_bind_service,cap_net_raw,cap_sys_chroot,cap_mknod,
cap_audit_write,cap_setfcap+eip

vagrant@vagrant:~$ docker run --rm -it --privileged alpine sh -c 'apk add -U
libcap; capsh --print | grep Current'
...
Current: = cap_chown,cap_dac_override,cap_dac_read_search,cap_fowner,cap_fsetid,
cap_kill,cap_setgid,cap_setuid,cap_setpcap,cap_linux_immutable,
cap_net_bind_service,cap_net_broadcast,cap_net_admin,cap_net_raw,cap_ipc_lock,
cap_ipc_owner,cap_sys_module,cap_sys_rawio,cap_sys_chroot,cap_sys_ptrace,
cap_sys_pacct,cap_sys_admin,cap_sys_boot,cap_sys_nice,cap_sys_resource,
cap_sys_time,cap_sys_tty_config,cap_mknod,cap_lease,cap_audit_write,
cap_audit_control,cap_setfcap,cap_mac_override,cap_mac_admin,cap_syslog,
cap_wake_alarm,cap_block_suspend,cap_audit_read+eip
```

--privileged 플래그가 없을 때 컨테이너에 부여되는 능력들은 구현에 따라 다를 수 있다. OCI 표준은 runc가 기본적으로 부여하는 능력들을 정의한다(*https://oreil.ly/ryVjj*).

기본적으로 부여되지 않는 능력 중 하나가 CAP_SYS_ADMIN인데, --privileged 플래그 하나만 지정하면 이 능력이 활성화된다. 그러면 컨테이너는 이름공간 수정이나 파일 시스템 마운팅을 비롯해 수많은 특권 있는 활동을 수행할 수 있게 된다.

> **참고:** 에릭 창[Eric Chiang]의 블로그 글 "Privileged Containers Aren't Containers"(*https://oreil. ly/4f4QO*)는 /dev의 한 장치를 컨테이너 파일 시스템에 마운팅해서 컨테이너에서 탈출하는 예를 들어서 --privileged의 위험성을 설명한다.

도커가 --privileged 플래그를 도입한 것은 "도커 안의 도커(Docker in Docker)"를 가능하게 하기 위한 것이었다. 이 도커 안의 도커 기능은 컨테이너 안에서 실행되면서 도커 데몬에 접근해서 컨테이너 이미지를 생성해야 하는 이미지 구축 도구와 CI/CD 시스템들에 흔히 쓰인다. 그러나 제롬 페타초니^{Jérôme Petazzoni}의 블로그 글(*https://oreil.ly/-ULQo*)이 설명하듯이, 도커 안의 도커 기능은(그리고 일반적으로 --privileged 플래그는) 조심해서 사용해야 한다.

--privileged 플래그가 위험한 좀 더 미묘한 이유는, 컨테이너에 루트 권한이 필요하면 이 플래그를 지정해야 한다는 오해에서 한 걸음 더 나아가서 이 플래그를 지정하지 않으면 컨테이너가 루트로 실행되지 않는다고 오해하는 사람들이 많다는 점이다. 기억하겠지만(§9.1 루트로 컨테이너 실행(p.161) 참고), 이 플래그가 없어도 컨테이너는 기본적으로 루트로 실행된다.

--privileged 플래그를 지정해서 컨테이너를 실행할 충분한 이유가 있다고 해도, 꼭 그래야 하는 컨테이너에만 이 플래그가 지정되게 하는 제어 수단이나 감사 수단을 구비할 것을 권한다. 또한, 이 플래그를 지정하는 대신 꼭 필요한 개별 능력을 명시적으로 지정하는 것도 고려해야 할 것이다.

제8장에서 소개한 Tracee 도구(*https://oreil.ly/1dQof*)를 이용하면 cap_capable 이벤트를 추적해서 컨테이너가 커널에 요청한 리눅스 능력들을 파악할 수 있다.

다음은 nginx를 실행하는 컨테이너의 이벤트들을 추적한 예이다. 간결함을 위해 출력의 일부를 생략했다.

터미널 1:

```
$ docker run -it --rm nginx
```

터미널 2:

```
root@vagrant$ ./tracee.py -c -e cap_capable
TIME(s)   UTS_NAME     UID  EVENT         COMM   PID  PPID  RET  ARGS
125.000   c8520fe719e5  0   cap_capable   nginx  6    1     0    CAP_SETGID
125.000   c8520fe719e5  0   cap_capable   nginx  6    1     0    CAP_SETGID
125.000   c8520fe719e5  0   cap_capable   nginx  6    1     0    CAP_SETUID
124.964   c8520fe719e5  0   cap_capable   nginx  1    3500  0    CAP_SYS_ADMIN
124.964   c8520fe719e5  0   cap_capable   nginx  1    3500  0    CAP_SYS_ADMIN
```

컨테이너에 필요한 능력들을 파악했다면, 최소 권한 원리에 따라 그 능력들만 명시적으로 컨테이너에 배정하는 것이 바람직하다. 이때 권장되는 접근 방식은 다음과 같이 먼저 --cap-drop=all 플래그로 모든 능력을 제거한 후 필요한 것들을 다시 추가하는 것이다.

```
$ docker run --cap-drop=all --cap-add=<능력1> --cap-add=<능력2> <이미지> ...
```

지금까지 --privileged의 위험성과 컨테이너의 능력들을 최소한으로 줄이는 방법을 이야기했다. 그럼 컨테이너 격리를 무력화하는 또 다른 방법으로, 호스트의 민감한 디렉터리를 컨테이너에 마운팅하는 문제를 살펴보자.

9.3 민감한 디렉터리의 마운팅

docker의 -v 옵션을 이용하면 호스트의 한 디렉터리를 컨테이너에 마운팅해서 컨테이너 안에서 그 디렉터리에 접근할 수 있다. 문제는 호스트의 그 어떤 디렉터리라도 이런 식으로 마운팅할 수 있다는 점이다. 다음은 이 점을 잘 보여주는 예이다.

```
$ touch /ROOT_FOR_HOST
$ docker run -it -v /:/hostroot ubuntu bash
root@91083a4eca7d:/$ ls /
bin   dev  home       lib    media  opt   root  sbin  sys  usr
boot  etc  hostroot   lib64  mnt    proc  run   srv   tmp  var
root@91083a4eca7d:/$ ls /hostroot/
ROOT_FOR_HOST  etc         lib         media  root  srv  vagrant
bin            home        lib64       mnt    run   sys  var
...
```

이 컨테이너를 침해한 공격자는 호스트의 루트 사용자로서 호스트 파일 시스템 전체에 접근할 수 있다.

물론 파일 시스템 전체를 마운팅하는 것은 작위적인 예이지만, 좀 더 미묘하고 현실적인 예도 많다.

- /etc를 마운팅하면 컨테이너 안에서 호스트의 */etc/passwd* 파일을 수정하거나, cron 작

업 설정을 변경하거나, `init`와 `systemd`에 있는 여러 설정 파일들을 수정할 수 있다.

- `/bin`이나 `/usr/bin`, `/usr/sbin` 등 실행 파일들이 모여 있는 디렉터리를 마운팅하면 컨테이너에서 해당 호스트 디렉터리에 새 실행 파일을 추가하거나 기존 실행 파일을 다른 것으로 대체할 수 있다.

- 호스트의 로그 디렉터리들을 마운팅하면 공격자는 자신이 호스트에 가한 피해를 숨기기 위해 추적 기록을 삭제할 수 있다.

- 쿠버네티스 환경에서 `/var/log`를 마운팅하면 `kubectl logs`에 접근할 수 있는 모든 사용자가 호스트 파일 시스템 전체에 접근할 수 있게 된다. 이는 컨테이너 로그 파일들이 실제로는 `/var/log`에서 파일 시스템의 다른 어딘가로의 기호 링크(symlink)들이기 때문이다. Aqua 블로그 글 "Kubernetes Pod Escape Using Log Mounts"(*https://oreil.ly/gN7no*)에 이 흥미로운 탈출 방법이 좀 더 자세히 나와 있다.

9.4 도커 소켓 마운팅

도커 환경에서는 도커 데몬 프로세스 하나가 도커와 관련된 모든 일을 처리한다. 명령줄에서 `docker`를 실행하면 `docker`는 `/var/run/docker.sock`에 있는 도커 소켓을 통해서 도커 데몬에게 명령을 전달한다. 이 소켓에 데이터를 보낼 수 있는 개체는 그 도커 데몬에게도 명령을 보낼 수 있다. 도커 데몬은 루트로 실행되며, 사용자가 요청한 소프트웨어를 불평 없이 구축하고 실행한다. 특히, §9.1 루트로 컨테이너 실행(p.161)에서 보았듯이 데몬은 컨테이너를 호스트의 루트 계정으로 실행해 준다. 따라서 도커 소켓에 접근하는 것은 사실상 호스트에 대한 루트 권한을 획득하는 것이다.

Jenkins 같은 CI 도구들은 흔히 도커 소켓을 실제로 마운팅한다. 이는 그런 도구들이 CI/CD 파이프라인의 특정 단계에서 도커를 이용해서 이미지를 구축해야 하기 때문이다. 그 자체는 적법한 일이지만, 공격자가 뚫을 수 있는 약점으로 작용한다는 것도 사실이다. Jenkinsfile을 수정할 수 있는 사용자는 도커로 실행할 명령을 수정할 수 있으며, 이를 통해서 사용자 자신에게 바탕 클러스터에 대한 루트 접근 권한을 부여할 수 있다. 이런 이유로, 실무 환경 클러스터에서 도커 소켓을 마운팅하는 CI/CD 파이프라인을 실행하는 것은 극도로 나쁜 관행이다.

9.5 컨테이너와 호스트의 이름공간 공유

컨테이너가 호스트의 일부 이름공간들을 사용하도록 설정하는 것이 합당한 경우도 있다. 한 예로, 도커 컨테이너에서 실행할 프로세스가 호스트의 프로세스 정보를 꼭 사용해야 할 수도 있다. 그런 경우 --pid=host 옵션을 지정해서 docker를 실행하면 컨테이너 프로세스는 호스트의 프로세스 이름공간을 공유한다.

이전에 보았듯이, 호스트는 컨테이너화된 프로세스들을 모두 볼 수 있다. 따라서 호스트의 프로세스 이름공간을 공유한 컨테이너는 다른 컨테이너화된 프로세스들도 볼 수 있다. 다음은 이 점을 확인하는 예이다. 한 컨테이너 안에서 sleep을 충분히 오래 실행하고, --pid=host를 지정해서 실행한 다른 컨테이너에서 프로세스들을 나열한다.

```
vagrant@vagrant$ docker run --name sleep --rm -d alpine sleep 1000
fa19f51fe07fca8d60454cf8ee32b7e8b7b60b73128e13f6a01751c601280110
vagrant@vagrant$ docker run --pid=host --name alpine --rm -it alpine sh
/ $ ps | grep sleep
30575 root      0:00 sleep 1000
30738 root      0:00 grep sleep
/ $
```

다른 컨테이너의 프로세스를 볼 수 있다는 점보다 더 흥미로운 점은, kill -9 <프로세스ID> 형태의 명령으로 그 프로세스를 죽일 수도 있다는 것이다.

지금까지 컨테이너들 사이에서 또는 컨테이너와 호스트 사이에서 이름공간을 공유하거나 디렉터리를 마운팅함으로써 컨테이너의 격리를 약화하고 보안을 침해하는 다양한 방법을 살펴보았다. 그렇지만 컨테이너의 정보 공유가 항상 나쁜 일인 것은 아니라는 점도 명심하기 바란다. 이번 장을 마무리하기 전에, 그럴 만한 이유가 있어서 널리 쓰이는 패턴인 사이드카 컨테이너를 잠깐 살펴보자.

9.6 사이드카 컨테이너

응용 프로그램 컨테이너(주 컨테이너)의 작업 일부를 떼어서 맡긴 보조 컨테이너를 사이드카 컨테이너라고 부른다. 이때 원활한 작업을 위해 주 컨테이너의 이름공간 하나 또는 여러 개에 대한 접근 권한을 의도적으로 보조 컨테이너에 부여한다. 마이크로서비스 아키텍처에서는, 모든 마이크로서비스에서 재사용할 어떤 기능성이 있는 경우 그 기능성을 사이드카 컨테이너 이미지에 넣어서 다른 마이크로서비스 컨테이너들이 손쉽게 재사용하게 만드는 패턴이 흔히 쓰인다. 다음은 사이드카 컨테이너 활용 패턴의 몇 가지 예이다.

- 응용 프로그램 컨테이너의 네트워킹 기능을 서비스 메시service mesh 사이드카 컨테이너에 맡긴다. 서비스 메시는 예를 들어 모든 네트워크 연결이 상호 TLS(mutual TLS, 줄여서 mTLS)를 사용하도록 강제하는 역할을 한다. 이런 기능을 사이드카에 맡기면, 컨테이너를 사이드카와 함께 배치하기만 하면 보안 TLS 연결이 강제되는 효과가 생긴다. 개별 응용 프로그램 개발팀이 자신의 응용 프로그램 코드에서 이 기능을 활성화하느라 시간을 허비할 필요가 없다. (서비스 메시에 관해서는 다음 장의 §10.8 서비스 메시(p.193)에서 좀 더 이야기한다.)

- 로깅, 추적, 측정치 수집의 대상 지정과 설정 작업을 관측 가능성(observability) 사이드카에 맡긴다. 예를 들어 Prometheus(*https://oreil.ly/Jn10W*)와 OpenTelemetry(*https://oreil.ly/0HwpE*)는 관측 가능성 데이터의 저장을 위한 사이드카 컨테이너들을 지원한다.

- 응용 프로그램 컨테이너 안에서 허용되는 실행 파일들과 네트워크 연결들을 관리하는 작업을 보안 사이드카에 맡긴다. (예를 들어 Aqua의 MicroEnforcer를 사이드카 컨테이너에 담아서 AWS Fargate 컨테이너의 보안을 강화하는 방법이 필자의 블로그 글(*https://oreil.ly/oHAEk*)에 나온다. Twistlock도 비슷한 솔루션을 제공한다(*https://oreil.ly/5YHQk*)).

이 예들은 응용 프로그램 컨테이너와 적법한 방식으로 이름공간을 공유하는 사이드카 컨테이너 활용 방법의 일부일 뿐이다.

9.7 요약

이번 장에서는 컨테이너가 흔히 제공하는 수준의 격리가 잘못된 설정과 관행으로 침해되는 여러 방법을 살펴보았다.

모든 설정 옵션에는 나름의 용도와 근거가 있다. 예를 들어 응용 프로그램에 따라서는 호스트의 디렉터리를 컨테이너 안에 마운팅하는 것이 꼭 필요하거나 대단히 유용한 기능일 수 있으며, 컨테이너를 루트로 실행하거나 심지어 --privileged 플래그를 지정해서 추가적인 능력들을 부여하는 것 역시 꼭 필요한 일일 수 있다. 그렇지만 보안을 위해서는 그런 잠재적으로 위험한 설정들을 최소한으로만 사용하는 것이, 그리고 그런 설정들이 적용되는 경우를 탐지하고 보고하는 도구들을 채용하는 것이 바람직하다.

다중 입주 환경을 사용하는 경우에는 이런 잠재적으로 위험한 설정을 가진 컨테이너를 더욱 세심하게 점검해야 한다. --privileged 플래그로 실행된 컨테이너는 같은 호스트의 다른 모든 컨테이너에 얼마든지 접근할 수 있다. 이 점은 같은 쿠버네티스 이름공간에서 실행되는지의 여부 같은 상대적으로 피상적인 보안 통제와는 무관하다.

§9.6 사이드카 컨테이너(p.175)에서 네트워킹 기능성의 일부를 담당하는 서비스 메시를 언급했으니만큼, 제10장에서 컨테이너의 네트워킹을 본격적으로 살펴보기로 하자.

제 10장

컨테이너 네트워크 보안

모든 외부 공격은 네트워크를 통해서 여러분의 배치본에 도달하므로, 여러분의 응용 프로그램과 데이터를 안전하게 지키려면 컨테이너의 네트워킹을 알 필요가 있다. 이번 장에서 네트워킹의 모든 것을 상세히 다루지는 않는다(그러려면 이번 장이 이 책 전체보다 훨씬 길어질 것이다). 대신 여러분이 컨테이너 배치본의 네트워크 보안을 고민할 때 사용할 적절한 '정신 모형(mental model)'을 형성하는 데 꼭 필요한 사항들만 제공한다.

이번 장은 먼저 컨테이너 방화벽을 간략하게 소개한다. 컨테이너 방화벽은 전통적인 방화벽보다 훨씬 세밀하게 설정할 수 있다.

그런 다음에는 OSI의 7계층 네트워크 모형을 개괄한다. 이 모형을 이해하면 네트워크 보안 기능들이 어떤 수준에서 작용하는지 파악하는 데 도움이 된다. 그러한 이해에 기초해서 컨테이너 방화벽을 구현하고 적용하는 방법을 설명하고, 네트워크 정책 규칙들에 대한 몇 가지 모범 관행을 제시한다. 마지막으로, 서비스 메시의 네트워크 보안 기능들을 소개한다.

10.1 컨테이너 방화벽

컨테이너는 마이크로서비스 아키텍처와 잘 맞을 때가 많다. 마이크로서비스 아키텍처에서는 하나의 응용 프로그램을 서로 독립적으로 배치할 수 있는 작은 구성 요소('마이크로서비스')들로 분할한다. 구성 요소가 작으면 구성 요소의 정상적인 동작을 정의하기가 훨씬 쉬워지므로,

이러한 분할은 보안에 큰 도움이 된다. 일반적으로 마이크로서비스 아키텍처에서 주어진 한 컨테이너(하나의 마이크로서비스를 실행하는)는 미리 정해진 소수의 다른 컨테이너들하고만 통신하면 되며, 그리고 모든 컨테이너 중 일부만 외부 세계와 접촉하면 된다.

예를 들어 전자 상거래 응용 프로그램 하나를 여러 마이크로서비스로 분할한다고 하자. 그런 마이크로서비스 중에는 제품 검색 요청을 처리하는 마이크로서비스가 있을 것이다. 그 마이크로서비스는 최종 사용자의 검색 요청을 받아서 제품 데이터베이스를 조회한다. 이 검색 서비스를 구성하는 컨테이너들은 검색과 무관한 구성 요소와는, 이를테면 결제 게이트웨이와는 통신할 필요가 없다. [그림 10-1]에 이 예가 나와 있다.

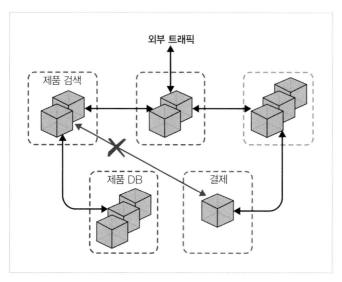

그림 10-1 컨테이너 방화벽 적용 사례

컨테이너 방화벽은 컨테이너들 사이를 오가는 트래픽^{traffic}을 제한한다. 쿠버네티스 같은 오케스트레이터에서는 '컨테이너 방화벽(container firewall)'이라는 용어를 사용하지 않는다. 대신 네트워크 플러그인^{plug-in}을 이용해서 "네트워크 정책(network policy)을 강제한다"는 표현을 사용한다. 두 경우 모두 핵심은 승인된 개체들 사이에서만 정보가 오가도록 컨테이너 네트워크 트래픽을 제한하는 것이다. 또한, 컨테이너 방화벽은(전통적인 방화벽처럼) 규칙에서 벗어난 네트워크 연결 시도를 기록하고 보고하는 기능도 제공한다. 그런 기록은 가능한 공격들을 조사하는 데 유용하다.

컨테이너 방화벽을 전통적인 배치본에 쓰이는 다른 네트워크 보안 도구와 연동해서 사용할 수도 있다. 몇 가지 예를 들면 다음과 같다.

- 호스트들을 외부 세계와 격리하는 VPC(가상 사설 클라우드)에 컨테이너 환경을 배치하는 것은 아주 흔하다.

- 하나의 방화벽으로 클러스터 전체를 감싸서 클러스터를 드나드는 트래픽을 제한할 수 있다.

- WAF(Web Application Firewall)라고도 부르는 API 방화벽을 이용해서 OSI 계층 7에서의 트래픽을 제한할 수 있다.

이런 접근 방식들은 모두 예전부터 쓰이던 것이다. 이들을 컨테이너 대응 보안 수단과 결합하면 방어가 좀 더 두터워진다.

컨테이너에 방화벽을 적용하는 구체적인 방법으로 들어가기 전에, OSI 7계층 네트워크 모형을 살펴보고 IP 패킷 하나가 출발지에서 네트워크를 통해 목적지에 도달하는 여정을 추적해 보자.

10.2 OSI 네트워크 모형

OSI(Open Systems Interconnection; 개방형 시스템 상호 연결) 네트워크 모형은 계층적 네트워킹 모형을 정의한다. 1984년에 제정된 이 모형은 오늘날에도 자주 참조되지만, [그림 10-2]에서 보듯이 일곱 계층(layer) 모두가 IP 기반 네트워크에 대응되지는 않는다.

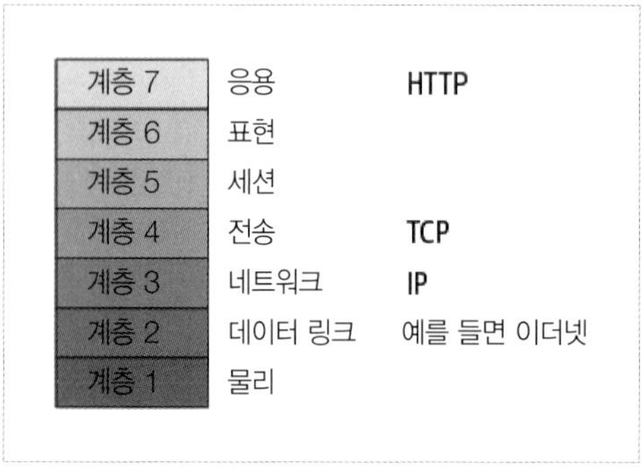

계층 7	응용	HTTP
계층 6	표현	
계층 5	세션	
계층 4	전송	TCP
계층 3	네트워크	IP
계층 2	데이터 링크	예를 들면 이더넷
계층 1	물리	

그림 10-2 OSI 모형

- 계층 7 또는 제7층은 응용 계층이다. 서버에 웹 요청이나 RESTful API 요청을 보내는 응용 프로그램이 바로 이 계층 7에서 작동한다. 그러한 요청(request)은 흔히 URL의 형태인데, 그 요청이 목적지에 도달하려면 URL에 있는 도메인 이름을 DNS(Domain Name Service; 도메인 이름 서비스) 서버가 제공하는 도메인 이름 환원(domain name resolution) 기능을 통해서 IP(Internet Protocol^{인터넷 프로토콜}) 주소로 변환해야 한다.

- 계층 4는 전송 계층인데, 흔히 TCP 패킷이나 UDP 패킷이 이 계층에서 전송된다. 포트 번호가 적용되는 계층이다.

- 계층 3은 IP 패킷이 오가는 계층으로, IP 라우터가 여기에서 작동한다. 하나의 IP 네트워크에는 일정한 IP 주소들의 집합이 배정되며, 컨테이너가 그 네트워크에 참여하면 그 IP 주소들의 하나가 컨테이너에 배정된다. 이번 장의 논의에서 IP 네트워크가 IP v4를 사용하는지 IP v6을 사용하는지는 중요하지 않다. 이 부분은 그냥 구현 세부사항으로 간주할 수 있다.

- 계층 2에서 데이터 패킷은 물리적 네트워크 인터페이스 또는 가상 네트워크 인터페이스에 연결된 종점(end point)에 도달한다(가상 인터페이스에 관해서는 잠시 후에 좀 더 이야기하겠다). 계층 2에서 작동하는 프로토콜은 여러 가지인데, 이더넷^{Ethernet}과 WiFi가 대표적이다. 그리고 네트워킹의 역사를 공부한 독자라면 기억할 토큰 링^{Token Ring}도 계층 2 프로토콜이다. (WiFi는 조금 애매한데, WiFi는 계층 2뿐만 아니라 계층 1에도 걸쳐 있다). 이번 장에서는 계층 2 컨테이너 네트워킹에서 지배적으로 쓰이는 이더넷만 고려한다. 계층 2에서는 인터페이스들을 MAC 주소로 식별한다.

- 계층 1은 물리 계층(physical layer)이라고 부르지만, 물리적인 네트워크 인터페이스 장치뿐만 아니라 가상 인터페이스도 이 계층에 속한다. 물리적 컴퓨터에는 물리적 네트워크 장치가 있으며, 그런 장치는 케이블이나 무선 전송 모듈이 붙어 있다. 제5장에서 배웠듯이 VMM은 게스트에게 가상 장치에 대한 접근 권한을 부여하며, 그러한 가상 장치는 호스트의 물리적 장치와 연동된다. 예를 들어 AWS의 EC2 인스턴스에서 접근할 수 있는 네트워크 인터페이스는 물리적 인터페이스가 아니라 가상 인터페이스이다. 컨테이너의 네트워크 인터페이스 역시 계층 1의 가상 인터페이스인 경우가 많다. 컨테이너가 네트워크에 참여하면 그 네트워크에 대한 계층 1 인터페이스를 가지게 된다.

그럼 응용 프로그램이 어떤 메시지 하나를 목적지에 보낼 때 이 여러 계층에서 어떤 일이 벌어지는지 살펴보자.

10.3 IP 패킷이 전송되는 과정

응용 프로그램이 어떤 목적지 URL에 요청을 하나 보낸다고 하자. 요청을 응용 프로그램이 보내는 것이므로, OSI 모형의 계층 7, 즉 '응용 계층'에서부터 추적을 시작하는 것이 합당할 것이다.

요청이 처리되는 첫 단계는 해당 URL에 있는 호스트 이름(도메인 이름)에 해당하는 IP 주소를 찾는 DNS 조회이다. 이 과정은 계층 4(전송 계층)에서 일어난다. DNS 조회를 지역에 있는 도메인 이름 정보(파일 시스템의 /etc/hosts 파일 등)를 이용해서 수행할 수도 있고, 미리 정해진 IP 주소에 있는 원격 DNS 서버에 DNS 요청을 보내서 처리할 수도 있다. (응용 프로그램이 URL 대신 목적지의 IP 주소를 직접 지정해서 메시지를 보내는 경우에는 이 DNS 조회 과정이 생략된다.)

메시지를 담은 패킷을 받을 목적지의 IP 주소를 알아낸 후에는, 그곳에 도달하기 위한 라우팅routing 과정이 진행된다(계층 3). 이 과정은 두 부분으로 나뉜다.

1. 주어진 목적지에 도착하기까지 IP 네트워크의 여러 지점을 거쳐야 할 수 있다. 그런 중간 지점들을 경유지 또는 '홉hop'이라고 부른다. 라우팅의 첫 부분에서는, 주어진 목적지로 가는 다음 경유지의 IP 주소를 알아낸다.

2. 다음 경유지의 IP 주소를 알아낸 다음에는, 그 주소에 대응되는 인터페이스를 알아낸다.

다음으로, 패킷을 이더넷 프레임frame들로 변환하고 다음 경유지 IP 주소를 해당 인터페이스의 MAC 주소로 변환한다(계층 2). IP 주소를 MAC 주소로 변환하는 데는 ARP(Address Resolution Protocol)가 쓰인다. 다음 경유지 IP 주소의 MAC 주소가 이미 ARP 캐시cache에 들어 있으면 그것을 사용하고, 그렇지 않으면 ARP를 이용해서 MAC 주소를 구한다.

다음 경유지의 MAC 주소를 알아냈다면, 출발지의 네트워크 인터페이스를 통해서 메시지를 목적지의 네트워크 인터페이스 전송한다. 네트워크 구현에 따라서는 출발지와 목적지의 인터페이스들이 점 대 점(point-to-point)으로 연결될 수도 있고, 아니면 출발지의 인터페이스가 브리지bridge에 연결될 수도 있다.

브리지의 이해를 돕기 위해, 하나의 물리적 장치에 여러 개의 이더넷 케이블이 물려 있다고 상상해 보자. 그러한 물리적 장치가 하나의 브리지이다. 각 케이블의 다른 쪽 끝은 다른 어떤 장치, 이를테면 컴퓨터의 네트워크 카드에 연결되어 있다. 모든 물리적 네트워크 카드에는 카드 제조사가 정한 고유 MAC 주소가 있다. 브리지는 자신의 인터페이스에 물려 있는 각 케이블의 먼 쪽에 있는 MAC 주소를 파악한다. 브리지에 연결된 모든 장치는 그 브리지를 통해서 다른 장치에 패킷을 보낼 수 있다. 컨테이너 네트워킹에서 브리지는 개별적인 물리적 장치가 아니라 소프트웨어로 구현되며, 물리적 이더넷 케이블 대신 가상 이더넷 인터페이스가 쓰인다. 다시 메시지 전송 과정으로 돌아가서, 메시지가 브리지에 도착하면 브리지는 그 메시지에 담긴 다음 경유지 MAC 주소를 이용해서 메시지를 해당 인터페이스에 보낸다.

메시지가 이더넷 연결의 반대편 끝에 도달하면 그곳의 인터페이스는 IP 패킷을 추출해서 계층 3으로 올려보낸다. [그림 10-3]에서 보듯이 네트워크 스택의 계층마다 각자 다른 헤더들이 패킷에 붙는다.

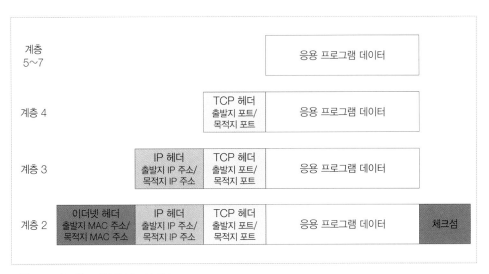

그림 10-3 네트워크 패킷에 붙는 헤더들

만일 이번 경유지가 패킷의 최종 목적지이면, 패킷은 위로 올라가서 응용 프로그램 계층을 거쳐 결국에는 응용 프로그램에 도달한다. 그러나 이번이 최종 목적지가 아니면 다음 경유지로 나아가는 과정을 반복한다.

몇 가지 세부사항(이를테면 ARP의 작동 방식이나 라우팅 시 다음 경유지의 IP 주소를 찾는 방법 등)을 생략하긴 했지만, 이번 장에서 컨테이너 네트워킹을 논의하는 목적으로는 이 정도의 설명으로 충분할 것이다.

10.4 컨테이너의 IP 주소

앞에서 언급했듯이, 메시지가 목적지에 도달하려면 목적지의 IP 주소가 필요하다. 컨테이너가 호스트와 IP 주소를 공유하게 할 수도 있고, 컨테이너의 네트워크 이름공간에서 실행되는 독자적인 네트워크 스택을 둘 수도 있다. 네트워크 이름공간을 설정하는 방법은 제4장에서 이야기했다. 컨테이너를 쿠버네티스로 실행하고 관리하는 경우가 많은 만큼, 이번 절에서는 쿠버네티스에서 IP 주소들이 어떻게 쓰이는지 살펴보자.

쿠버네티스의 각 파드에는 고유한 IP 주소가 있다. 하나의 파드에 여러 개의 컨테이너가 있는 경우 그 컨테이너들은 같은 IP 주소를 공유한다. 이는 한 파드의 모든 컨테이너가 동일한 네트워크 이름공간을 공유하기 때문이다. 쿠버네티스의 모든 노드는 특정 범위의 주소들(CIDR 블록)을 사용하도록 설정되며, 특정 노드에서 실행되도록 설정된 파드는 그 노드에 설정된 범위의 주소 하나를 배정받는다.

> **참고:** 그런데 노드에 항상 주소 범위가 미리 배정되는 것은 아니다. 예를 들어 AWS는 바탕 VPC와 연관된 범위의 IP 주소들 중 하나를 동적으로 파드에 배정하는 플러그인 방식의 IP 주소 관리 모듈을 제공한다.

쿠버네티스에서 한 클러스터의 파드들은 그 어떤 NAT(Network Address Translation; 네트워크 주소 변환)도 거치지 않고 서로 직접 연결될 수 있어야 한다. 그 외의 환경에서 NAT는 한 개체가 목적지에 있는 장치의 실제 IP 주소와는 다른 IP 주소를 보게 만드는 역할을 한다. (IPv4가 원래 예상한 것보다 훨씬 오래 쓰이고 있는 이유 중 하나가 바로 이 NAT이다. IP 주소를 배정할 수 있는 장치는 IP 주소 공간의 가용 주소 수보다 훨씬 많지만, NAT 덕분에 IP 주소의 대부분을 사설망 안에서 재사용할 수 있다.) 쿠버네티스에서는 네트워크 보안 정책들과 분할(segmentation; 또는 세분화, 구획화) 때문에 한 파드가 다른 파드와 통신하지 못할 수는 있지만, 만일 두 파드가 통신할 수만 있다면 둘은 그 어떤 NAT 없이 서로의 IP 주소를 투명하게 볼 수 있다. 단, 파드와 외부 세계 사이에서는 NAT가 작용할 수 있다.

쿠버네티스 서비스들은 일종의 NAT이다. 하나의 쿠버네티스 서비스는 그 자체로 하나의 자원(resource)이므로 개별적인 IP 주소가 배정된다. 그러나 그것은 하나의 IP 주소일 뿐이다. 서비스에는 인터페이스가 없으며 메시지를 받지도, 보내지도 않는다. 이 주소는 단지 라우팅을 위한 것일 뿐이다. 쿠버네티스 서비스는 해당 서비스를 실제로 처리하는 일단의 파드들과 연관되므로, 서비스의 IP 주소에 도달한 패킷을 그 파드들에 전달해 주어야 한다. 잠시 후에 계층 3에서 이러한 라우팅이 어떻게 일어나는지 간략하게나마 살펴볼 것이다.

10.5 네트워크 격리

당연한 말이겠지만, 어떤 두 구성 요소가 통신할 수 있으려면 그 두 구성 요소는 같은 네트워크에 연결되어 있어야 한다. 뒤집어 말하면, 네트워크를 분리하면 두 구성 요소는 통신할 수 없다. 전통적인 호스트 기반 환경에서는 서로 통신하지 말아야 할 응용 프로그램들을 각자 다른 VLAN에 두어서 둘을 격리했다.

컨테이너 세계에서는, 도커의 docker network 명령을 이용하면 그런 다중 네트워크를 간단하게 설정할 수 있다. 그러나 안타깝게도 이 명령은 모든 파드가 IP 주소를 이용해서 다른 모든 파드에 접근할 수 있는(네트워크 정책과 보안 도구가 허락한다고 할 때) 쿠버네티스 모형에는 잘 맞지 않는다.

쿠버네티스에서는 제어용 구성 요소들도 파드들에서 실행되며, 응용 프로그램 파드들과 같은 네트워크에 연결되어 있다는 점도 주의해야 한다. 전기통신(telecommunication) 분야에 경험이 있는 독자라면 이 점이 다소 의외일 것이다. 전화 통신망에서는 주로 보안 때문에 제어 평면(control plane)과 데이터 평면을 분리하는 데 많은 노력을 기울였다.

그러나 쿠버네티스의 컨테이너 네트워킹은 OSI 계층 3과 4에서 작용하는 네트워크 정책 (network policy)들을 통해서 제어된다(*https://oreil.ly/sHh4p*).

10.6 계층 3, 4의 라우팅과 규칙들

앞에서 보았듯이 계층 3의 라우팅의 주된 목적은 IP 패킷의 다음 경유지(홉)를 알아내는 것이다. 다음 경유지는 어떤 인터페이스를 통해 어떤 주소들에 도달하는지에 관한 일단의 규칙들에 기초해서 결정된다. 그런데 계층 3의 규칙들로 제어할 수 있는 것이 라우팅만은 아니다. 이 계층에서는 패킷을 폐기하거나 IP 주소를 변경하는 등의 재미있는 일들도 할 수 있다. 이런 작업들은 이를테면 부하 분산이나 NAT, 방화벽, 네트워크 보안 정책을 구현하는 데 쓰인다. 계층 4에서는 포트 번호에 관한 규칙들을 적용할 수 있다. 이런 규칙들은 넷필터[netfilter](*https://netfilter.org*)라고 부르는 커널 기능에 의존한다.

넷필터는 리눅스 커널 버전 2.4에서 처음 도입된 하나의 패킷 필터링 프레임워크이다. 넷필터는 패킷의 출발지 주소와 목적지 주소에 일단의 규칙들을 적용해서 패킷의 처리 방식을 결정한다.

사용자 공간에서 넷필터의 규칙들을 관리하는 수단은 여러 가지인데, 가장 흔히 쓰이는 두 가지는 iptables와 IPVS이다.

10.6.1 iptables

넷필터를 이용해서 커널이 IP 패킷들을 처리할 때 적용하는 규칙들을 설정하는 한 가지 방법은 iptables라는 도구를 이용하는 것이다. 이 도구로 다양한 종류의 테이블을 다룰 수 있는데, 컨테이너 네트워킹의 맥락에서 가장 흥미로운 둘은 필터 테이블과 NAT 테이블이다.

- 필터 테이블은 패킷을 폐기할 것인지 아니면 전달할 것인지를 결정한다. 테이블 종류 식별자는 filter이다.

- NAT 테이블은 주소 변환에 쓰인다. 식별자는 nat이다.

루트 계정에서 iptables -t <테이블 종류> -L 형태의 명령을 실행하면 해당 종류의 현재 규칙들이 나온다.

iptables로 넷필터 규칙들을 적절히 설정하면 보안에 큰 도움이 된다. 쿠버네티스의 네트워크 플러그인들을 비롯해 여러 컨테이너 방화벽 솔루션은 이 iptables를 이용해서 넷필터 규칙들을 적절히 설정함으로써 정교한 네트워크 정책 규칙을 구현한다. 이에 관해서는 §10.7 네트워크 정책(p.189)에서 다시 이야기하겠다. 여기서는 iptables를 이용해서 규칙들을 설정하는 방법을 좀 더 구체적으로 살펴본다.

쿠버네티스의 kube-proxy는 iptables 규칙들을 이용해서 쿠버네티스 서비스에 대한 트래픽의 부하 분산(load balancing)을 처리한다. 앞에서 언급했듯이, 쿠버네티스에서 서비스는 하나의 서비스 이름을 일단의 파드들에 대응시키는 하나의 추상이다. 서비스 이름은 DNS를 통해서 하나의 IP 주소에 대응된다. 패킷이 그 서비스 IP 주소에 도달하면, iptables 규칙 중 해당 목적지 주소와 부합하는 규칙이 적용되어서 목적지 주소가 해당 파드의 실제 주소로 변환된다. 하나의 서비스에 속한 파드들의 집합이 바뀌면, 각 호스트의 iptables 규칙들이 그 변경을 반영해서 적절히 갱신된다.

kubectl 명령을 이용하면 특정 쿠버네티스 서비스에 대한 iptables 규칙들을 손쉽게 조회할 수 있다. 다음은 한 쿠버네티스 클러스터 안에 nginx의 복제본이 각각 배치된 두 파드를 대표하는 한 서비스의 규칙들을 조회한 예이다(간결함을 위해 일부 출력 필드를 생략했다).

```
$ kubectl get svc,pods -o wide
NAME                    TYPE        CLUSTER-IP      PORT(S)
service/kubernetes      ClusterIP   10.96.0.1       443/TCP
```

```
service/my-nginx      NodePort      10.100.132.10    8080:32144/TCP

NAME                                 READY   STATUS    IP
pod/my-nginx-75897978cd-n5rdv        1/1     Running   10.32.0.4
pod/my-nginx-75897978cd-ncnfk        1/1     Running   10.32.0.3
```

현재 NAT 규칙들은 iptables -t nat -L로 볼 수 있다. 꽤 긴 결과가 출력되겠지만, 이 nginx 서비스에 해당하는 부분을 찾기가 그리 어렵지 않지 않을 것이다. 다음은 필자가 얻은 결과에서 주요 부분만 발췌한 것인데, 무엇보다도 my-nginx 서비스가 IP 주소 10.100.132.10에서 실행 중임을 확인할 수 있다. 또한, 이것이 "KUBE-SERVICES"라는 체인chain의 일부라는 점도 알 수 있는데, 이름에서 짐작하겠지만 이것은 서비스와 연관된 체인이다.

```
Chain KUBE-SERVICES (2 references)
target                   prot opt source      destination
...
KUBE-SVC-SV7AMNAGZFKZEMQ4 tcp -- anywhere    10.100.132.10   /* default/my-
nginx:http cluster IP */ tcp dpt:http-alt
...
```

이 규칙의 target 필드는 대상 체인을 지정한다. 그 체인이 iptables 출력의 나머지 부분에 나온다.

```
Chain KUBE-SVC-SV7AMNAGZFKZEMQ4 (2 references)
target                   prot opt source      destination
KUBE-SEP-XZGVVMRRSKK6PWWN all -- anywhere     anywhere        statistic mode
random probability 0.50000000000
KUBE-SEP-PUXUHBP3DTPPX72C all -- anywhere     anywhere
```

이 규칙으로 추론하자면, 네트워크 트래픽은 이 두 대상들에 동일한 확률로 분산된다. 이 대상들에 파드들의 IP 주소들(10.32.0.3과 10.32.0.4)에 대응되는 규칙들이 있다는 점이 이러한 추론을 뒷받침한다.

```
Chain KUBE-SEP-XZGVVMRRSKK6PWWN (1 references)
target           prot opt source              destination
KUBE-MARK-MASQ   all -- 10.32.0.3             anywhere
```

```
DNAT             tcp  --  anywhere              anywhere          tcp to:10.32.0.3:80
...
Chain KUBE-SEP-PUXUHBP3DTPPX72C (1 references)
target           prot opt source                destination
KUBE-MARK-MASQ   all  --  10.32.0.4             anywhere
DNAT             tcp  --  anywhere              anywhere          tcp to:10.32.0.4:80
```

iptables를 이용한 방법의 문제점은, 호스트마다 복잡한 규칙 집합이 많이 있으면 성능이 떨어질 수 있다는 것이다. 실제로, 쿠버네티스를 큰 규모로 실행할 때 kube-proxy의 iptables 사용이 성능상의 병목으로 작용한 사례가 있다. 쿠버네티스 블로그의 글 "IPVS-Based In-Cluster Load Balancing Deep Dive"(*https://oreil.ly/xOyqb*)는 각각 파드가 10개인 서비스 2,000개를 실행했을 때 모든 노드에 각각 20,000개의 iptables 규칙들이 추가됨을 지적한다. 이 문제를 해결하기 위해 쿠버네티스는 서비스들의 부하 분산에 IPVS를 사용할 수 있게 했다.

10.6.2 IPVS

IPVS(IP Virtual Server; IP 가상 서버)를 계층 4 부하 분산 또는 계층 4 LAN 스위칭이라고 부르기도 한다. IPVS도 iptables처럼 패킷에 규칙들을 적용하는 수단이지만, 전달(forwarding) 규칙들을 해시 테이블에 저장함으로써 부하 분산에 최적화되었다는 점이 특징이다.

이러한 최적화 덕분에 kube-proxy의 성능이 크게 개선되었지만, 그 사례만 보고 네트워크 정책을 구현하는 네트워크 플러그인들의 성능에 관해 어떤 결론을 성급히 내리지는 말기 바란다.

> **참고:** Project Calico는 kube-proxy에 대한 iptables와 IPVS의 성능을 비교한 보고서를 발행했다(*https://oreil.ly/xGO0N*).

넷필터 규칙들을 IPVS로 관리하든 iptables로 관리하든, 둘 다 커널 안에서 작동한다는 점은 동일하다. 한 호스트의 모든 컨테이너가 커널을 공유하므로, 이들을 이용한 보안 정책 강제는 각 컨테이너가 아니라 호스트 수준에서 일어난다.

이상으로 넷필터 규칙들을 관리하는 두 가지 주요 수단을 살펴보았다. 그럼 넷필터 규칙들을 이용해서 보안을 위한 네트워크 정책을 구현하는 방법으로 넘어가자.

10.7 네트워크 정책

쿠버네티스나 기타 컨테이너 배치본에 네트워크 정책을 적용하는 방법은 다양하다. 쿠버네티스 밖에서는 네트워크 정책 대신 '컨테이너 방화벽'이나 '네트워크 세부 분할(network microsegmentation)' 같은 용어를 사용하긴 하지만, 기본 원리는 동일하다.

쿠버네티스의 네트워크 정책은 파드들이 주고받을 수 있는 트래픽을 정의한다. 정책은 포트 수준에서 정의할 수도 있고 IP 주소나 서비스, 파드 수준에서 정의할 수도 있다. 한 메시지를 보내거나 받을 때, 만일 정책이 해당 메시지를 승인하지 않으면 네트워크 스택이 연결 자체를 거부할 수도 있고, 또는 해당 메시지를 폐기할 수도 있다. 이번 장 도입부에 나온 전자 상거래 사이트의 예라면, 제품 검색 컨테이너에서 보낸 패킷들에서 목적지 IP 주소가 결제 서비스인 패킷들을 하나의 네트워크 정책으로 차단함으로써 둘 사이의 통신을 금지할 수 있을 것이다.

네트워크 정책 솔루션 중에는 넷필터 규칙들을 이용해서 정책을 구현하는 것들이 많다. 그럼 iptables로 구현된 쿠버네티스 네트워크 정책의 예를 보자. 다음은 access=true라는 이름표가 붙은 파드만 my-nginx 서비스에 접근할 수 있도록 하는 간단한 네트워크 정책 객체(NetworkPolicy 객체)이다.

```
apiVersion: networking.k8s.io/v1
kind: NetworkPolicy
metadata:
  name: access-nginx
spec:
  podSelector:
    matchLabels:
      app: my-nginx
  ingress:
  - from:
    - podSelector:
        matchLabels:
          access: "true"
```

이 네트워크 정책 객체를 생성하면 **iptables**의 필터 테이블에 다음과 같은 규칙이 추가된다.

```
Chain WEAVE-NPC-INGRESS (1 references)
target     prot opt source        destination
ACCEPT     all  --  anywhere      anywhere              match-set weave-{U;]TI.l¦Md
RzDhN7$NRn[t)d src match-set weave-vC070kAfB$if8}PFMX{V9Mv2m dst /* pods: namespa
ce: default, selector: access=true -> pods: namespace: default, selector: app=my-
nginx (ingress) */
```

주어진 정책에 해당하는 **iptables** 규칙들을 추가하는 작업은 쿠버네티스 자체가 아니라 특정 네트워킹 플러그인(*https://oreil.ly/VmVCc*)이 담당한다. WEAVE-NPC-INGRESS라는 체인 이름에서 짐작하겠지만, 이 규칙은 Weave를 네트워크 플러그인으로 사용한다. **match-set** 규칙 자체는 사람이 읽고 이해하기 어렵다. 그러나 해당 주석(/* ... */)을 보면, 이것이 기본 이름공간의 파드 중 이름표가 **access=true**인 파드에서 이름표가 **app=my-nginx**인 파드로의 네트워크 트래픽을 허용하는 규칙임을 짐작할 수 있다.

쿠버네티스에서 **iptables** 규칙들을 이용해서 네트워크 정책을 강제하는 예를 보았으니, 그런 규칙을 우리가 직접 만들어 보자. 이번 예제는 아무 규칙도 없는 새 우분투 설치본으로 시작한다.

```
$ sudo iptables -L
Chain INPUT (policy ACCEPT)
target     prot opt source              destination

Chain FORWARD (policy ACCEPT)
target     prot opt source              destination

Chain OUTPUT (policy ACCEPT)
target     prot opt source              destination
```

netcat을 이용해서, 포트 8000에서 요청을 받는 '서버'를 실행한다.

```
$ while true; do  echo "hello world" ¦ nc -l 8000 -N; done
```

서버가 잘 작동하는지 확인하기 위해, 다른 터미널에서 이 포트에 실제로 요청을 보내 보자.

```
$ curl localhost:8000
hello world
```

이제 포트 8000에 대한 통신을 거부하는 **iptables** 규칙을 추가한다.

```
$ sudo iptables -I INPUT -j REJECT -p tcp --dport=8000
$ sudo iptables -L
Chain INPUT (policy ACCEPT)
target     prot opt source        destination
REJECT     tcp  --  anywhere      anywhere             tcp dpt:8000 reject-with icmp-
port-unreachable

Chain FORWARD (policy ACCEPT)
target     prot opt source        destination

Chain OUTPUT (policy ACCEPT)
target     prot opt source        destination
```

이제 다시 **curl**로 요청을 보내면 이번에는 연결이 거부되었다는 오류 메시지가 나온다.

```
$ curl localhost:8000
curl: (7) Failed to connect to localhost port 8000: Connection refused
```

이번 예제는 **iptables**를 이용해서 트래픽을 제한하는 방법을 보여주었다. 이와 비슷한 규칙들을 계속 추가하면 컨테이너들 사이의 트래픽을 제한할 수 있지만, 그런 규칙들을 여러분이 손으로 직접 추가하는 것은 바람직하지 않다. 실무에서는 **iptables** 규칙들로 직접 컨테이너 네트워크 보안 정책을 구현하기보다는 기존의 구현을 사용하는 것이 낫다. 손으로 일일이 규칙을 작성하는 것보다 기존 구현이 제공하는 편리한 사용자 인터페이스를 이용해서 규칙들을 설정하는 것이 훨씬 편하다. 그리고 다중 노드 시스템에서는 노드마다 다른 규칙을 두어야 하므로, 전체적으로 규칙이 대단히 많아진다. 어느 정도인지 감을 잡을 수 있는 예를 들어 보겠다. 필자는 Calico 네트워크 플러그인을 실행하는 쿠버네티스 노드 하나에서 몇 개 안 되는 응용 프로그램 파드를 돌리고 있는데, **iptable -L**을 실행하면 필터 테이블 규칙들이 300줄이 넘게 나온다. 그 규칙들 자체는 성능이 아주 좋지만, 그런 규칙들을 작성한다는 것은 대단히 복잡한 일이다. 또한, 컨테이너들은 일시적으로만 실행되는 경향이 있으므로, 컨테이너를 생성하고 파괴할 때마다 규칙들을 다시 작성해야 한다. 따라서 사람이 손으로 규칙들을 작성하는 것은 사실상 불가능하다. 현실적인 대안은 규칙 생성을 자동화하는 것뿐이다.

10.7.1 여러 가지 네트워크 정책 솔루션

그런 자동화에 사용할 만한 도구는 어떤 것이 있을까? 쿠버네티스에는 앞에서 언급한 NetworkPolicy 객체가 있지만, 쿠버네티스는 이 객체의 사용을 강제하지 않는다. 이 객체는 이 객체를 지원하는 네트워크 플러그인(*https://oreil.ly/Bv_JG*)을 사용할 때만 효과를 낸다. 일부 네트워크 플러그인은 더 유연하거나 관리가 쉬운 상용 버전으로 업그레이드하는 옵션도 제공한다.

　일부 상용 컨테이너 보안 플랫폼은 쿠버네티스 네트워크 플러그인과 본질적으로 같은 일을 하지만 플러그인의 형태로 직접 설치되지는 않는 컨테이너 방화벽을 제공한다. 특정 컨테이너 이미지가 정상적으로 작동할 때의 예상 트래픽을 학습해서 정책을 자동으로 생성하는 기능을 갖춘 솔루션도 있다.

10.7.2 네트워크 정책 모범 관행

네트워크 정책을 생성·관리·강제하는 데 사용하는 도구가 무엇이듯, 다음과 같은 모범 관행들을 따르는 것이 좋다.

모든 진입 트래픽을 기본적으로 거부

　최소 권한 원칙에 따라, 각 이름공간에 모든 진입(ingress; 들어오는) 트래픽을 기본적으로 거부하는 정책(*https://oreil.ly/L6OjC*)을 설정하고 꼭 필요한 진입 트래픽만 허용하는 정책들을 추가한다.

모든 진출 트래픽을 기본적으로 거부

　진출(egress) 정책은 파드에서 나가는 통신 메시지를 제어한다. 컨테이너가 침해되면 공격자가 네트워크를 이용해서 주변 환경을 탐지하려 들 수 있다. 이를 방지하기 위해, 각 이름공간에 모든 진출 트래픽을 기본적으로 거부하는 정책(*https://oreil.ly/RmeUT*)을 설정하고 꼭 필요한 진출 트래픽만 허용하는 정책들을 추가한다.

파드 대 파드 트래픽 제한

일반적으로 파드에는 해당 응용 프로그램을 나타내는 이름표가 붙는다. 허용된 응용 프로그램들 사이에만 트래픽이 오갈 수 있도록 제한하는 정책들과 적절한 이름표가 붙은 파드에만 통신을 허용하는 정책들을 추가한다.

포트 제한

각 응용 프로그램이 특정 포트로 온 요청만 받아들이도록 설정한다.

> **참고:** 아메트 알프 발간Ahmet Alp Balkan은 유용한 네트워크 정책 레시피들을 제공한다(*https://oreil.ly/ JogsQ*).

지금까지 논의한 네트워크 정책들은 네트워크 스택의 낮은 계층들(계층 4까지)에서 작용한다. 그럼 응용 계층에서 작용하는 서비스 메시를 살펴보자.

10.8 서비스 메시

서비스 메시service mesh는 응용 프로그램들 사이의 연결 및 통신 능력에 대한 추가적인 통제를 응용 계층(앞에 나온 OSI 네트워크 모형의 계층 5~7에 해당)에서 구현한 것이다.

클라우드 네이티브 생태계에는 Istio, Envoy, Linkerd 등 여러 가지 서비스 메시 프로젝트와 제품이 있으며, 클라우드 공급 업체도 몇 가지 관리되는(managed) 옵션을 제공한다. AWS App Mesh가 그런 예이다. 서비스 메시는 여러 가지 기능과 장점을 제공하는데, 그중 일부는 보안과 관련이 있다.

쿠버네티스에서 서비스 메시는 일반적으로 응용 프로그램 파드에 사이드카 컨테이너로 붙어서, 파드의 응용 프로그램 컨테이너들을 위해 네트워킹을 처리해 주는 형태로 작용한다. 파드로 들어가거나 나가는 모든 트래픽은 이 사이드카 프록시를 거친다. 규칙들은 프록시 안의 사용자 공간에서 적용된다.

이런 사이드카 프록시들에서 모든 연결이 상호 TLS(mTLS)를 사용하도록 서비스 메시를 설정하는 것도 가능하다. 그렇게 하면 배치본 안의 연결이 안전하게 암호화되기 때문에, 공격자가 어떻게든 배치본 안에 거점을 확보한다고 해도 배치본 안에서 오가는 트래픽을 가로채 악용하기 어렵다. 상호 TLS는 제11장에서 좀 더 이야기한다.

서비스 메시는 한 서비스의 파드들이 오직 정책이 허용할 때만 다른 서비스(내부 서비스든 외부 서비스든)와 통신할 수 있게 하는 응용 계층 네트워크 정책을 강제하는 기능도 제공한다. 이들은 응용 계층에서 작용하므로, 앞에서 살펴본 계층 1~4 네트워크 정책들과는 관심사(concern)가 확실하게 분리된다.

> **참고:** Istio 문서화에는 특정 응용 프로그램의 파드들이 특정 포트를 통해서만 메시지를 보낼 수 있게 하는 응용 계층 격리 정책의 예가 나온다(*https://oreil.ly/6bUHM*).

서비스 메시가 지원하는 상호 TLS와 네트워크 정책은 보안을 강화하는 데 큰 도움이 되지만, 주의할 점이 두 가지 있다.

- 서비스 메시의 보안 혜택은 서비스 메시를 사이드카 형태로 주입한 파드들에만 적용된다. 그런 파드가 없으면 서비스 메시는 아무 일도 하지 않는다.

- 서비스 메시의 네트워크 정책들은 서비스 수준에서 정의되므로, 이미 침해된 파드에서 공격자가 네트워크 기반구조를 공격하는 것을 막는 데에는 효과가 없다.

기업(enterprise) 환경에서는 심층 방어 원칙(principle of defense in depth)을 사용하는 것이 바람직하다. 즉, 서비스 메시를 두는 것으로 그치지 말고 모든 컨테이너에 사이드카가 있는지 점검하는 수단을 마련해야 하며, 추가적인 컨테이너 네트워크 보안 솔루션을 이용해서 컨테이너 사이의 또는 컨테이너와 외부 주소 사이의 직접적인(서비스 IP 주소를 거치지 않는) 통신을 방지/제한해야 한다.

> **참고:** 이외에도 서비스 메시는 네트워크나 보안과는 무관한 여러 가지 기능을 제공한다. 이를테면 서비스 메시를 카나리아 배치(canary deployment)에 사용할 수도 있다. 서비스 메시의 여러 용도에 관해서는 DigitalOcean의 글(*https://oreil.ly/0Fq5A*)을 참고하기 바란다.

서비스 메시 사이드카 컨테이너는 파드 안에서 응용 프로그램 컨테이너들과 함께 살아간다. 응용 프로그램 컨테이너를 성공적으로 침해한 공격자가 사이드카가 강제하는 규칙들을 우회하거나 변경하려 들 수도 있다. 사이드카 컨테이너와 응용 프로그램 컨테이너는 같은 네트워크 이름공간을 공유하므로, 응용 프로그램 컨테이너에는 `CAP_NET_ADMIN` 능력을 부여하지 않는 것이 바람직하다. 그러면 컨테이너가 침해되어도 공격자는 공유 네트워킹 스택을 수정하지 못한다.

10.9 요약

이번 장에 보았듯이, 배치본 안에서 컨테이너에 대해 방화벽을 아주 세밀하게 설정할 수 있다. 이러한 세밀함은 여러 가지 보안 원칙(제1장 참고)을 지키는 데 도움이 된다.

- 컨테이너의 통신 능력을 제한함으로써 직무 분리 원칙과 최소 권한 원칙을 지킨다.

- 침해된 컨테이너가 이웃 컨테이너들에 접근하지 못하게 함으로써 폭발 반경 제한 원칙을 지킨다.

- 컨테이너 방화벽을 서비스 메시 및 클러스터 전역에 대한 전통적인 방화벽과 결합함으로써 심층 방어 원칙을 지킨다.

앞에서 서비스 메시가 컨테이너들 사이의 상호 TLS 연결을 자동으로 설정할 수 있다고 말했다. 다음 장에서는 TLS가 네트워크 보안에 어떻게 도움이 되는지 설명하고, 보안 연결에서 키와 인증서의 역할에 관한 몇 가지 오해를 바로잡는다.

제 11 장

TLS를 이용한 구성 요소 간 보안 연결

모든 분산 시스템에는 서로 통신해야 하는 구성 요소들이 있다. 그리고 클라우드 네이티브 환경에서 그런 구성 요소들은 주로 컨테이너들이다. 컨테이너들은 서로 메시지를 주고받거나, 클라우드 내부 또는 외부의 다른 구성 요소와 메시지를 주고받는다. 이번 장에서는 구성 요소들이 암호화된 메시지를 서로 안전하게 주고받을 수 있도록 전송 연결들에 보안을 적용하는 방법을 살펴본다. 구성 요소들이 서로를 식별하는 방법과 악의적인 구성 요소가 통신에 끼어들지 않도록 구성 요소들 사이에 보안 연결을 설정하는 방법을 배우게 될 것이다.

키^{key}나 인증서(certificate)의 작동 방식에 익숙한 독자라면, 이번 장에 컨테이너에 특화된 내용은 별로 나오지 않으니 이번 장을 건너뛰어도 좋다. 이번 장을 이 책에 포함한 것은, 필자의 경험으로 볼 때 컨테이너와 클라우드 네이티브 도구들을 처음 접한 사람들은 보안 연결과 관련된 개념들도 잘 모르거나 혼동하는 경우가 많기 때문이다.

일반적으로 클라우드 네이티브 시스템을 관리하려면 쿠버네티스나 etcd 같은 기반 구성 요소들이 사용할 인증서와 키, 인증 기관을 설정하는 과정을 거치게 된다. 그런 설정은 어렵기로 유명하며, 설치 매뉴얼들은 "왜"나 "어떻게"를 설명하지 않고 그냥 지시 사항만 나열하는 경향이 있다. 보안 연결과 관련된 그런 여러 항목이 각각 어떤 역할을 하는지 이해하는 데 이번 장이 도움이 될 것이다.

그럼 '보안 연결(secure connetion)'이 무엇인지부터 살펴보자.

11.1 보안 연결

일상에서 우리가 흔히 접하는 보안 연결은 바로 웹 브라우저의 연결이다. 예를 들어 브라우저로 은행 사이트에 들어갔는데 주소창 왼쪽 끝에 작은 녹색 자물쇠 아이콘이 없다면, 그 사이트와의 연결은 안전하지 않은 비보안(non-secure) 연결이므로 사용자 ID와 패스워드를 입력하지 않는 것이 좋다. 웹사이트에 대한 보안 연결은 두 가지 요소로 구성된다.

- 첫 요소는 지금 접속한 웹사이트가 실제로 해당 조직(지금 예의 경우 은행)이 소유한 웹사이트인지 확인하는 것이다. 이를 위해 브라우저는 웹사이트의 인증서를 검증해서 웹사이트의 신원을 점검한다.

- 둘째 요소는 암호화이다. 여러분이 은행 계좌 정보에 접근할 때 제삼자가 통신 내용을 훔쳐보면(더 나쁘게는, 내용을 변경하면) 안 될 것이다.

웹사이트 보안 연결이 *HTTPS*라고 부르는 프로토콜을 사용한다는 점은 이미 알고 있을 것이다. HTTPS는 HTTP-Secure를 줄인 것인데, 이름이 암시하듯이 이 프로토콜은 보통의 HTTP 연결에 보안을 적용한 것이다. HTTPS의 보안성은 전송 계층에서 작용하는, **전송 계층 보안**(transport layer security, *TLS*)이라는 자명한 이름의 프로토콜이 제공한다.

*HTTPS*의 S가 SSL(Secure Sockets Layer; 보안 소켓 계층)의 S라고 알고 있는 독자도 있을 텐데, 아주 틀린 말은 아니다. 전송 계층은 두 네트워크 소켓 사이에서 통신이 일어나는 계층이고, TLS는 예전에 SSL이라고 불렸던 프로토콜의 새 이름이다. 첫 번째 SSL 명세는 1995년에 넷스케이프^Netscape^가 공표했다(첫 명세는 버전 1이 아니라 버전 2인데, 버전 1은 심각한 결함이 있어서 공표되지 않았다). 1999년에 국제 인터넷 표준화 기구인 IETF(Internet Engineering Task Force)는 넷스케이프의 SSL v3.0 명세를 대부분 채용해서 TLS v1.0 표준을 제정했다. 현재 업계가 주로 사용하는 것은 TLS v1.3이다.

SSL이라고 부르든 TLS라고 부르든, 이 프로토콜은 인증서에 기반해서 보안 연결을 설정한다. 이름을 TLS로 바꾼 지 20년이 넘었지만 아직도 'SSL 인증서' 같은 용어가 쓰이고 있다. 인증서를 아주 정확하게 지칭해야 하는 상황에서는 'X.509 인증서'라는 용어를 사용해야 함을 기억해 두기 바란다.

X.509 인증서는 상대방을 확인하기 위한 식별 정보 교환과 암호화를 위한 키 교환 모두에

쓰인다. 그럼 X.509 인증서가 무엇이고 어떻게 작용하는지 살펴보자.

> **참고:** 키와 인증서, 인증 기관의 생성과 관리를 위한 도구가 여럿 있다. 이를테면 ssh-keygen, openssl keygen, minica가 그런 도구들이다. 필자의 강연 "A Go Programmer's Guide to Secure Connections"(*https://youtu.be/OF3TM-b890E*)에 minica의 사용법이 나오니 참고하기 바란다. 이 강연은 또한 클라이언트가 서버와 TLS 연결을 설정하는 과정을 단계별로 설명한다.

11.2 X.509 인증서

'X.509'는 이 인증서를 정의하는 ITU(International Telecommunications Union; 국제전기통신연합) 표준의 이름이다. X.509 인증서는 인증서 소유자의 신원(identiy)에 관한 정보와 소유자와 통신하는 데 필요한 공개(public) 암호화 키를 담는 필드들을 포함한 하나의 자료 구조다. 인증서에 포함된 공개 키는 인증서에는 없는 개인 키(private key)와 함께 하나의 공개 키/개인 키 쌍을 이룬다.

그림 11-1 인증서

[그림 11-1]에서 보듯이, 인증서에 담긴 핵심 정보는 다음 세 가지이다.

- 이 인증서가 확인해 주는 개체의 이름. 인증서 소유자를 식별해 주는 이 개체의 정식 명칭은 인증 대상(subject)이다. 일반적으로 인증 대상 이름은 도메인 이름의 형태이다. 실제 응용에서는 다수의 도메인 이름이 나열된 'SAN(Subject Alternative Names; 대상 대

체 이름들)'이라는 필드를 인증서에 포함시켜서, 인증 대상을 여러 가지 이름으로 식별할 수 있도록 한다.[1]

- 인증 대상의 공개 키

- 인증서를 발급한 인증 기관(CA)의 이름. 인증 기관에 관해서는 §11.2.2 인증 기관 (p.201)에서 좀 더 이야기한다.

- 인증서의 유효성 정보. 좀 더 구체적으로는, 이 인증서가 만료되는 날짜와 시간.

11.2.1 공개 키/개인 키 쌍

이름이 암시하듯이, 공개 키는 모든 사람과 공유할 수 있는 키이다. 하나의 공개 키는 하나의 개인 키와 쌍을 이루는데, 공개 키와는 달리 개인 키는 소유자만 알고 있어야 하며 절대로 노출되면 안 된다.

> **참고:** 암호화와 복호화에 깔린 수학은 이 책의 범위를 넘는 주제이다. 필자의 블로그 글 "Finding an intro to maths for cryptography"(*https://oreil.ly/Tbhvd*)에 추천 자료가 있으니 참고하기 바란다.[2]

공개 키/개인 키 쌍을 만들 때는 먼저 개인 키를 생성하고 그 키로부터 공개 키를 계산(유도)한다. 다음은 공개 키/개인 키 쌍의 아주 유용한 용도 두 가지이다.

- 암복호화: 공개 키로 암호화한 메시지는 오직 해당 개인 키를 가진 사람만 해독(복호화)할 수 있다(그림 11-2).

그림 11-2 암호화

---

1 멀티 도메인 인증서 또는 다중 도메인 인증서라고 부르는 인증서가 바로 이것이다.
2 관련 번역서로 『bash를 활용한 사이버 보안 운영』(한빛미디어, 2020)이 있다.

- 서명(신원 확인): A가 자신의 개인 키로 암호화한 메시지를 B가 A의 공개 키로 해독했을 때 원래의 메시지와 같은 메시지가 나온다면, A는 해당 개인 키의 소유자가 맞는 것이다 (그림 11-3).

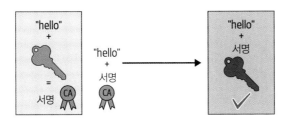

그림 11-3 서명

공개 키/개인 키 쌍의 암호화와 서명 능력 둘 다 보안 연결 설정에 쓰인다.

필자와 독자가 암호화된 메시지를 주고받는다고 할 때, 앞에서 말한 암호화와 서명을 위해서는 먼저 필자의 공개 키를 독자에게 보내야 한다. 그런데 그 공개 키가 다른 어떤 사기꾼이 보낸 것이 아니라 실제로 필자가 보낸 것임을 확인하지 않는다면 이후 과정은 무의미하다. 필자가 다른 누구가 아닌 필자 본인임을 독자에게 납득시키려면, 독자가 신뢰하는 제삼자(서드파티)에게 필자의 신원을 확인받아야 한다. 그런 역할을 하는 제삼자가 바로 **인증 기관**(certificate authority)이다.

11.2.2 인증 기관

흔히 줄여서 CA로 표기하는 인증 기관(certificate authority)은 인증서에 서명함으로써 인증서에 담긴 신원이 정확함을 확인해 주는 신뢰된 개체(trusted entity)이다. 여러분은 반드시 여러분이 신뢰하는 기관이 서명한 인증서만 신뢰해야 한다.

클라이언트가 특정 목적지에 대한 TLS 연결을 열려고 때, 클라이언트는 먼저 상대방이 보낸 인증서를 받는다. 클라이언트는 그 인증서를 점검해서 상대방이 자신이 통신하려는 개체가 맞는지 확인한다. 예를 들어 웹 브라우저로 은행 웹사이트에 접속하면 웹 브라우저는 그 웹사이트가 보낸 인증서가 은행 웹사이트의 URL과 부합하는지 점검하며, 그 인증서를 어떤 CA가 서명했는지도 확인한다.

CA를 안전하게 식별하려면 그 CA 자체에 대한 인증서를 확인해야 한다. 그런데 그 인증서를 확인하려면 그 인증서를 서명한 또 다른 CA를 확인해야 하며, 이 과정은 끝없이 반복된다. 인증서들의 사슬(chain)이 무한히 길게 이어지는 것이다! 이 무한한 사슬을 끊으려면 추가 확인 없이 무조건 믿을 수 있는 인증서가 하나 필요하다.

실제 응용에서 이러한 인증서 사슬은 소위 '자체 서명(self-signed)' 인증서로 끝난다. 자체 서명 인증서는 CA가 스스로 서명한 X.509 인증서이다. 다른 말로 하면, 자체 서명 인증서가 대표하는 신원은 그 인증서를 서명하는 데 쓰인 개인 키를 소유한 개체 자신이다. 그 개체를 신뢰한다면 그 개체가 스스로 서명한 인증서도 신뢰할 수 있다. [그림 11-4]에 인증서 사슬의 예가 나와 있다. 앤의 인증서는 밥이 서명하고, 밥의 인증서는 캐럴이 서명한다. 이 사슬은 캐럴이 스스로 서명한 인증서로 끝난다.

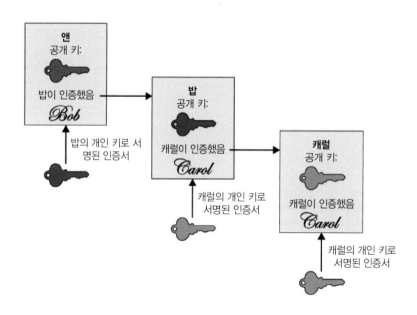

그림 11-4 인증서 사슬

웹 브라우저에는 잘 알려진, 신뢰된 CA들이 서명한 일단의 인증서들이 미리 설치되어 있다. 그런 CA를 '루트root CA'라고 부른다. 웹 브라우저는 루트 CA 중 하나가 서명한 모든 인증서(또는 인증서 사슬)을 신뢰한다. 브라우저가 신뢰하는 CA가 아닌 CA가 서명한 인증서를 가진 사이트에 접속하면 브라우저는 그 사이트가 안전하지 않음을 적절히 표시해 준다(그리고 요즘 대부분의 브라우저는 경고나 오류 메시지도 표시한다).

여러분이 만든 웹사이트에 사람들이 인터넷을 통해 안전하게 연결하게 하려면, 신뢰된 공용 (public) CA가 그 웹사이트에 대해 서명한 인증서가 필요하다. 그런 CA로서 인증서를 유료로 발급해 주는 회사의 서비스를 사용할 수도 있고, 아니면 Let's Encrypt(*https://letsencrypt.org*)에서 무료로 인증서를 발급받을 수도 있다.

분산 시스템 구성 요소들(이를테면 쿠버네티스나 etcd 등)을 설정할 때도 인증서 확인을 위한 일단의 CA들을 지정해야 한다. 여러분이 직접 제어하는 사설(private) 시스템에서는 일반 대중이(또는 그들이 사용하는 브라우저가) 그런 구성 요소들을 신뢰하는지 아닌지가 별로 중요하지 않다. 중요한 것은 구성 요소들이 서로 신뢰할 수 있는가이다. 사설 시스템에는 신뢰된 공용(public) CA를 사용할 필요가 없다. 그냥 아주 간단한 과정을 통해서 여러분 스스로가 인증 기관이 되어 인증서를 스스로 서명하면 된다.

여러분이 스스로 CA가 되든 공용 CA를 사용하든, 인증서를 만들려면 몇 가지 정보를 CA에 제공해야 한다. 그런 정보를 제출하는 수단을 '인증서 서명 요청(Certificate Signing Request, CSR)'이라고 부른다.

11.2.3 인증서 서명 요청(CSR)

인증서 서명 요청은 다음과 같은 정보를 담은 하나의 파일이다.

- 인증서에 포함할 공개 키

- 인증서가 적용되는 도메인 이름(들)

- 인증서가 대표하는 신원에 관한 정보(이를테면 회사나 조직 이름)

X.509 인증서를 발급받으려면 CSR 파일을 작성해서 CA에 보내야 한다. 이번 장에서 언급했

듯이 인증서에는 CA의 서명과 함께 위에 나온 정보가 포함되므로, 인증서 발급을 위한 CSR에 위의 정보가 포함되는 것은 당연한 일이다.

openssl 같은 도구를 이용하면 새 키 쌍과 CSR을 동시에 생성할 수 있다. 좀 헷갈릴 수도 있는데, openssl로 CSR을 생성할 때는 공개 키가 아니라 개인 키를 입력해도 된다. 이는 앞에서 언급했듯이 개인 키에서 공개 키를 유도할 수 있기 때문이다. 인증서가 대표하는 신원으로 실행되는 구성 요소는 메시지 복호화와 서명에 자신의 개인 키(인증서 생성에 쓰인)를 사용한다(잠시 후에 관련 예제가 나온다). 자신의 공개 키는 전혀 사용하지 않는다. 공개 키는 통신의 반대편에 있는 구성 요소에 필요한데, 반대편 구성 요소는 이 구성 요소의 인증서에서 공개 키를 얻는다. 정리하자면, 한 구성 요소가 다른 구성 요소와 통신하려면 자신의 개인 키가 있어야 하고, 그 개인 키와 쌍을 이루는 공개 키를 담은 인증서를 다른 구성 요소에 보내야 한다.

인증서가 무엇인지 살펴보았으니, TLS 연결에 인증서가 어떻게 쓰이는지로 넘어가자.

11.3 TLS 연결

두 개체 사이에 전송 계층 연결이 만들어지려면 먼저 한 개체(구성 요소)가 연결 과정을 시작해야 한다. 그 개체를 클라이언트라고 부르고, 상대방 개체를 서버라고 부른다. 이러한 클라이언트–서버 관계는 전송 계층에서만 성립할 뿐, 그보다 높은 계층에서는 구성 요소들이 서로 동위(peer)일 수 있다.

클라이언트는 소켓을 하나 열고 서버에게 네트워크 연결을 요청한다. 보안 연결의 경우 서버는 그 요청에 대한 응답으로 반드시 인증서를 보내야 한다. 앞에서 언급했듯이 인증서에는 중요한 정보 조각이 두 개 들어 있는데, 하나는 서버의 신원이고 다른 하나는 서버의 공개 키이다.

서버가 인증서를 보내는 이유는 서버를 신뢰할 수 있는지를 클라이언트가 판단하게 하기 위한 것이다. 클라이언트는 서버의 인증서가 신뢰된 CA가 서명했는지 점검해서, 만일 그렇다면 서버를 믿기로 한다. 클라이언트가 항상 서버의 공개 키로 메시지를 암호화해서 서버에게 보낼 수도 있지만, 그렇게 하는 대신 클라이언트와 서버는 대칭 키 하나를 합의해서 그 대칭 키('세션 키')를 이후 메시지들의 암복호화에 사용한다. 이는 대칭 키를 사용하는 것이 비대칭 공개 키/개인 키 쌍을 사용하는 것보다 성능이 훨씬 좋기 때문이다. 클라이언트와 서버가 보안 연결을 확립하는 전체적인 과정이 [그림 11-5]에 나와 있다.

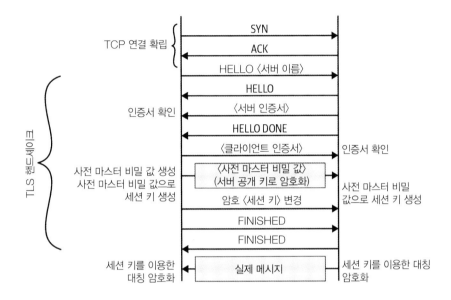

그림 11-5 TLS 핸드셰이크[3]

어디선가 'skip-verify'라는 용어를 본 적이 있을 텐데, 이것은 전송 계층에서 클라이언트가 인증서 확인 단계(서버 인증서를 알려진 CA가 서명했는지 점검하는)를 건너뛰는(skip) 옵션을 말한다. 이 옵션이 적용된 경우 클라이언트는 그냥 인증서가 주장하는 신원과 서버가 일치한다고 가정한다. 비실무 환경에서는 이 옵션을 적용하는 것이 편하다. 그러면 클라이언트에 CA들에 관한 정보를 설정할 필요가 없이 그냥 자체 서명 인증서를 사용할 수 있기 때문이다. 이렇게 해도 구성 요소들은 여전히 보안 연결을 통해서 메시지를 주고받지만, 주어진 구성 요소가 실제로 여러분이 생각하는 그 구성 요소인지 확신할 수는 없다. 따라서 실무 환경에서는 skip-verify 옵션을 사용하지 말아야 한다.

---

3 참고로 사전 마스터(pre-master) 비밀 값이라는 이름은 이 값이 '마스터 키' 생성 직전 단계에 존재하는 값이기 때문이다. 그림을 조금 보충하자면, 클라이언트가 생성하는 것은 마스터 키이고, 그것을 서버의 공개 키로 암호화한 것이 사전 마스터 비밀 값이다. 서버는 클라이언트가 보낸 사전 마스터 비밀 값을 자신의 개인 키로 해독해서 원래의 마스터 키를 얻고, 그것으로 세션 키를 암호화해서 클라이언트에 보낸다. 클라이언트는 원래의 마스터 키로 세션 키를 해독한다. 결과적으로 클라이언트와 서버는 세션 키(암호화되지 않은)를 네트워크로 직접 주고받지 않고도 동일한 세션 키를 공유하게 된다.

서버의 인증서를 확인한 클라이언트는 서버를 신뢰할 수 있다. 그런데 통신을 진행하려면 서버 역시 클라이언트를 신뢰할 수 있어야 한다.

예를 들어 한 사용자가 은행 사이트에 접속해서 계좌의 잔액을 조회하는 경우, 서버는 잔액 정보를 제공하기 전에 사용자가 정말로 그 계좌의 소유자인지부터 확인해야 한다. 은행 사이트에 로그인하는 것 같은 진정한 클라이언트–서버 관계에서 이러한 사용자 확인은 일반적으로 계층 7 인증(authentication)을 통해서 처리된다. 이때 사용자는 자신의 사용자 이름 (username)과 패스워드를 제공하며, 경우에 따라서는 문자 메시지로 전달된 비밀 코드나 일회용 패스워드(물리적 OTP 카드 또는 Authy나 1Password, Google Auth 같은 모바일 앱으로 생성한) 같은 다요소 인증(multi-factor authentication) 정보를 제공하기도 한다.

아니면 X.509 인증서를 이용해서 클라이언트의 신원을 확인할 수도 있다. [그림 11-5] 에 나온 메시지 흐름을 보면 클라이언트도 서버에게 인증서를 전달한다. 이런 클라이언트 인증서 요구는 서버 쪽에서 설정할 수 있는 하나의 옵션이다. 서버가 인증서를 이용해서 자신의 신원을 클라이언트에게 확인시키듯이, 클라이언트도 인증서를 이용해서 자신의 신원을 서버에게 확인시킬 수 있다. 이처럼 인증서를 교환해서 서로를 확인하는 방식의 TLS를 상호 TLS(mTLS)라고 부른다.

11.4 컨테이너들 사이의 보안 연결

지금까지의 논의에서 컨테이너에 국한된 것은 없었다. 여기서 컨테이너 활용과 관련해서 키, 인증서, 인증 기관에 관한 지식이 필요할 만한 상황 몇 가지를 간단하게나마 짚어 보자.

- 쿠버네티스나 기타 분산 시스템의 구성 요소들을 설치하고 관리하다 보면 보안 연결에 관한 설정 옵션들을 만나게 된다. kubeadm 같은 설치 도구를 이용하면 제어 평면 구성 요소들이 TLS를 사용하게 만드는 작업이 간단해진다. 이런 도구들은 인증서들을 자동으로 적절히 설정해준다. 단, 이런 도구들이 컨테이너와 외부 세계 사이의 통신을 안전하게 만들어 주지는 않는다.

- 독자가 응용 프로그램을 직접 개발한다면, 다른 구성 요소(컨테이너에서 실행되든 그렇지 않든)와의 보안 연결을 설정하는 코드를 작성해야 할 수 있다. 그런 경우 응용 프로그

램 코드가 사용할 인증서도 마련해야 한다.

- 보안 연결을 설정하는 코드를 직접 작성하는 대신, 그런 작업을 서비스 메시에게 위임할
수도 있다.

인증서는 다른 구성 요소들에 배포하도록 만들어진 것이지만, 인증서를 사용하려면 각 구성
요소는 자신의 인증서에 대응되는 자신의 개인 키에 접근할 수 있어야 한다. 다음 장에서는 개
인 키 같은 비밀 데이터를 안전하게 컨테이너에 전달하는 방법을 살펴본다.

11.5 인증서 폐기

공격자가 어떻게든 개인 키를 손에 넣었다고 상상해 보자. 개인 키가 있으면 공격자는 통신의
상대방이 인증서에 있는 공개 키로 암호화한 메시지를 해독할 수 있으며, 따라서 상대방은 공
격자가 실제로 인증서에 나온 개체라고 믿게 된다. 따라서 인증서가 탈취되었음을 알게 되면
최대한 빨리(만료 일자까지 기다리는 대신) 인증서를 무효화해야 한다.

그러한 무효화를 '인증서 폐기(certificate revocation)'라고 부른다. 인증서를 폐기하려면,
더 이상 받아들이지 말아야 할 인증서들의 목록인 인증서 폐기 목록(Certificate Revocation
List, CRL)에 해당 인증서를 등록해야 한다.

안전을 위해서는 하나의 신원을(그리고 인증서를) 여러 구성 요소와 사용자가 공유하지 않
는 것이 좋다. 구성 요소마다 개별적인 신원과 인증서를 설정하려면 관리 부담이 클 것 같지만,
그렇게 하면 인증서 하나가 탈취되었을 때 모든 구성 요소와 (적법한) 사용자에게 인증서를 재
발급하는 대신 인증서 하나만 폐기하면 된다는 점을 생각해야 한다. 또한 신원마다 개별적인
접근 권한들을 부여해서 '관심사의 분리' 원칙을 준수하는 데에도 도움이 된다.

> **참고:** 쿠버네티스에서 인증서는 각 노드의 쿠블릿 구성 요소가 API 서버에 자신이 적법한 쿠블릿임을 인
> 증하고 적절한 권한을 승인받는 데 쓰인다. 이런 목적의 인증서들은 순환(rotation)될 수 있다(*https://oreil.ly/b0eon*).
>
> 인증서는 클라이언트가 자신을 쿠버네티스 API 서버에 인증하는 데 사용하는 메커니즘 중 하나이기도
> 하다(*https://oreil.ly/0DuGQ*).

이 글을 쓰는 현재 쿠버네티스는 인증서 폐기를 지원하지 않는다(*https://oreil.ly/RU3ga*). 대신 RBAC 설정을 이용해서 문제 있는 인증서와 연관된 클라이언트의 API 접근을 막을 수는 있다.

11.6 요약

중간자(man-in-the-middle, MITM) 공격을 방지하려면 여러분의 시스템을 구성하는 여러 소프트웨어 구성 요소 사이의 네트워크 연결에 신뢰성이 있어야 한다. mTLS에 기초한 보안 연결은 그러한 신뢰된 네트워크 연결을 보장하는, 실무에서 검증된 방법이다. 응용 프로그램 컨테이너들이 mTLS를 이용해서 통신하도록 설정하는 것이 바람직하며, 분산 시스템 구성 요소들을 여러분이 관리한다면 그런 구성 요소들 사이에도 보안 연결이 쓰이도록 설정해야 한다.

X.509 인증서를 이용해서 인증을 수행하는 모든 컨테이너와 구성 요소에는 다음 세 가지가 필요하다.

- 개인 키 ― 그 누구와도 공유하지 않고 비밀로 유지해야 한다.
- 인증서 ― 자유로이 배포할 수 있다. 다른 구성 요소들은 이 인증서를 이용해서 상대방의 신원을 확인한다.
- 하나 이상의 신뢰된 CA의 인증서들 ― 다른 구성 요소가 보낸 인증서를 확인하는 데 쓰인다.

이제 여러분은 키, 인증서, CA가 각자 어떤 역할을 하는지 확실히 이해했을 것이다. 이러한 지식은 이들을 사용하도록 구성 요소를 설정할 때 도움이 된다.

컨테이너들 사이의 연결을 신뢰할 수 있으며 연결의 반대편에 있는 구성 요소를 식별할 수 있다면, 컨테이너들 사이에서 어떤 **비밀 값**을 주고받을 준비가 된 것이다. 그런데 그러려면 애초에 비밀 값을 컨테이너 안으로 안전하게 전달할 수 있어야 한다. 다음 장의 주제가 바로 그것이다.

제 12 장

비밀 정보를 컨테이너에 전달

응용 프로그램 코드가 작업을 수행하려면 어떤 비밀 정보가 필요할 때가 종종 있다. 데이터베이스 연결을 위한 패스워드나 특정 API의 접근 권한을 대표하는 토큰이 그런 비밀 정보의 예이다. 자격 증명(credential)을 비롯한 비밀 값(secret)들은 어떤 자원(데이터베이스나 API 등)에 대한 접근을 제한하는 것이 유일한 용도이다. 그런 만큼, 그런 비밀 값을 이름 그대로 '비밀'에 부치는 것이 중요하다. 그리고 최소 권한 원칙에 따라, 비밀 값이 꼭 필요한 사용자나 구성 요소만 비밀 값에 접근할 수 있게 해야 한다.

이번 장에서는 먼저 비밀 값의 바람직한 속성들을 살펴보고, 비밀 정보를 컨테이너에 전달하는 여러 방법을 소개한다. 마지막으로 쿠버네티스의 기본적인 비밀 값 처리 방식을 논의한다.

12.1 비밀 값의 속성들

비밀 값의 가장 자명한 속성은 그 값을 비밀에 부쳐야 한다는 것이다. 즉, 비밀 값에 접근하게 되어 있는 사람(또는 사물)만 접근할 수 있게 해야 한다. 이러한 비밀성을 보장하는 데 흔히 쓰이는 방법은 비밀 자료를 암호화한 후 그 비밀 자료에 접근할 권한이 있는 개체에만 해독용 키를 제공하는 것이다.

비밀 값은 반드시 암호화해서 저장해야 한다. 그렇게 하지 않으면 비밀 값이 저장된 데이터 저장소에 접근할 수 있는 모든 사용자가 비밀을 알게 된다. 비밀 값을 다른 저장소로 옮길 때도 암호화된 형태로 전송해야 한다. 그렇지 않으면 공격자가 네트워크 스니핑sniffing으로 비밀을 훔쳐볼 수 있다. 이상적으로는, 해독된 평문을 디스크에 저장하는 일이 아예 없어야 한다. 가능하다면 응용 프로그램은 해독된 평문을 오직 메모리 안에만 담아 두어야 한다.

비밀 값을 암호화하면 다른 누군가가 원래의 값을 볼 수 없으므로 이야기가 끝난 것으로 생각할 수 있겠지만, 그렇지는 않다. 암호화된 비밀 값을 받은 구성 요소가 비밀 값을 해독하려면 키가 필요한데, 그 키 자체도 하나의 비밀 값이다. 만일 해독용 키를 암호화해서 전달한다면 그것을 해독할 또 다른 키가 필요하며, 결국 원래의 문제로 돌아가게 된다.

또한, 비밀 값을 폐기(revoke; 또는 철회, 폐지)할 수단, 즉 더 이상 신뢰할 수 없게 된 비밀 값을 무효화하는 수단도 필요하다. 예를 들어 승인되지 않은 사용자가 어떻게든 비밀 값에 접근했음을 발견했다면 비밀 값을 폐지해야 한다. 또는, 팀원이 팀을 떠난 경우 등 정상적인 운영상의 이유로 비밀 값을 폐지해야 하는 경우도 있다.

비밀 값들을 순환(rotaion) 또는 변경하는 능력도 있어야 한다. 비밀 값 중 하나가 침해되어도 그 사실을 항상 즉시 알 수 있는 것은 아니므로, 비밀 값들을 주기적으로 변경할 필요가 있다. 그러면 공격자가 어떤 자격 증명을 알아냈다고 해도 그것을 계속해서 사용하지는 못한다. 사용자(사람)가 정기적으로 패스워드를 변경하도록 강제하는 것이 그리 좋은 생각이 아니라는 점은 잘 알려져 있지만(https://oreil.ly/ETKEZ), 소프트웨어 구성 요소에는 그런 잦은 자격 증명 변경이 별로 문제가 되지 않는다.

비밀 값의 수명 주기(life cycle)는 그 비밀 값을 사용하는 구성 요소의 수명 주기와는 독립적이다. 비밀 값이 변할 때마다 구성 요소를 다시 구축, 배포해야 할 필요가 없다는 점에서 이는 바람직한 속성이다.

어떤 비밀 값에 접근해야 하는 사람들이 그 비밀 값을 사용하는 응용 프로그램의 소스 코드에 접근할 수 있는 사람들 또는 응용 프로그램을 배치하거나 배치본(의 일부)을 관리할 수 있는 사람들보다 훨씬 적을 때가 많다. 은행을 예로 들면, 은행 웹사이트(웹 응용 프로그램)는 고객의 계좌 정보에 접근해야 하지만, 웹사이트 개발자가 고객의 계좌 정보에 접근해야 할 이유는 없다. 사람은 비밀 값에 대해 쓰기 전용으로만 접근할 수 있게 하는 경우가 만다. 일단 비밀 값이 생성되고 나면(흔히 자동으로, 무작위로 생성된다), 사람이 그것을 다시 읽어야 할 적법한 이유는 거의 없다.

비밀 값에 대한 접근을 제한해야 할 것이 사람만은 아니다. 이상적으로는, 비밀 값은 그것이 꼭 필요한 소프트웨어 구성 요소만 접근할 수 있게 해야 한다. 이 책의 주제는 컨테이너 보안이므로, 이는 비밀 값이 있어야 제대로 작동하는 컨테이너만 비밀 값에 접근하게 해야 한다는 뜻이다.

이상으로 비밀 값에 필요한 몇 가지 속성들을 살펴보았다. 그럼 비밀 값을 컨테이너에서 실행되는 응용 프로그램 코드에 전달하는 메커니즘으로 넘어가자.

12.2 컨테이너에 정보를 전달하는 방법

애초에 컨테이너는 격리된 개체로서 실행되도록 만들어진 것임을 생각하면, 데이터를(비밀 값은 물론이고 보통의 데이터도) 실행 중인 컨테이너에 전달할 방법이 그리 많지 않다는 것이 별로 놀랍지는 않을 것이다. 몇 가지 방법을 들면 다음과 같다.

- 데이터를 컨테이너 이미지의 루트 파일 시스템의 한 파일에 저장한다.

- 컨테이너 이미지 구축 시 설정 정보의 일부로 환경 변수를 정의한다(이미지를 구성하는 루트 파일 시스템과 설정 정보가 잘 기억나지 않는다면 제6장을 참고하자).

- 네트워크 인터페이스를 통해서 컨테이너에 정보를 전달한다.

- 컨테이너 실행 시 환경 변수를 정의(또는 재정의)한다(docker run 명령의 경우 -e 옵션으로).

- 컨테이너가 호스트의 볼륨을 자신의 파일 시스템에 마운트하고 그 볼륨에서 정보를 읽는다.

그럼 이 방법들을 차례로 살펴보자.

12.2.1 비밀 값을 컨테이너 이미지 자체에 저장

앞에서 나열한 방법 중 처음 둘은 컨테이너 이미지 구축 시점에서 이미지 자체에 데이터를 하드코딩하는 것이므로, 비밀 값을 전달하는 목적으로는 바람직하지 않다. 그렇게 하는 것이 가능하다고는 해도, 다음과 같은 이유로 대체로 나쁜 방법으로 간주된다.

- 이미지의 원본 파일(소스 코드 등)에 접근할 수 있는 사람이면 비밀 값도 볼 수 있다. 평문 대신 암호문을 저장하면 되지 않느냐고 생각하겠지만, 그러면 그것을 해독하는 데 필요한 또 다른 비밀 값을 어디에 어떻게 저장해야 하느냐의 문제가 생긴다.

- 비밀 값이 바뀌면 컨테이너 이미지를 다시 구축해야 한다. 그보다는 비밀 값 변경과 이미지 구축을 분리하는 것이 바람직하다. 더 나아가서, 비밀 값을 관리하는 자동화된 중앙 시스템(CyberArk나 Hashicorp Vault 같은)은 이런 식으로 하드코딩된 비밀 값의 수명 주기를 제어하지 못한다.

안타깝게도 비밀 값을 그냥 소스 코드에 담아 두는 경우가 놀랄 만큼 흔하다. 그냥 그것이 나쁜 방법임을 개발자가 몰랐을 수도 있고, 개발 또는 검사 과정에서 시간 절약을 위해 비밀 값을 그냥 코드에 담아 두었다가 나중에 실무 환경에 배치할 때 비밀 값을 제거하는 것을 깜빡 까먹었을 수도 있다.

구축 시점에서 비밀 값을 전달하는 것은 확실히 나쁜 일이다. 이보다는, 컨테이너를 시작할 때 지정하거나 실행 중인 컨테이너에 전달하는 것이 낫다.

12.2.2 네트워크로 비밀 값 전달

세 번째 옵션은 네트워크 인터페이스를 통해서 비밀 값을 전달하는 것인데, 그러려면 응용 프로그램이 네트워크 함수를 호출해서 정보를 조회 또는 수신해야 한다. 이런 번거로움 때문에, 적어도 필자가 경험한 바로는 실제 응용에서 이 방법이 별로 쓰이지 않는다.

또한, 비밀 값을 담은 네트워크 트래픽을 어떻게 암호화할 것인가의 문제도 있다. 그러한 암호화를 위해서는 X.509 인증서 형태의 또 다른 비밀 값이 필요하다(제11장 참고). 이 문제는 네트워크 설정을 서비스 메시에게 맡겨서 보안을 위해 네트워크 연결들이 반드시 상호 TLS를 사용하게 만들면 어느 정도 해결된다.

12.2.3 환경 변수로 비밀 값 전달

네 번째 옵션은 환경 변수로 비밀 값을 전달하는 것인데, 이 역시 그리 바람직하지 않다. 이유는 다음 두 가지이다.

- 여러 언어와 프레임워크에서, 응용 프로그램이 충돌하면(crash) 디버그 정보가 덤프된다. 그런데 그런 덤프 데이터에 모든 환경 변수가 포함될 가능성이 크다. 만일 덤프가 로깅 시스템으로 넘어가면, 로그에 접근할 수 있는 모든 사람이 환경 변수에 담긴 비밀 값을 보게 된다.

- 컨테이너에서 docker inspect(또는 이와 동일한 일을 하는 어떤 명령)를 실행하면 컨테이너에 설정된(구축 시점과 실행 시점 모두) 모든 환경 변수가 나온다. 관리자는 컨테이너의 설정을 살펴보기 위해 이런 명령을 흔히 실행하므로, 비밀 값을 알 필요가 없는 관리자가 의도하지 않게 비밀 값을 알게 되는 상황이 벌어질 수 있다.

다음은 컨테이너 이미지에서 환경 변수들을 추출하는 예이다.

```
vagrant@vagrant:~$ docker image inspect --format '{{.Config.Env}}' nginx
[PATH=/usr/local/sbin:/usr/local/bin:/usr/sbin:/usr/bin:/sbin:/bin NGINX_VERSION=
1.17.6 NJS_VERSION=0.3.7 PKG_RELEASE=1~buster]
```

또한, 실행 시점에서 지정한 환경 변수들도 간단히 확인할 수 있다. 다음 예는 docker inspect가 run 명령으로 지정한 모든 환경 변수(이 경우 EXTRA_ENV 하나)도 출력함을 보여준다.

```
vagrant@vagrant:~$ docker run -e EXTRA_ENV=HELLO --rm -d nginx
13bcf3c571268f697f1e562a49e8d545d78aae65b0a102d2da78596b655e2f9a
vagrant@vagrant:~$ docker container inspect --format '{{.Config.Env}}' 13bcf
[EXTRA_ENV=HELLO PATH=/usr/local/sbin:/usr/local/bin:/usr/sbin:/usr/bin:/sbin:/bin
NGINX_VERSION=1.17.6 NJS_VERSION=0.3.7 PKG_RELEASE=1~buster]
```

12-요인 앱 선언(12-factor app manifesto; *https://12factor.net/config*)은 환경 변수를 통해서 설정 정보를 전달하는 것을 권장하기 때문에, 실제 응용에서는 비밀 값을 포함한 여러 설정 정보를 환경 변수를 통해 전달하도록 만들어진 서드파티 컨테이너를 실행하게 되는 경우

도 종종 있을 것이다. 다음은 환경 변수를 통한 비밀 값 전달의 위험을 완화하는 방법 두 가지이다(여러분의 위험 프로파일에 따라서는 도움이 되지 않을 수도 있다).

- 출력 로그를 후처리해서 비밀 값을 제거하거나 난독화한다.

- 보안 저장소(Hashicorp Vault나 CyberArk Conjur 또는 클라우드 공급 업체의 비밀/키 관리 시스템)에서 비밀 값을 조회하도록 응용 프로그램 컨테이너를 수정한다(또는 그런 목적의 사이드카 컨테이너를 부착한다). 이를 자동으로 처리해 주는 상용 보안 솔루션들도 있다.

환경 변수를 통한 비밀 값 전달에 관해 마지막으로 언급할 것은, 한 프로세스의 환경은 프로세스가 생성될 때 한 번만 설정된다는 점이다. 이미 실행 중인 컨테이너의 환경을 재설정할 수는 없으므로, 비밀 값을 주기적으로 순환하는 경우 바뀐 비밀 값을 적용하려면 컨테이너를 다시 실행해야 한다.

12.2.4 볼륨 마운트를 통한 비밀 값 전달

비밀 값을 전달하는 가장 바람직한 방법은 컨테이너가 볼륨 마운트를 통해 접근할 수 있는 파일에 비밀 값을 기록하는 것이다. 이상적으로, 그 볼륨은 디스크에 실제로 존재하는 디렉터리가 아니라 메모리에만 존재하는 임시 디렉터리여야 한다. 이를 보안 비밀 값 저장소와 결합하면, 평문(해독된 버전) 비밀 값이 저장소에 '저장 중(at rest)' 상태로 남는 일은 결코 생기지 않는다.

이 방법은 호스트의 파일을 컨테이너에 마운트하므로, 컨테이너를 재시동하지 않고 호스트 쪽에서 언제라도 비밀 값을 갱신할 수 있다. 기존 비밀 값이 제대로 작동하지 않을 때 새 비밀 값을 파일에서 다시 읽어 오는 기능이 응용 프로그램에 있다면, 비밀 값 순환 시 컨테이너들을 재시동하지 않아도 새 비밀 값들이 적용된다.

12.3 쿠버네티스의 비밀 값

쿠버네티스는 이번 장 도입부에서 설명한 비밀 값의 바람직한 속성들을 자동으로 지원한다.

- 쿠버네티스의 비밀 값은 독립적인 자원의 형태로 생성되므로, 비밀 값을 사용하는 응용 프로그램 코드의 수명 주기에 묶이지 않는다.

- 비밀 값을 암호화해서 저장하는 옵션이 있긴 하지만, 그것이 기본 설정은 아니다(적어도 이 책을 쓰는 현재). 명시적으로 활성화해야 한다.

- 비밀 값은 암호화된 형태로 구성 요소 사이에서 전송된다. 따라서 쿠버네티스 구성 요소들 사이의 연결이 반드시 보안 연결이어야 한다. 다행히 대부분의 배포판은 기본적으로 보안 연결을 사용한다.

- 쿠버네티스는 환경 변수를 통한 비밀 값 전달과 볼륨 마운트를 통한 비밀 값 전달도 지원한다. 후자의 경우 비밀 값은 메모리 안에만 존재하는 임시 파일 시스템의 파일에 저장되며, 실제 디스크에는 절대로 기록되지 않는다.

- 비밀 값을 사용자가 설정할 수 있게 하되 일단 설정한 후에는 쓰기 전용으로만 접근하도록 쿠버네티스 RBAC(role-based access control; 역할 기반 접근 제어)를 설정할 수 있다.

쿠버네티스에서 비밀 값들은 기본적으로 etcd 데이터 저장소에 base64로 부호화되어서 저장된다. 비밀 값이 자동으로 암호화되지는 않음을 주의해야 한다. 자동으로 암호화되어서 저장되도록 etcd를 설정하는 것이 가능하지만, 그런 경우 해독 키가 호스트에 저장되지 않게 하는데 신경을 써야 한다.

필자의 경험으로 볼 때 대부분의 기업은 서드파티 상용 솔루션을 이용해서 비밀 값을 저장한다. 클라우드 공급 업체가 제공하는 솔루션(AWS의 KMS나 그에 상응하는 애저 또는 GCP의 솔루션)을 사용하기도 하고, Hashicorp나 CyberArk 같은 회사의 솔루션을 사용하기도 한다. 이런 상용 솔루션들의 장점은 다음과 같다.

- 인증서 순환을 지원한다. 쿠버네티스 구성 요소들이 사용하는 인증서들을 순환하는 경우 쿠버네티스의 모든 비밀 값을 갱신해야 하는데(*https://oreil.ly/wHHDf*), 전문적인 비밀 값 관리 솔루션을 이용하면 그런 번거로움을 피할 수 있다.

- 여러 클러스터가 하나의 비밀 값 관리 시스템을 공유하도록 설정할 수 있다. 그러면 응용 프로그램 클러스터(들)의 수명 주기와는 무관하게 비밀 값들을 순환하는 것이 가능해진다.

- 조직 전체의 비밀 값 관리 방식을 한 가지로 표준화하기 쉽다. 그러면 비밀 값에 대한 모범 관행들을 통일적으로 적용할 수 있으며, 비밀 값들의 로깅과 감사도 일관되게 처리할 수 있다.

참고: 쿠버네티스 비밀 값 지원의 여러 보안 속성이 쿠버네티스 문서화(*https://oreil.ly/XmzCc*)에 나와 있으니 참고하기 바란다.

Rancher 문서화에는 AWS KMS를 쿠버네티스의 저장 중 비밀 값 암호화에 사용하는 예가 나온다 (*https://oreil.ly/qi6yC*).

또한 Hashicorp 블로그에는 Vault에 있는 비밀 값을 파드에 주입하는 방법을 설명하는 글이 있다 (*https://oreil.ly/CyN1J*).

12.4 루트의 비밀 값 접근

호스트의 루트 사용자는 마운팅된 파일이나 환경 변수를 통해 컨테이너에 전달되는 비밀 값에 접근할 수 있음을 주의해야 한다.

비밀 값을 파일에 담는 경우, 그 파일은 호스트의 파일 시스템 어딘가에 존재한다. 그곳이 임시 디렉터리라도 해도 루트 사용자는 그 파일에 접근할 수 있다. 다음은 쿠버네티스 노드에 마운트한 임시 파일 시스템들을 나열하는 예이다.

```
root@vagrant:/$ mount -t tmpfs
...
tmpfs on /var/lib/kubelet/pods/f02a9901-8214-4751-b157-d2e90bc6a98c/volumes/kuber
netes.io~secret/coredns-token-gxsqd type tmpfs (rw,relatime)
tmpfs on /var/lib/kubelet/pods/074d762f-00ed-48e6-a22f-43fc673df0e6/volumes/kuber
netes.io~secret/kube-proxy-token-bvktc type tmpfs (rw,relatime)
```

```
tmpfs on /var/lib/kubelet/pods/e1bad0db-8c0b-4d7b-8867-9fc019de258f/volumes/kuber
netes.io~secret/default-token-h2x8p type tmpfs (rw,relatime)
...
```

루트 사용자는 이러한 출력에 나온 디렉터리 이름을 이용해서 그 디렉터리에 담긴 비밀 값 파일에 마음대로 접근할 수 있다.

루트 사용자에게는 환경 변수에 담긴 비밀 값을 조회하는 것도 디렉터리의 비밀 값 파일을 조회하는 것만큼이나 쉬운 일이다. 이를 확인하기 위해, 환경 변수를 하나 설정해서 도커로 컨테이너를 실행해 보자.

```
vagrant@vagrant:~$ docker run --rm -it -e SECRET=mysecret ubuntu sh
$ env
...
SECRET=mysecret
...
```

이 컨테이너는 sh를 실행한다. 다른 터미널에서 sh 프로세스의 ID를 찾아보자.

```
vagrant@vagrant:~$ ps -C sh
   PID TTY          TIME CMD
 17322 pts/0    00:00:00 sh
```

제4장에서 배웠듯이, /proc 디렉터리에는 프로세스에 관한 흥미로운 정보가 많이 담겨 있다. 특히 /proc/<프로세스 ID>/environ 파일에는 해당 프로세스의 모든 환경 변수가 있다.

```
vagrant@vagrant:~$ sudo cat /proc/17322/environ
PATH=/usr/local/sbin:/usr/local/bin:/usr/sbin:/usr/bin:/sbin:/binHOSTNAME=2cc99c9
8ba5aTERM=xtermSECRET=mysecretHOME=/root
```

이 예에서 보듯이, 루트 사용자는 환경 변수를 통해 전달된 모든 비밀 값을 이런 식으로 읽을 수 있다. 비밀 값을 암호화해서 환경 변수에 설정하면 되지 않느냐고 생각하는 독자도 있겠지만, 응용 프로그램이 비밀 값을 해독하는 데 필요한 키 자체도 하나의 비밀 값이므로 그것을 어떻게 컨테이너에 전달할 것인지의 문제는 여전히 남는다.

호스트 컴퓨터에 대한 루트 권한을 가진 사람은 호스트의 모든 것에 접근할 수 있으며, '모든 것'에는 모든 컨테이너와 비밀 값이 포함된다는 점은 아무리 강조해도 지나치지 않다. 이것은 승인되지 않은 사람이 배치본에 대해 루트 권한을 가지는 일을 애초에 방지하는 것이 엄청나게 중요한 이유이자, 컨테이너 안의 프로세스들이 루트로 실행되는 것이 위험한 이유이다. 컨테이너 안의 루트는 호스트에서도 루트이며, 따라서 컨테이너를 탈출할 수만 있다면 공격자는 호스트의 모든 것을 마음대로 침해할 특권을 가지게 된다.

12.5 요약

이 책을 여기까지 읽었다면 컨테이너가 어떻게 작동하는지, 그리고 컨테이너들 사이에서 비밀 정보를 안전하게 보내려면 어떻게 해야 하는지 잘 이해하게 되었을 것이다. 또한 컨테이너가 침해되는 여러 방식과 그것을 방지하는 여러 방법도 배웠을 것이다.

다음 장에서는 이 책에서 다루는 마지막 부류의 보호 메커니즘인 **실행 시점 보호** 메커니즘들을 소개한다.

제 13 장

실행 시점 컨테이너 보호

제10장에서 보았듯이, 마이크로서비스 구조에 아주 적합하다는 것이 컨테이너의 장점 중 하나이다. 마이크로서비스 구조에 따라 응용 프로그램을 만들 때는, 하나의 복잡한 소프트웨어 응용 프로그램을 여러 개의 작고 완결적인 코드 조각들로 분할해서 각각을 하나의 컨테이너 이미지에 담는다.

커다란 시스템을 인터페이스가 잘 정의된 작은 구성 요소들로 분할하면 개별 구성 요소의 설계 · 코딩 · 검사가 수월할 뿐만 아니라, 보안을 적용하기도 쉬워진다.

13.1 컨테이너 이미지 프로파일

하나의 컨테이너 이미지에 하나의 응용 프로그램 마이크로서비스의 코드만 담겨 있으면, 그리고 그 마이크로서비스 코드가 하나의 작은 기능만 수행한다면, 그 마이크로서비스의 바람직한 정상 행동을 추론하기가 비교적 쉽다. 마이크로서비스 코드는 컨테이너 이미지 안에 들어간다. 그 컨테이너 이미지에 대응되는, 마이크로서비스가 어떤 일을 수행할 수 있어야 하는지를 정의하는 실행 시점(runtime) 프로파일을 구축하는 것이 가능하다.

하나의 이미지에서 생성(인스턴스화)되는 모든 컨테이너는 원칙적으로 동일한 방식으로 작동하므로, 하나의 이미지에 대해 해당 컨테이너의 기대 행동을 서술한 프로파일을 한 번만 정의한 후 그 이미지에서 생성된 모든 컨테이너의 행동 방식을(특히, 컨테이너가 주고받는 네트워크 트래픽을) 감시하고 제어하는 데 그 프로파일을 사용하는 것이 합리적이다.

> **참고:** 쿠버네티스 배치본에서는 실행 시점 보안 정책을 파드 별로 강제할 수 있다(PodSecurityPolicy 객체를 통해서든, 또는 파드 수준에서 작동하는 다른 보안 도구를 통해서든). 본질적으로 하나의 파드는 네트워크 이름공간을 공유하는 컨테이너들의 집합이므로, 실행 시점 보안에 대한 바탕 메커니즘은 이번 장에서 논의하는 것과 동일하다.

이번 장에서는 §10.1 컨테이너 방화벽(p.177)의 전자 상거래 플랫폼 예제를 다시 사용한다. 이 예에서 제품 검색 마이크로서비스는 쇼핑몰 사이트를 둘러보던 고객이 입력한 검색어를 담은 웹 요청을 받아서, 제품 데이터베이스에서 그 검색어와 부합하는 제품을 찾아서 돌려준다. 그럼 이 마이크로서비스가 주고받을 만한 네트워크 트래픽을 생각해 보자.

13.1.1 네트워크 트래픽 프로파일

제품 검색 마이크로서비스의 설명에서 짐작하겠지만, 이 마이크로서비스의 컨테이너들은 특정한 진입 트래픽 분산기(ingress traffic balancer) 또는 부하 분산기(load balancer)에서 웹 요청을 받고 그에 대한 응답을 돌려주어야 한다. 또한, 컨테이너들은 제품 데이터베이스와의 데이터베이스 연결도 만들어야 한다. 로깅이나 건강 상태 점검(health check) 같은 일상적인 플랫폼 기능들을 제외할 때, 이 서비스가 방금 언급한 것 이외의 다른 어떤 네트워크 트래픽을 처리하거나 시작할 필요는 없다.

이 서비스에 허용되는 트래픽을 정의하는 프로파일profile을 작성해서 네트워킹 수준에서 강제할 규칙들(제10장 참고)을 정의하는 것이 아주 번거로운 일은 아닐 것이다. 일정 기간 서비스가 주고받는 메시지들을 감시해서 정상적인 트래픽 흐름에 대한 프로파일을 자동으로 만들어 주는 보안 도구들도 있다. 어떤 방법으로든 프로파일을 만들었다면, 그것을 컨테이너 방화벽 규칙이나 네트워크 정책으로 변환하는 것은 그리 어렵지 않은 일이다.

그런데 관측하고 프로파일링할 것이 네트워크 트래픽만은 아니다. 실행 파일에 대한 프로파일도 고찰해야 한다.

13.1.2 실행 파일 프로파일

제품 검색 마이크로서비스에서는 제품 검색을 위해 하나 이상의 프로그램이 실행될 것이다. 편의상 여기서는 이 마이크로서비스가 실행할 프로그램이 Go 언어로 된 소스 코드를 컴파일해서 만들어 낸 productsearch라는 이진 실행 파일 하나라고 가정한다. 적당한 추적·감시 도구로 제품 검색 컨테이너들에서 실행 중인 실행 파일들을 조사해 보면 productsearch만 나타나야 한다. 만일 다른 어떤 실행 파일이 나타난다면 그것은 비정상이며, 공격의 증거일 수 있다.

서비스를 파이썬이나 루비^{Ruby} 같은 스크립트 언어로 작성한다고 해도, 실행을 허용할 것과 허용하지 말 것을 얼마든지 추론할 수 있다. 서비스가 셸 아웃^{shell out}을 이용해서(즉, 자식 셸을 띄워서) 다른 명령을 실행해야 하는가? 그렇지 않은 경우, 만일 제품 검색 컨테이너에서 실행 중인 프로그램 목록에 bash나 sh, zsh 같은 것이 보인다면 뭔가 문제가 있는 것이다.

이러한 추론은 컨테이너를 불변 객체로 취급할 때, 그리고 실무 시스템에서 컨테이너 안의 셸을 직접 열지 않는다고 가정할 때만 유효하다. 보안의 관점에서는, 공격자가 응용 프로그램 취약점을 통해서 역방향 셸을 여는 것과 관리자가 일종의 '유지보수' 작업을 위해 셸을 여는 것은 차이가 거의 없다. §7.7.1 불변 컨테이너(p.137)에서 논의했듯이, 컨테이너 안에서 셸을 열어서 뭔가를 바꾸는 것은 바람직하지 않은 관행이다.

그렇다면, 컨테이너 안에서 또 다른 실행 파일이 실행되는 것을 어떻게 탐지해야 할까? 한 가지 방법은 eBPF를 사용하는 것이다.

eBPF를 이용한 실행 파일 관측

이번에는 nginx 컨테이너를 예로 들겠다. 정상적인 상황이라면 컨테이너 안에서 nginx의 프로세스들만 실행되어야 한다. 제8장에서 소개한 Tracee 프로젝트를 이용하면 nginx 컨테이너 안에서 시작된 프로세스들을 수월하게 확인할 수 있다.

Tracee는 extended Berkeley Packet Filter(확장 버클리 패킷 필터)를 줄인 eBPF라고 하는 기술을 사용한다. Tracee는 eBPF를 이용해서 커널 안에 코드를 주입하므로, 반드시 루트로 실행해야 한다.

한 터미널에서 Tracee를 실행한 상태에서, 다른 터미널에서 `nginx` 컨테이너를 실행한다.

```
$ docker run --rm -d --name nginx nginx
```

Tracee 쪽 터미널을 보면, 예상대로 `nginx` 실행 파일이 실행되었음을 말해 주는 메시지가 나타나 있을 것이다(간결함을 위해 출력의 일부를 삭제했음).

```
EVENT   ARGS
execve /usr/sbin/nginx
```

컨테이너 안에서 다른 어떤 명령을 실행하면, 예를 들어 `docker exec -it nginx ls`를 실행하면, 해당 실행 파일이 Tracee의 출력에 나타난다.

```
EVENT   ARGS
execve /usr/sbin/nginx
execve /bin/ls
```

공격자가 암호화폐 채굴 프로그램을 이 컨테이너에 주입했다고 상상하자. 채굴 프로그램이 시작되면 Tracee 같은 도구가 그 프로그램의 실행을 탐지한다. 실행 시점 보안 도구들은 이런 식으로 eBPF 또는 어떤 독자적인 기술을 이용해서 실행 파일의 실행을 탐지하고 실행 파일 이름을 화이트리스트나 블랙리스트와 대조해서 적절히 경고(alert)를 발동하는 관측 기능을 제공한다. 현재 eBPF 기반 도구들의 단점은 잠시 후에 언급하겠다.

그럼 프로파일링할 수 있는 컨테이너 이미지의 다른 속성들부터 살펴보자.

---

1 eBPF에 관한 번역서로 『BPF로 리눅스 관측 가능성 향상하기』(한빛미디어, 2020)가 있다.

13.1.3 파일 접근 프로파일

앞에서 언급한 실행 파일 감시 도구는 eBPF나 기타 기술을 이용해서 실행 파일의 실행을 위한 시스템 호출을 관측한다. 그런 시스템 호출 외에, 파일 접근을 위한 시스템 호출들도 마찬가지 방식으로 관측할 수 있다. 일반적으로, 주어진 한 마이크로서비스가 접근하리라고 예상되는 파일 장소들은 비교적 제한되어 있다. 한 예로, 다음은 `nginx` 컨테이너가 접근하는 파일들의 목록을 Tracee로 관측한 결과이다.

```
openat /etc/ld.so.cache
openat /lib/x86_64-linux-gnu/libdl.so.2
openat /lib/x86_64-linux-gnu/libpthread.so.0
openat /lib/x86_64-linux-gnu/libcrypt.so.1
openat /lib/x86_64-linux-gnu/libpcre.so.3
openat /usr/lib/x86_64-linux-gnu/libssl.so.1.1
openat /usr/lib/x86_64-linux-gnu/libcrypto.so.1.1
openat /lib/x86_64-linux-gnu/libz.so.1
openat /lib/x86_64-linux-gnu/libc.so.6
openat /etc/localtime
openat /var/log/nginx/error.log
openat /usr/lib/ssl/openssl.cnf
openat /sys/devices/system/cpu/online
openat /etc/nginx/nginx.conf
openat /etc/nsswitch.conf
openat /etc/ld.so.cache
openat /lib/x86_64-linux-gnu/libnss_files.so.2
openat /etc/passwd
openat /etc/group
openat /etc/nginx/mime.types
openat /etc/nginx/conf.d
openat /etc/nginx/conf.d/default.conf
openat /var/log/nginx/error.log
openat /var/log/nginx/access.log
openat /var/run/nginx.pid
openat /proc/sys/kernel/ngroups_max
openat /etc/group
```

그러나 사람이 직접 관리하기에는 이 정도도 꽤 많은 편이다. 경험 있는 프로그래머라도 손으로 직접 파일 접근 프로파일을 만들려고 한다면 몇몇 파일을 빼먹을 위험이 있다. 그렇지만 Tracee 같은 도구를 이용하면 컨테이너가 접근할 파일들의 목록을 아주 간단하게 얻을 수 있다. 그리고 실행 파일 프로파일과 마찬가지로, 몇몇 보안 도구들은 일정 기간 컨테이너가 접근한 파일들을 감시해서 자동으로 프로파일을 생성하고, 컨테이너가 그 프로파일에 없는 파일을 열려고 하면 관리자에게 경고를 보내거나 파일 열기를 방지하는 기능을 제공한다.

13.1.4 사용자 ID 프로파일

제6장에서 논의했듯이, 컨테이너의 프로세스들을 실행할 사용자 ID를 명시적으로 지정할 수 있다. 따라서 사용자 ID 역시 실행 시점에서 보안 도구로 관리할 속성에 해당한다. (아직도 응용 프로그램 프로파일에 루트 사용자를 사용하는 독자는 없을 것이다. 혹시 이 부분이 잘 기억이 나지 않는다면 §9.1 루트로 컨테이너 실행(p.161)을 다시 읽어 보기 바란다.)

일반화하자면, 만일 컨테이너가 하나의 작업을 실행한다면, 일반적으로 그 컨테이너는 단 하나의 사용자 ID로만 실행되어야 마땅하다. 컨테이너가 지정된 사용자 ID 이외의 어떤 사용자 ID로 실행되고 있다면 역시 뭔가 문제가 있는 것이다. 특히, 프로세스가 예기치 않게 루트로 실행 중이라면, 권한 확대에 의해 큰 피해가 생길 수 있으므로 더욱 주의해야 한다.

13.1.5 그 밖의 실행 시점 프로파일

더 낮은 수준으로 내려가서, productsearch가 요청하는 시스템 호출들과 실행에 필요한 리눅스 능력(제6장)들의 프로파일을 만들어 볼 수도 있다. 그런 프로파일이 있으면 productsearch를 실행하는 컨테이너에 "딱 맞는" seccomp 프로파일이나 AppArmor 프로파일(제8장)을 만드는 것이 가능하다. 제스 프라젤의 bane(*https://oreil.ly/aQy3Q*)은 그런 종류의 AppArmor 프로파일을 생성하는 도구이다.

다음은 Tracee로 `cap_capable` 시스템 호출을 관측해서 얻은, nginx 컨테이너가 요구하는 리눅스 능력들이다.

```
CAP_CHOWN
CAP_DAC_OVERRIDE
CAP_DAC_READ_SEARCH
CAP_NET_BIND_SERVICE
CAP_SETGID
```

```
CAP_SETUID
CAP_SYS_ADMIN
```

컨테이너가 사용하는 시스템 호출들 역시 이와 비슷한 방식으로 파악할 수 있으며, 그렇게 얻은 시스템 호출 목록을 seccomp 프로파일로 변환할 수 있다.

모놀리스monolith 형태의 마이크로서비스 응용 프로그램에 대해서는 이런 종류의 프로파일을 만들기가 훨씬 쉽다. 왜냐하면 마이크로서비스가 거칠 수 있는 실행 경로의 수가 훨씬 적기 때문이다. 정상적인 경로뿐만 아니라 오류 경로들도 실행해서 모든 파일 접근 이벤트, 시스템 호출, 프로그램(실행 파일) 실행이 적절한지 점검하는 것이 비교적 간단하다.

지금까지 보았듯이, 실행 파일이나 사용자 ID, 네트워크 트래픽의 관점에서 마이크로서비스의 '정상' 행동이 어떤 것인지 말해 주는 프로파일을 구축하는 것이 가능하다. 그럼 그런 프로파일을 실행 시점 컨테이너 보안에 활용하는 도구들을 살펴보자.

13.1.6 컨테이너 보안 도구

이전 장들에서 몇 가지 컨테이너 보안 도구를 이미 살펴보았다.

- 제8장에서는 컨테이너 실행 시 AppArmor 프로파일이나 SELinux 프로파일, seccomp 프로파일이 적용되게 하는 방법을 이야기했다.
- 제10장에서는 네트워크 정책이나 서비스 메시를 이용해서 컨테이너의 실행 시점 네트워크 트래픽을 관리하는 방법을 설명했다.

이외에도 실행 시점에서 실행 파일이나 파일 접근, 사용자 ID를 통제하는 도구들이 여럿 있다. 대부분은 상용 도구이지만, CNCF의 Falco 같은 오픈소스 도구도 있다. Falco는 eBPF를 이용해서 컨테이너의 행동을 관측하고 뭔가 비정상적인 행동(이를테면 이전 예제에서 본 예기치 않은 실행 파일 실행 등)이 탐지되면 경고를 발동한다. 이런 접근 방식은 비정상 행동을 검출하는 데에는 아주 효과적이지만, 그런 행동을 억제하는 데에는 한계가 있다. 왜냐하면 eBPF로는 시스템 호출을 탐지할 수만 있을 뿐 수정할 수는 없기 때문이다. 따라서, 이 접근 방식이 잠재적 공격을 관측하고 경고하는 데에는 효율적이고 강력하지만, 그런 행동을 실제로 차단하려면 또 다른 메커니즘이 필요하다. Falco는 비정상 행동 검출 시 경고(alert)를 발동하므로, 그런 경고에 반응해서 실행 중 시스템을 자동으로 재설정하거나 담당자에게 연락해서 살펴보게 하는 수단을 갖추어야 할 것이다.

예방 대 경고

실행 시점 컨테이너 보호를 위해 어떤 도구를 사용하든, 반드시 결정해야 할 사항이 하나 있다. 바로, 비정상 행동을 감지했을 때 도구가 어떤 작업을 수행하게 할 것인가이다. 애초에 그런 비정상 행동을 도구가 미리 차단(예방)해 주는 것이 이상적이다. 네트워크 정책과 seccomp · SELinux · AppArmor 프로파일을 적용할 때는 그러한 차단이 자동으로 일어난다. 그러나 이번 장에 논의한 다른 형태의 실행 시점 프로파일들은 어떨까?

실행 시점 보호 기능을 제공하는 상용 도구들은 자사의 독점(proprietary) 기술로 컨테이너를 조작해서 비정상적인 실행 파일 실행이나 부정확한 사용자 ID 사용, 예기치 않은 파일/네트워크 접근을 차단한다.

일반적으로 그런 도구들은 비정상 행동이 검출되었을 때 그 행동을 차단하는 대신 경고만 발동하는 모드도 제공한다. 그런 모드는 실행 시점 프로파일들이 제대로 설정되었는지 확인하는 시험 단계에서 유용할 것이다.

프로파일을 벗어난 행동을 애초에 차단하지는 못하는 도구라도 경고를 발동하는 기능은 갖추고 있을 것이다. 즉, 컨테이너가 비정상적으로 행동하면 도구가 그 사실을 관리자에게 알려준다. 그러한 경고를 하나의 복잡한 질문으로 간주해야 한다.

- 경고 발동 시 컨테이너를 자동으로 삭제하도록 설정했다면, 그러한 삭제가 사용자에 대한 서비스에 영향을 미칠 것인가?

- 더 나아가서, 컨테이너 삭제 시 법과학(forensic)[2]에 유용한 증거도 삭제되는가?

- 그냥 경고의 원인이 된 프로세스만 종료할 수도 있다. 그러나 그 프로세스가 사실은 "정상적인" 프로세스이고, 단지 어떤 외부 요인 때문에(이를테면 주입 공격에 의해) 예기치 못한 행동을 보인 것은 아닐까?

- 새 컨테이너 인스턴스의 실행을 오케스트레이터에게 맡기는 경우, 새 인스턴스도 같은 공

---

2 흔히 말하는 '법의학'은 forensic의 한 측면인 forensic medicine에 해당하므로, 여기서는 좀 더 포괄적인 forensic science에 해당하는 '법과학'을 사용했다.

격의 대상이 될까? 컨테이너 인스턴스가 실행되고, 비정상 행동이 검출되고, 보안 도구가 그 컨테이너를 죽이고, 오케스트레이터가 컨테이너를 다시 생성하는 과정이 무한히 반복될 수도 있다(예를 들어 쿠버네티스가 바람직한 복제본 개수를 유지하기 위해 파드들을 생성하고 파괴하는 방식을 생각해 보기 바란다).

- 경고가 발동된 컨테이너가 새로운 버전이면, 이전 버전으로 되돌릴 수 있는가?

- 그냥 사람이 비정상 행동을 조사해서 대응 방안을 결정하게 해도 되는가? 그러려면 공격에 대응하기까지 시간이 꽤 걸릴 수 있으며, 그 사이에 공격자가 데이터를 탈취하거나 자신의 의도 대로 시스템에 피해를 입힐 수 있다.

보안 경고를 자동으로 처리하도록 설정하는 방법에 관해서 어떤 하나의 정답 같은 것은 없다. 아무리 빠르게 대응한다고 해도, 공격자가 **이미 피해를 입힌** 후일 수 있다. 그런 면에서 보면 사후 대응보다 예방이 훨씬 낫다.

보안 도구가 컨테이너 안의 비정상 행동을 실제로 미리 차단할 수 있다면, 마치 아무 일 없었다는 듯이 컨테이너를 계속 실행해도 될 가능성이 있다. 예를 들어 공격자가 제품 검색 컨테이너를 침해서 암호화폐 채굴 프로그램을 돌리려 한다고 하자. 그 프로그램은 실행 파일 프로파일의 일부가 아닌 '나쁜' 프로그램이므로 실행 시점 보안 도구는 애초에 그 프로그램의 실행을 금지한다. 결과적으로, '착한(정상적인)' 프로세스들은 그냥 평소대로 계속 실행되고, 암호화폐 채굴 공격만 차단된다.

최고의 옵션은 비정상 행동을 차단함과 동시에 경고도 발동하도록 도구들을 설정하는 것이다. 그러면 관리자는 그것이 실제로 악의적인 공격인지 파악해서, 악의적인 공격이라면 적절히 조치한다.

13.2 표류 방지

§7.7.1 불변 컨테이너(p.137)에서 이야기했듯이, 컨테이너를 하나의 불변 객체로 취급하는 것이 바람직한 관행이다. 일단 이미지로부터 컨테이너 인스턴스가 생성되면, 그 후로는 컨테이너 안의 내용을 바꾸려 들지 말아야 한다. 응용 프로그램의 실행에 필요한 모든 실행 파일과 의

존요소가 컨테이너 이미지에 미리 들어 있어야 한다. 이 부분을 전에는 취약점 검출의 관점에서 이야기했다. 이미지에 없는 코드에서 취약점을 찾을 수는 없으므로, 취약점을 제대로 찾아내려면 스캔할 모든 것이 이미지에 포함되어 있어야 한다.

컨테이너를 불변 객체로 취급하면 실행 시점의 코드 주입 공격을 찾는 것도 쉬워진다. 실행 시점에서 코드 주입을 검출하고 방지하는 것을 **표류 방지**(drift prevention; 또는 이탈 방지)라고 부른다. 제대로 된 실행 시점 솔루션이라면 반드시 표류 방지 기능을 제공해야 한다. 표류 방지는 스캐닝 측면과 컨테이너 실행 측면의 조합으로 이루어진다.

- 스캐너로 이미지를 스캔해서 실행 파일들을 찾고, 각 실행 파일의 지문(fingerprint)을 계산해서 기록해 둔다.

- 적절한 도구를 이용해서, 컨테이너가 어떤 실행 파일을 실행하려 할 때마다 그 실행 파일의 지문이 스캐너가 기록한 지문과 동일한지 점검한다. 만일 동일하지 않으면 그 실행 파일의 실행을 금지한다(컨테이너 프로세스에는 "permission denied(접근 권한 없음)" 오류를 돌려준다).

파일 이름 대신 파일 지문(다이제스트)을 이용하는 덕분에, 공격자가 자신의 실행 파일을 마치 적법한 실행 파일인 것처럼 주입해서 실행하려는 시도가 방지된다.

13.3 요약

컨테이너 보안 도구의 설정 및 적용이 지루하고 사소한 일로 보일 수 있지만, 이번 장에서 설명한 것처럼 실행 시점 보호를 세밀하게 수행할 수 있다면 단순한 작업이 아니라 감탄을 자아내는 전문적인 작업으로 인정받을 것이다. 은행이나 의료·보건 조직처럼 보안 위험이 많은 조직에서는 특히나 그렇다.

이 책도 거의 다 끝나 간다. 마지막 장인 제14장에서는 OWASP가 선정한 10대 보안 위험을 소개하고, 컨테이너화된 배치본에 특화된 완화책이나 고려 사항을 제시한다.

제 14 장

컨테이너와 OWASP 10대 위험

보안 분야에서 일하는 독자라면 Open Web Application Security Project, 줄여서 OWASP(*https://owasp.org*)라는 프로젝트를 들어 보았을 것이다. 어쩌면 OWASP 지역 분과의 일원인 독자도 있을 것이다. OWASP는 정기적으로 10대 웹 응용 프로그램 보안 위험을 발표한다.

모든 응용 프로그램(컨테이너화된 것이든 아니든)이 웹 응용 프로그램은 아니지만, 그래도 OWASP의 10대 위험 목록은 어떤 종류의 공격을 가장 조심해야 할지 고찰할 때 좋은 자료이다. OWASP 웹사이트에는 그런 공격들의 자세한 설명과 그 방지책도 나와 있다. 이번 장에서는 현재의 10대 위험(*https://owasp.org/www-project-top-ten*)을 소개하고[1] 컨테이너 보안에 특화된 완화책이나 고려 사항도 제시한다.

14.1 주입

응용 프로그램에 코드 주입(code injection) 취약점이 있으면 공격자는 데이터로 가장한 실행 코드를 응용 프로그램에 주입해서 실행할 수 있다. '꼬마 바비 테이블(Little Bobby Tables)'이 등장하는 xkcd의 불후의 명작(*https://xkcd.com/327*)보다 코드 주입의 효과를 더

---

1 OWASP는 4년에 한 번 10대 위험 목록을 발표한다. 이번 장에서 소개하는 10대 위험 목록은 2017년에 발표된 것으로, 한국어 번역본도 있다(*https://wiki.owasp.org/images/b/bd/OWASP_Top_10-2017-ko.pdf*).

잘 보여줄 수는 없을 것이다.[2]

코드 주입과 관련해서 컨테이너에 특화된 사항은 없다. 다만, 컨테이너 이미지를 스캐닝해 보면 의존요소들에서 알려진 주입 취약점이 발견될 수 있다. 여러분이 작성한(따라서 아직 취약점이 발견되지 않은) 응용 프로그램 코드에 대해서는 OWASP의 조언을 따라 코드를 검토하고 검사해야 할 것이다.

14.2 취약한 인증

이 위험 범주는 취약한 인증(broken authentication)과 침해된 자격 증명(compromised credential)을 포괄한다. 응용 프로그램 수준에서는 컨테이너화된 응용 프로그램과 전통적인 모놀리스형 응용 프로그램에 동일한 조언이 적용되지만, 컨테이너에 특화된 고려 사항도 몇 가지 있다.

- 각 컨테이너에 필요한 자격 증명을 반드시 비밀 값으로 취급해야 한다. 제12장에서 논의 했듯이 이 비밀 값들을 조심해서 저장해야 하며, 실행 시점에서 컨테이너에 전달할 때도 주의를 기울여야 한다.

- 하나의 응용 프로그램을 여러 개의 컨테이너화된 구성 요소로 분할한 형태의 시스템에서 는 각 구성 요소가 서로를 식별하고(보통의 경우 인증서를 이용해서) 보안 연결을 통해서 통신해야 한다. 이를 컨테이너들이 직접 처리하게 할 수도 있고, 서비스 메시에 위임할 수 도 있다(제11장 참고).

14.3 민감한 데이터 노출

개인 정보나 금융 정보 등, 응용 프로그램이 접근해야 하는 모든 민감한 데이터를 보호하는 것은 대단히 중요한 일이다.

---

2 한국어 번역본이 *https://imgur.com/a/QqWbfej*에 있다(출처는 *https://hellky.tistory.com/entry/SQL-인젝션*).

컨테이너화된 응용 프로그램이든 아니든, 민감한 정보는 반드시 강력한 암호화 알고리즘을 이용해서 암호화한 형태로 저장하고 전송해야 한다. 컴퓨터의 처리 능력이 계속 향상하다 보니 공격자가 전수조사 또는 무차별 대입으로 암호를 깰 가능성도 계속 커진다. 따라서 오래된 암호화 알고리즘은 안전하지 않은 것으로 취급해야 한다.

민감한 데이터를 암호화해서 사용하므로, 그것을 푸는 데 필요한 자격 증명을 응용 프로그램에 제공할 필요가 있다. 최소 권한 원칙과 직무 분리 원칙에 따라, 꼭 필요한 자격 증명만 컨테이너에 제공해야 한다. 비밀 값을 컨테이너에 안전하게 전달하는 방법은 제12장에서 논의했다.

컨테이너 이미지에 혹시 각종 키^{key}나 패스워드, 기타 민감한 데이터가 포함되어 있는지 스캐닝하는 것도 필요하다.

14.4 XML 외부 개체

XML 외부 개체(XML external entity; XXE) 위험은 XML 처리기의 취약점과 관련된 것으로, 딱히 컨테이너에 특화된 사항은 없다. 코드 주입 취약점과 아주 비슷하게, 여러분이 작성한 응용 프로그램 코드를 OWASP의 조언에 따라 점검하고, 컨테이너 이미지 스캐너를 이용해서 의존요소들에 취약점이 있는지 찾아봐야 한다.

14.5 취약한 접근 제어

이 위험은 사용자나 구성 요소에 불필요하게 높은 권한이 부여되어서 권한이 남용되는 것과 관련된다. 컨테이너와 관련해서는, 최소 권한 원칙에 따라 다음과 같은 접근 방식들이 권장된다(제9장 참고).

- 컨테이너를 루트로 실행하지 않는다.

- 각 컨테이너에 꼭 필요한 리눅스 능력들만 부여한다.

- seccomp나 AppArmor, SELinux를 사용한다.

- 가능하면 루트 없는 컨테이너를 사용한다.

이런 접근 방식들은 공격의 폭발 반경을 제안하는 효과를 내지만, 응용 **프로그램** 수준에서의 사용자 권한 남용과는 무관하다. 따라서 이 접근 방식들 외에 전통적인 배치본에 적용되는 조언들도 모두 적용할 필요가 있다.

14.6 잘못된 보안 설정

공격 중에는 잘못 구성·설정된 시스템의 약점을 악용하는 것들이 많다. OWASP 10대 위험 페이지는 안전하지 않은 기본 설정을 그대로 사용하거나, 클라우드 저장소를 열어 두거나, 오류 메시지에 민감한 정보가 노출되게 하는 등을 예로 든다. 컨테이너의 관점에서 이런 위험에 대한 완화책들은 다음과 같다.

- CIS(Center for Internet Security) 벤치마크 같은 지침들을 이용해서, 시스템이 모범 관행들에 맞게 설정되어 있는지 점검한다. 도커와 쿠버네티스를 위한 벤치마크도 있고 바탕 리눅스 호스트 자체를 위한 벤치마크도 있다. 여러분의 환경에서는 적합하지 않은 권장 사항도 있겠지만, 어쨌든 이들은 여러분의 배치본들을 평가하기에 아주 좋은 출발점이다.

- 공용 클라우드 서비스를 사용하는 경우, CloudSploit(*https://cloudsploit.com*)이나 DivvyCloud(*https://divvycloud.com*) 같은 도구들을 이용해서 클라우드 설정들을 점검하고, 공개적으로 접근 가능한 저장소 버킷들이 있지는 않은지, 패스워드 정책이 부실하지는 않은지 살펴보는 것이 바람직하다. 가트너[Gartner]는 이런 점검을 CSPM(Cloud Security Posture Management; 클라우드 보안 태도 관리)이라고 부른다. (CloudSploit은 필자가 일하는 Aqua Security 사가 운영한다는 점을 밝혀 둔다.)

- 제12장에서 논의했듯이, 환경 변수를 이용해서 비밀 값을 전달하면 로그 메시지에 비밀 값이 노출되기 쉽다. 따라서 환경 변수는 민감하지 않은 정보에만 사용하는 것이 좋다.

또한, 컨테이너 이미지를 구성하는 두 부분 중 하나인 컨테이너 설정 정보도 이 OWASP 위험 범주의 관점에서 점검해 보는 것이 좋을 것이다. 컨테이너 설정 정보는 안전한 이미지 구축을 위한 모범 관행들과 함께 제6장에서 논의했다.

14.7 교차 사이트 스크립팅(XSS)

XXE처럼 이 위험 범주도 응용 프로그램 수준에서 작용하므로, 즉 응용 프로그램이 컨테이너에서 실행되든 아니든 동일하게 적용되므로, 컨테이너에 특화된 사항은 없다. 컨테이너 이미지 스캐너를 이용해서 응용 프로그램이나 의존요소들에 XSS 관련 취약점이 있는지 찾아보아야할 것이다.

14.8 안전하지 않은 역직렬화

안전하지 않은 역직렬화(insecure deserialization) 위험은 교묘하게 작성한 데이터를 공격자가 응용 프로그램에 입력해서 응용 프로그램의 오작동(사용자에게 추가적인 권한을 부여하거나, 공격자가 원하는 방식으로 행동하게 만드는 등)을 유발하는 것을 말한다. (개인적으로 필자는 2011년에 씨티은행(Citibank)의 고객으로서 이 공격을 직접 체험한 적이 있다. 당시 씨티은행 사이트에는 로그인된 사용자가 그냥 URL만 수정해서 다른 사용자의 계좌에 접근할 수 있는 취약점(*https://oreil.ly/EsgO7*)이 있었다.)

   일반적으로 이 위험 역시 응용 프로그램이 컨테이너에서 실행되느냐 아니냐와는 무관하지만, 컨테이너와 관련해서 공격의 영향을 줄이는 데 도움이 되는 몇 가지 접근 방식은 있다.

- OWASP는 이 공격에 대한 방지책의 일환으로, 역직렬화를 수행하는 코드를 격리해서 권한이 낮은 환경에서 실행하라고 권고한다. 그러한 격리의 한 방법은 역직렬화 단계를 전용 컨테이너 마이크로서비스에서 실행하는 것이다. 이 경우 파이어크래커나 gVisor, 유니커널 등 제8장에서 소개한 접근 방식들이 아주 유용할 것이다. 역직렬화에 필요한 몇 가지 리눅스 능력만 부여해서 컨테이너를 비루트로 실행하고 엄격한 seccomp/AppArmor/SELinux 프로파일을 적용하는 것 역시 이런 종류의 공격이 악용하려고 하는 권한을 제한하는 데 도움이 될 것이다.

- OWASP는 역직렬화를 수행하는 컨테이너나 서버가 주고받는 네트워크 트래픽도 제한할 것을 권고한다. 네트워크 트래픽 제한을 위한 접근 방식들은 제10장에서 논의했다.

14.9 알려진 취약점을 가진 구성 요소 사용

이 책을 여기까지 읽은 독자라면 이 위험에 대해 내가 어떤 조언을 제시할지 짐작할 것이다. 바로, 스캐너를 이용해서 컨테이너 이미지에 있는 알려진 취약점들을 식별하라는 것이다. 또한, 다음과 같은 작업을 위한 절차나 도구들도 마련해야 한다.

- 취약점이 수정된 최신 패키지들을 반영해서 컨테이너 이미지를 다시 구축한다.

- 취약점이 있다고 밝혀진 이미지로부터 생성, 실행된 컨테이너들을 찾아서 대체한다.

14.10 불충분한 로그 기록과 감시

OWASP 사이트의 통계 자료에 따르면, 하나의 침해 사고가 밝혀지기까지 걸리는 평균 시간은 무려 200일이라고 한다. 배치본을 충분히 잘 관측(감시)하고 예기치 않은 행동이 탐지되었을 때 바로 경고를 발동한다면 그 기간을 크게 줄일 수 있다.

모든 실무 배치본에서 다음과 같은 컨테이너 활동들을 반드시 로그에 기록해야 한다.

- 컨테이너 시작/중지 이벤트. 해당 이미지의 식별자 및 명령을 내린 사용자도 로그에 포함해야 한다.

- 비밀 값 접근

- 모든 권한 변경

- 컨테이너 내용 수정(코드 주입일 수 있음—§13.2 표류 방지(p.227) 참고)

- 들어오는/나가는 네트워크 연결

- 볼륨 마운트(마운트에 민감한 데이터가 있는지 분석하기 위해—§9.3 민감한 디렉터리의 마운팅(p.172) 참고)

- 네트워크 연결, 파일 기록, 사용자 접근 권한 변경 등을 시도했으나 실패한 경우들(공격자가 시스템을 정찰 중일 수 있음)

본격적인 상용 컨테이너 보안 도구들은 대부분 전사적(enterprise) SIEM(security information and event management) 기능이 통합되어 있어서 하나의 중앙 집중적 시스템으로 컨테이너의 보안을 감시하고 경고할 수 있다. 제13장에서 논의했듯이, 공격을 관측하고 사후에 그것을 보고하는 것보다는, 실행 시점 프로파일에 기초해서 그런 사건을 애초에 방지하는 것이 낫다.

14.11 요약

OWASP 10대 위험 목록은 인터넷에 연결된 모든 응용 프로그램에서 흔히 볼 수 있는 종류의 공격들을 방어하는데 유용한 자료이다.

이번 장에서 제시한 컨테이너 관련 사항들에서 가장 자주 등장한 조언은 컨테이너 이미지를 스캔해서 서드파티 의존요소들에 알려진 취약점이 있지는 않은지 찾아봐야 한다는 것이다. 스캐너가 놓치는 것도 있겠지만(특히 여러분이 직접 작성한 응용 프로그램 코드의 취약점), 그래도 컨테이너화된 배치본에 적용할 수 있는 모든 방어 도구 중 비용 대비 효과가 가장 좋은 것은 스캐너일 것이다.

마지막으로

이 책의 본문을 끝까지 읽은 독자에게 축하의 말을 전한다!

여기까지 읽은 독자라면 컨테이너가 무엇인지에 관한 하나의 '정신 모형'이 머리 속에 확립되었을 것이다. 그런 모형은 컨테이너 배치본의 보안에 관한 논의에 큰 도움이 될 것이다. 또한, 다양한 격리 방식에 관한 지식도 갖추었을 것이다. 그런 지식은 여러분의 환경에서 보통의 컨테이너로는 워크로드들을 충분히 잘 격리할 수 없을 때 유용하게 쓰일 것이다.

또한, 컨테이너들이 서로, 그리고 외부 세계와 통신하는 방식도 잘 이해했길 기대한다. 네트워킹은 그 자체로 방대한 주제이지만, 이 책이 전하고자 한 가장 중요한 교훈은 컨테이너가 배치의 단위일 뿐만 아니라 보안의 단위이기도 하다는 것이다. 본문에서는 컨테이너들 사이에서 또는 컨테이너와 외부 세계 사이에서 오가는 트래픽을 제한하는 다양한 방법을 소개했다.

침해가 발생했을 때 심층 방어(방어가 여러 층으로 이루어지는 것)가 어떤 위력을 발휘하는지에 관해서도 잘 이해했길 바란다. 공격자가 배치본의 취약점 하나를 악용한다고 해도, 또 다른 방어층이 있으면 컨테이너의 침해에 성공하지 못할 것이다. 방어층이 많을 수록 공격이 성공할 가능성이 작아진다.

제14장은 웹 응용 프로그램에 대한 가장 흔한 공격들과 컨테이너에 특화된 방어 수단들을 언급했다. 그러나 제14장에서 소개한 10대 위험에는 해당하지 않는 어떤 약점이 여러분의 배치본에 있을 수도 있음을 명심해야 한다. 혹시 잊고 있었다면, 컨테이너에 특화된 잠재적인 공격 벡터들이 §1.2 컨테이너 위협 모형(p.23)에 나오니 참고하기 바란다. 또한 부록 "보안 점검 목록"에는 여러분의 배치본이 아주 취약하지는 않은지, 방어를 어떻게 강화하면 좋을지 평가하고 고찰하는 데 도움이 되는 질문들이 나온다.

이 책의 정보가 예기치 못한 공격과 사고에 대해 여러분의 배치본을 방어하는 데 도움이 되길 희망한다. 공격을 받은 적이 있다면(실제로 시스템이 침해되었든, 아니면 응용 프로그램과 데이터를 잘 지켜냈든) 필자에게도 알려주었으면 좋겠다. 피드백과 서평, 그리고 공격 받은 이야기를 항상 환영하니, 깃허브 저장소(*https://github.com/lizrice/container-security*)의 이슈 시스템을 통해서 알려 주면 고맙겠다. 트위터 계정은 *https://twitter.com/lizrice*이다.

부록: 보안 점검 목록

이 부록은 컨테이너 배치본에 보안을 적용하는 가장 좋은 방법을 고민할 때 여러분이 고려해야 할 주요 사항을 제시한다. 컨테이너 보안을 위해 고려해야 할 모든 사항을 망라한 것은 물론 아니며, 여러분의 환경에는 해당되지 않는 질문도 있을 것이다. 그러나 이들이 좋은 출발점이 될 것은 분명하다.

- 모든 컨테이너를 비루트 사용자로 실행하는가? §9.1 루트로 컨테이너 실행(p.161)을 보라.

- `--privileged` 플래그를 지정해서 실행한 컨테이너가 있는가? 이미지에 필요 없는 리눅스 능력들을 제외했는가? §9.2 `--privileged` 플래그와 리눅스 능력(p.169)을 보라.

- 가능한 한 컨테이너를 읽기 전용으로 실행하는가? §7.7.1 불변 컨테이너(p.137)를 보라.

- 호스트의 민감한 디렉터리를 마운트하지는 않는가? 도커 소켓 마운트는 안전한가? §9.3 민감한 디렉터리의 마운팅(p.172)과 §9.4 도커 소켓 마운팅(p.173)을 보라.

- 실무 클러스터에서 CI/CD 파이프라인을 실행하는가? 그 파이프라인이 루트 권한을 가지거나 도커 소켓을 사용하는가? §6.5.1 docker build의 위험(p.112)을 보라.

- 컨테이너 이미지의 취약점을 스캐닝하는가? 이미지에 취약점이 있음이 밝혀진 경우 이미지를 재구축하고 컨테이너들을 재배치하는 절차나 도구가 있는가? 제7장을 보라.

- seccomp 프로파일이나 AppArmor 프로파일을 사용하는가? 도커의 기본 프로파일들이 좋은 출발점이며, 응용 프로그램마다 최소한의 프로파일을 만들어서 적용하면 더욱 바람직하다. 제8장을 보라.

- 호스트 운영체제가 SELinux를 지원하는가? SELinux가 활성화되어 있는가? 응용 프로그램에 적절한 SELinux 프로파일을 적용하는가? §8.3 SELinux(p.151)를 보라.

- 어떤 기반 이미지로 컨테이너 이미지를 만드는가? 스크래치 이미지나 배포판 없는 이미지, 알파인 리눅스나 RHEL 최소 이미지 같은 가벼운 이미지를 사용하는가? 이미지의 내용을 최소화해서 공격 표면을 줄일 수 있는가? §6.9.2 보안을 위한 Dockerfile 모범 관행(p.121)을 보라.

- 불변 컨테이너의 사용을 강제하는가? 즉, 모든 실행 코드는 구축 시점에서 컨테이너 이미지에 추가하고, 컨테이너를 생성하고 실행한 후에는 실행 코드를 추가하지 않는다는 원칙이 지켜지는가? §7.7.1 불변 컨테이너(p.137)를 보라.

- 컨테이너가 사용하는 자원에 제한을 두는가? §3.3 자원 한계 설정(p.56)을 보라.

- 실무 환경에서 오직 승인된 컨테이너 이미지만 인스턴스화되게 하는 승인 제어를 사용하는가? §6.11.3 승인 제어(p.127)를 보라.

- 구성 요소들 사이의 네트워크 연결이 mTLS 연결인가? mTLS 연결은 응용 프로그램 코드 자체에서 구현할 수도 있고 서비스 메시에게 위임할 수도 있다. 제11장을 보라.

- 구성 요소들 사이의 트래픽을 제안하는 네트워크 정책이 있는가? 제10장을 보라.

- 비밀 값을 임시 파일 시스템을 이용해서 컨테이너에 전달하는가? 비밀 값을 암호화해서 저장하고 전송하는가? 비밀 값 저장 및 순환을 위한 관리 시스템을 사용하는가? 제12장을 보라.

- 실행 시점 보호 도구들을 이용해서 오직 예정된 실행 파일들만 컨테이너 안에서 실행되게 하는가? 제13장을 보라.

- 표류 방지를 위한 실행 시점 보안 솔루션이 있는가? §13.2 표류 방지(p.227)를 보라.

- 컨테이너들을 전용 호스트(다른 응용 프로그램들은 전혀 없는)에서 실행하는가? 최신 보안 배치를 적용해서 호스트 시스템들을 최신 상태로 유지하는가? 컨테이너 실행용 호스트에는 컨테이너 실행에 특화된 운영체제를 사용하는 것이 바람직하다. §4.12 컨테이너 전용 호스트(p.91)를 보라.

- 바탕 클라우드 서비스의 보안 설정들을 CSPM 도구를 이용해서 정기적으로 점검하는가? 호스트들과 컨테이너들이 리눅스 · 도커 · 쿠버네티스 CIS 벤치마크들 같은 보안 지침에 맞게 설정되었는가? §14.6 잘못된 보안 설정(p.232)을 보라.

INDEX

INDEX

INDEX

INDEX

INDEX